불타는 하늘엔

원헌영 지음

카리스호크마

불타는 하늘언어

초판 1쇄 발행 · 2008년 1월 10일
초판 3쇄 발행 · 2008년 2월 11일

지은이 · 원헌영
펴낸이 · 원헌영
펴낸곳 · 카리스호크마
책임편집 · 기록문화
주소 · 서울시 관악구 봉천본동 957-6 원영B/D
출판등록 · 1997년 8월 11일 제15-324호
전화 · 02) 888-4603~5
팩스 · 02) 885-3693

ISBN 978-89-960600-0-0-03230
값 12,000원

불타는 하늘에

불타는 독서의 세계로 초대하며

"너는 나처럼 태어나라, 너는 나처럼 태어나라." 영성 세미나에 참석한 많은 사람들과 같이 말씀을 읽는 중에, 내 귀에 뚜렷한 음성이 들려왔다. 깜짝 놀라 성경 읽기를 중단하고 주위를 둘러보았으나 내게 그런 말을 한 사람은 없었다. 모두 본문 말씀을 읽어가고 있었다. 오늘 강의의 본문에는 이런 구절이 없었는데, '내가 잘못 들었나' 하고 말씀을 다시 읽기 시작했다.

그런데 그때 또다시 "너는 나처럼 태어나라"는 소리가 들렸다. 쟁쟁하고 부드러운 음성이었다. 그리고 "너는 나처럼 태어나라"는 글자가 성경의 글자 위로 뚫고 나오며 작은 글자가 점점 크게 확대되어 책을 덮어 갔다. 그 뒤 90분 강의가 끝났다는 소란스런 소리에 깨어났다.

이 사건은 2002년 1월 11일 금요일 오후 2시에 있었던 일이다. 이 세미나는 예수영성신학연구원에서 5일 동안 열린 신년 영성세미나

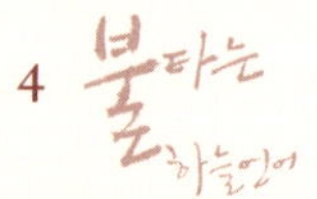

의 마지막 날에 하나님께서 주신 은총이다. 백지 위에 쓰인 글자를 뛰어 넘어 또 다른 세계가 있음을 체험했다. 2차원, 4차원, 6차원의 세계 그리고 그 위의 또 다른 세계가 동일한 한 점이나 한 선 위에 있을 수 있고, 또 실제하고 있음을 감지하게 되었다.

하나님의 말씀은 글자로 나타난 세계와 그 글자로 담을 수 없는 세계가 있다. 또 말씀을 읽을 때 오염된 인간의 이성(지성, 감성, 의지)으로 이해할 수 있는 세계와 그 이성으로는 도저히 이해할 수 없는 또 다른 세계, 즉 영적세계가 있다. 우리는 과거부터 오늘까지 이 영적 세계를 알고자 열망해 왔다.

불타는 독서는 바로 이 열망의 텃밭에서 태어난다. 타락 후 인간의 이성(지, 정, 의)만으로는 영혼의 세계를 알 수 없고 찾아 나설 방법도 없다. 인간이 잃어버린 세계, 하나님의 세계를 찾는 것이 궁극적인 목적이요, 가장 큰 행복의 길이다. 때문에 이 책은 아직도 이 길을 찾지 못하고 헤매는 이들에게 한 줄기의 빛을 비춰 주기 위해 불타는 하늘언어의 세계로 안내하고자 한다.

하나님께서 인간의 대표자로 모세를 부르시고 거룩한 말씀을 주실 때 활활 타오르는 불꽃 가운데 나타나셔서 하나님의 언약을 주셨다. 하나님께서는 하늘 불꽃으로 돌판에 언약의 글을 새기시고 그 돌판을 인간에게 주시며 지키라고 하셨다.

이것은 불타는 독서의 원형이다. 하나님의 언어는 불타는 하나님의 속성이다. 그 언어가 돌판에 새겨지고 성경에 기록된 것이다. 이 하나님의 언어, 거룩한 말씀에 우리가 가까이 갈 때 추한 인간의 모든 속성은 벗어 버리고 순결한 모습으로 하나님을 만나게 된다. 그래서 하나님은 모세에게 "네가 선 곳은 거룩하니 너의 신을 벗으라"고 하셨다. 거룩한 만남은 불타는 언어와 함께 임재하신 하나님의 나타나심이다.

하나님은 왜 불꽃 속에 나타나셨고, 하늘 불로 하늘언어를 만드셨을까? 왜 인간을 불꽃 앞에 나오게 하시고 무릎 꿇게 하셨을까? 하나님께서는 자신의 보이지 않는 불꽃같은 마음을 인간들에게 보이는 글자로 알려 주기 원하셨기 때문이다. 그래서 하나님의 말씀을 읽을 때는 불꽃처럼 읽고, 말씀을 들을 때도 불꽃같은 마음으로 들으라는 것이다.

불타는 독서는 기존의 거룩한 독서와 구별된다. 단순히 반복해서 읽는 차원이 아니다. 더 깊은 차원이다. 이것은 일반 독서와도 구별된다. 일반 독서는 인간의 지혜를 따르지만 불타는 독서는 인간의 지혜를 뛰어 넘는다. 하나님은 인간의 한계를 아시고 이해할 수 있는 문자를 쓰셨다. 그렇지만 성경은 일반 책과 분명하게 구별된다. 그것은 인간의 지혜와 해석을 뛰어넘는 책이다. 불타는 독서는 하나님이 나의 눈을 빌려 성경을 읽게 하지만, 결국 하나님이 읽으시는 것이다. 다시 말해 불타는 독서는 나의 이성과 지혜를 뛰어넘는 하나님의 불꽃에서 그분의 마음을 알아가는 열린 문이다.

불꽃처럼 읽는다는 것은 무슨 의미인가? 그 말씀을 읽는 순간 나도 불꽃처럼 되라는 것이다. 불꽃처럼 듣는다는 것은 무슨 뜻인가? 그것은 그 말씀을 듣는 순간 나도 불꽃이 되어 하나님의 불꽃과 하나

 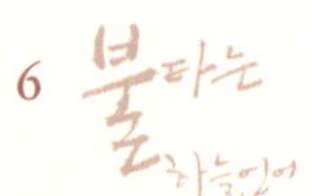

되는 것이다. 불꽃같은 마음을 담은 글을 인간에게 주실 때, 그 말씀으로 불꽃같이 되어 하나님의 불처럼 활활 타오르라는 것이다. 그리고 세상에 불꽃처럼 선포하라는 것이다.

장작이 아무리 좋을지라도 불타기 전에는 불꽃을 알 수 없고 이해할 수 없다. 장구한 세월이 흘러 장작이 썩을지라도 불꽃을 알 수 없다. 오직 장작을 불 속에 던져서 타오를 때만 불꽃을 이해하고 알 수 있다. 이처럼 우리도 불타는 독서(Lectio Divina)를 할 때 하나님의 말씀에 가까이 갈 수 있고 하늘언어를 제대로 알 수 있다.

불꽃같은 말씀, 하나님의 마음을 알기 위해 하나님의 불꽃처럼 타올라야 한다. 이것은 하나님의 불타는 사랑에 인간의 불타는 사랑이 녹아들어 더불어 같이 타오를 때만 가능하다. 신의 사랑과 인간의 사랑, 하늘 사랑과 땅의 사랑이 하나 되어 불꽃사랑으로 타오르는 것이다. 진실한 사랑, 순결한 사랑이 순결한 사랑을 찾아내고 알듯이 불타는 독서는 땅의 사랑이 하늘 사랑을 찾아 온전히 불탈 때 함께 활활 타오르게 된다. 그의 육체와 영혼이 폭발하는 활화산처럼 불꽃으로 용솟음치고 하늘 높이 솟구치며 온몸이 하늘 불꽃으로 타올라 사라지는 것이다.

하나님의 말씀을 온전히 알게 되면 아담이 이브를 아는 것처럼 서로가 순결한 사랑 속에서 불꽃생명을 가진 새 생명이 태어난다. 불타는 독서는 하나님의 말씀을 통해 그분의 뜻을 온전히 알게 하는 지혜의 길이다. 그러므로 불타는 하나님의 언어에 가까이 가고자 하는 모든 자들은 스스로가 타는 불이 되어야 한다.

또한 불꽃독서는 하나님의 말씀을 그분의 말씀 되게 하는 길이다. 사랑이 움틀 때 불씨는 태어난다. 사랑이 꿈틀거릴 때 마치 상사병이 든 것처럼 불꽃은 활활 타오르게 된다. 오직 불타는 사랑 외에는 그에게 모든 것이 무가치하다. 거룩한 독서를 하고자 하는 이들의 마음가짐이 바로 이것이다.

하나님의 언어를 이해할 수 있는 길은 마치 어린아이들이 태양빛을 돋보기 초점으로 모아 불을 만들어 내듯이 불타는 마음으로 접근하는 것이다. 마르지 않은 통나무를 불타게 할 수 있는 유일한 방법은 통나무 속의 수분을 모두 제거해야 하는 것처럼 불타는 하늘언어를 가까이 할 수 있는 길은 진리를 알고자 하는 마음, 타오르는 영혼의 갈망이 있어야 한다.

불타는 독서는 어느 날 개발된 것이 아니다. 이미 하나님께서는 당신의 택하신 자들을 통해 역사하셨다. 그러나 오늘날 영의 눈이 어두워 그 길을 잃어버린 것이다. 오늘날 기독교의 절대적인 명제는 시대가 강력하게 요청하는 바로 이것이다. 성경의 글자를 뛰어넘는 성직자, 신학자, 신학생, 크리스천들이 하늘의 별처럼 많아야 한다는 것이다.

이 목적을 이루기 위해 불타는 장작(화목)처럼 활활 타올라야 한다. 그러면 그는 바로 불의 원천인 하나님의 동산으로 인도받게 된다. 성경의 글자는 재가 되어 흙으로 돌아가고, 그 글자의 생명은 하나님의 품속에서 다시 부활해 생기 되어 다시 태어나리라. 그리고 하늘 아지랑이 되어 구원의 찬양과 함께 부활의 춤을 추게 되리라. 그

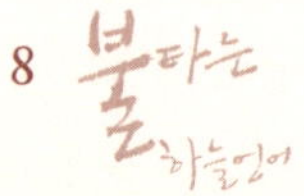

곳에서 구원의 실체가 꽃피고 열매 맺게 된다.

불타는 독서를 할 때 새롭게 태어나는 생명은 하늘에서 오는 진리의 생명이다. 하나님의 마음, 예수 그리스도의 구원의 역사다. 이 책은 불타는 독서에 관한 것이지만, 불타는 독서의 모든 것을 기록하지 않았다. 저자인 나도 여전히 불타는 독서를 진행하고 있다. 하나님은 모든 당신의 자녀들이 이 독서에 참여하기 원하신다. 이 책이 그런 마음을 갖는 데 기름 붓는 역할을 할 것이요, 그렇게 될 것을 믿는다.

불타는 독서를 계속하는 자들의 끊임없는 확산으로 수많은 하나님의 사람들이 하늘의 별처럼, 바닷가의 모래처럼, 비 온 후의 죽순처럼 뻗어날 때 하나님의 언어, 불타는 하나님의 사랑이 증오와 질병과 가난과 전쟁과 죽음으로 가득한 이 세대의 흑암을 몰아내고 예수 그리스도의 날, 내일의 아침을 하늘의 불로 환하게 비출 것이다. 모든 영광을 하나님께 돌린다.

East Eden의 양지 바른 텃밭에서
원헌영

목차

“예수께서 이 땅에 오신 것은
자신의 뜻을 이루기 위함이 아니요
하늘에 계신 아버지의 뜻을 이루기 위함이셨다.
그와 같이
말씀이 우리에게 주어진 것은
말씀을 이해하라는 것이 아니요
그 말씀이 하나님의 뜻을 이루어지게 하려 함이다.”

"여호와는 나의 목자시니 내가 부족함이 없으리로다.
그가 나를 푸른 초장에 누이시며,
쉴만한 물가로 인도하시는도다 내 영혼을 소생시키시고,
자기 이름을 위하여 의의 길로
인도하시는도다"(시 23:1-3).

1

나를 향하신 하나님의 마음

"여호와는 나의 목자시니 내가 부족함이 없으리로다,

그가 나를 푸른 초장에 누이시며,

쉴 만한 물가로 인도하시는도다 내 영혼을 소생시키시고,

자기 이름을 위하여 의의 길로

인도하시는도다"(시 23:1-3).

1_ 나를 향하신 하나님의 마음

하나님은 성경을 통해 나에게 말씀하신다. 나는 하늘의 음성을 듣고 그분과 인격적으로 만난다. 불같은 기도가 있듯이 불같은 독서도 있다. 불같은 독서를 통해 하나님의 은총으로 하늘 지식, 하늘 지혜를 입은 새로운 인간, 즉 성경적인 인간이 태어나게 된다.

성경적인 인간이란 어떤 유형인가? 그는 성경 안에서 사는 사람이요, 성경 안에서 숨 쉬는 사람이요, 성경을 자기의 양식으로 취하는 사람이요, 성경을 산소로 호흡하는 사람이요, 성경에서 노래하는 사람이요, 성경에서 춤추는 사람이다.

내가 성경을 몇 번 독파했는가? 그것이 중요한 것이 아니다. 다시 말하면 내가 성경을 얼마나 잘 알고, 잘 외우고, 성경구절을 잘 인용하고, 남에게 잘 가르쳤나 그것이 문제가 아니다. 성경이 내게 무엇을 가르쳐 주었는가 그것이 핵심이다. 내가 성경을 보는 것이 아니라 성경이 나를 보도록 해야 한다. 내가 성경을 봤는가, 아니면 성경이 나를 봤는가? 성경과 내가 동시에 서로를 찾아 나서고 만났는가?

또 성경이 나를 안다는 말을 기억해야 한다. 안다는 것은 무엇을 말하는가. 하나님이 나를 알았고 예수님이 나를 알았다. 그 다음 신의 세계에서 더 아래 단계로 내려가 아담이 이브를 알았고, 이브가 아담을 알았다. 남편이 아내를 알고 아내가 남편을 안즉 자녀들이 태어났다. 결론적으로 안다는 말은 머리로 이해한다는 것이 아니고, 생명이 생명을 만나 새로운 생명이 태어나는 창조 과정을 의미하는 것이다.

지금까지 성경을 어떻게 읽었는가?

당신은 성경을 얼마만큼 읽었는가. 목회자라면 신학교, 신학대학원에서 몇 년, 사역하면서 매년 성경을 읽는다. 나는 어머니 배 속에서부터 읽었으니까 60년 이상 읽었다. 읽는다는 것은 눈으로만 보고 읽는 것이 아니요, 마음으로도 읽을 수 있고, 귀로도 읽을 수 있다.

성경의 깊이와 넓이는 우주의 깊이와 넓이에 비유할 수 있다. 성경의 높이는 얼마나 될까? 하늘 높이만큼 될 것이다. 성경의 길이는 얼마나 될까? 하나님의 역사만큼 길 것이라고 짐작한다. 여러분과 나는 오늘 성경에 대한 대화를 나눈다. 지금까지 매년 성경 읽기를 해왔는데 무슨 이야기를 할 것인가 의아하게 생각할 수 있다. 그러나 '지금까지 성경을 과연 어떻게 읽어 왔는가' 하는 질문에서 새로운 성경 읽기가 시작된다.

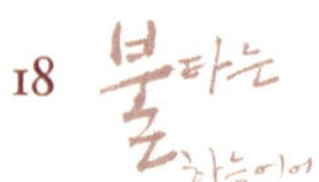

거룩한 독서는 하나님의 말씀 앞에 서는 것이다. 그분을 만나는 것이다. 내가 영성 수련과 교육과정을 1년 받았는가, 2년 받았는가, 3년 받았는가 그것이 문제가 아니다. 그 강의와 수련이 나를 통과했는가, 내가 그 수련과 강의를 통과했는가 그것이 관건이다. 많은 사람들은 강의를 스스로 이해하려고 한다. 그러면 이미 그 강의는 죽어버린다. 강의하는 그 내용이 나를 이해하도록 해야 된다.

그래서 내가 강의할 때는 쓰지 말라고 한다. 그 이유는 바로 강의 자체에서 살아 있는 생기가 당신을 통과함으로 당신을 이해하게 하기 위해서다. 여기서 유의할 것은 그 내용에 혼이 작용했을 때는 지식 강의가 될 것이요, 영이 작용했을 때는 영적 강의가 될 것이다. 그래서 강의하는 이가 영적 강의를 하는가, 세상의 지식을 따라 혼적인 강의를 하는가, 아니면 육적인 강의를 하는가에 따라 그 출발부터 달라진다. 지식 강의를 하는 이는 지식의 벽돌만 차곡차곡 쌓아줄 뿐이다. 벽돌만 쌓는 것으로는 건물이 완공되지 않는다. 장마가 나서 지붕에 비가 내리면 그 쌓은 지식 종이들은 모두 비를 맞아서 다 내버려야 한다. 10년, 20년, 30년 모아 놓았던 그 종이를 다 내버린다.

쉬운 예를 들어 보자. 강의하는 사람이 영을 흘려 보낼 때는 영이 그것을 먹고, 혼을 내보낼 때는 혼이 그것을 먹고, 육을 내보낼 때는 육이 그것을 먹게 된다. 성경을 볼 때 영으로 성경을 보는가, 혼으로 성경을 보는가, 또는 육으로 성경을 보는가? 거기서부터 이미 결판난다. 나와 가까운 목사님이 한 분 있는데 이분은 아주 곧은 분이다. 그분은 나보다 나이가 두 살 더 많은데 한 달에 한 번씩 식사를 같이하

곤 했다. 그 목사님이 시무하시는 교회 이름은 과객교회다. 이 세상 지나가는 나그네라는 말이다.

그런데 내가 그분한테 하나 배운 것이 있다. 그분은 성경 위에 찬송가를 안 올려놓는다. 찬송은 인간이 만든 것이고, 성경은 하나님 말씀이라는 것이다. 만약 찬송가가 성경책 위에 올라 가 있는 것이 눈에 띄면 사모한테 "당신 거꾸로 설래요?" 그렇게 말한다고 한다. 그만큼 그가 성경이 귀한 것을 알았기 때문이다.

다이아몬드가 당신의 수중에 있다면 그 다이아몬드를 담은 금으로 된 보석함을 어떻게 다룰까. 아마 귀하게 다룰 것이다. 성경은 우리가 보기에는 종이 위에 글자를 써놓은 것이다. 그러나 그 성경 안에 돈으로 따질 수 없는 귀한 다이아몬드, 진주가 알알이 박혀 있다면 그 보물지도를 어떻게 대할 것인가. 성경책을 보다 말고 아무 데나 팽개쳐 둘까. 그렇다고 성경책을 보물 모시듯 모시라는 게 아니다. 그 속에 있는 진주에 대한 당신의 생각이 어떤가 하는 것이다. 그래서 나는 성경 위에 어떤 책도 못 올려놓게 한다. 누가 찬송가를 올려놓으면 나는 다시 그 순서를 바꿔 성경을 위에 올려놓는다.

거룩한 독서 여행을 떠나며

이제 거룩한 독서 여행을 떠나 보자. 거룩한 독서를 알고 나면 그때부터 성경을 새로운 눈으로 읽어가게 될 것이다. 대개 교회에서 정해 놓은 성경 프로그램 읽기에 따라 하루에 성경을 몇 장씩 읽는다. 처음에는 좋은 말씀이니까 읽는다고 하지만, 의무적으로 계속 읽는다면 거기에 구속되어 노예가 될 수도 있다. 목사가 사람 잡으려고 바쁜데 매일 성경 읽으라고 그런다며 마음속에서 분노가 생긴다. 그런 상황에서 성경책이 여러분의 손에 들려졌다면 곱게 놓는 게 아니라 언젠가 감정이 안 좋은 날에는 '에이, 귀찮은 것 보기도 싫어' 하며 휙 집어던진다. 의무가 성실히 진행될 때는 그 의무도 도움이 되는데, 강제로 성경을 읽게 할 때는 성경 자체가 싫어져 예기치 못한 결과를 가져오기도 한다.

성경 자체를 싫어하면 성경 내용을 말하는 사람까지 싫어지게 된다. 성경을 읽을 때 '의무적으로 읽을 것인가, 아니면 내가 좋아서 읽을 것인가. 이 두 가지 관점은 매우 다르다. 나도 처음에는 성경을 열심히 읽다가 줄도 긋고 좋은 말씀 있으면 외우기도 했다. 통째로 외우라고 해서 한 장을 통째로 외우기도 했다.

지금은 변했겠지만 전에는 신학대학원 시험 볼 때 300절 이상 외워야 했다. 예를 든다면 "이사야 10장 5절을 쓰라"든지 성경구절을 기술해 놓고 성경 몇장 몇절인지 쓰는 문제가 나왔다. 그것이 신학대학원을 통과하는 시험 문제였다. 이런 식으로 교육을 받은 사람들은 밖에 나와서도 그렇게 가르친다. 배운 대로, 기억한 대로, 습관대로 한다는 말이다.

나도 그 영향을 받아서 성경을 그렇게 읽었다. 성경을 보다가 '아, 이건 아니야' 싶을 때 어떻게 읽을 것인가 누구라도 가르쳐 주었으면 얼마나 좋았을까. 불행하게도 나에게 성경 읽는 방법을 누가 한 번도 제대로 가르쳐 주지 않았다. 그래서 혼자 그것을 익히느라고 30여 년의 세월을 허비했다, 얼마나 아까운 천금같은 시간을 낭비했는지 생각하면 가슴이 터질 것만 같다.

지금도 나는 우물을 세 군데 파고 있는데, 셋 중에 가장 많이 판 우물이 시편 23편이다. 신학자 칼 바르트는 의미 있는 말을 하였다. "글자로 내게 가까이 오게 하고, 그 다음 글자 아닌 것으로 가까이 오게 하고, 그 다음 그것이 묵상에서 가까이 오게 하고, 그 다음 입을 다문 침묵으로 가까이 오게 하고, 그 다음 노래로서 가까이 오게 하고, 그 다음 춤으로 가까이 오게 하라." 이렇게 하여 더 가까이, 더 친밀하게, 하나 되게 하는 길을 간다.

예를 들어 시편 23편을 깊이 파면 팔수록 기막힌 일이 일어난다. 이것을 얼마만큼 깊이 파는가에 따라서 달라질 것이다. 시편 23편으로 곡을 붙인 찬양들이 내가 아는 것만 해도 대여섯 개 된다. 그것을 다 불러 보다가 제일 뒤에 한 곡을 선택했다. 이것이 진짜 인간의 어떤 생각이나 의지나 힘, 희망이라든가 비전을 빼버린 순수한 시편 작가의 마음이다. 나는 그렇게 한 곡을 정해 놓고 흥얼흥얼하며 이 찬양 부르기를 좋아한다. 세미나 시간이나 모임에서 이 찬양을 노래할 때마다 수많은 사람들이 감격하고, 눈물 흘리고, 회개하고, 엎어지고, 변화됨을 보았다. 자유를 얻어 나비처럼 춤추는 사람들을 많이 봤다.

다이아몬드가 철판을 뚫는 것처럼 말씀도 그렇게 인간의 마음을 뚫는다. 치료의 역사가 일어날 때는 그가 어떤 병에 걸려 있든지 관계없이 그 병에 가장 적합한 대로 스스로 처방하고 치료해 간다. 말씀 속에 큰 힘이 있다는 말이다. 그 다음 하나님께서 우리에게 주신 것은 복과 저주인데, 선과 악이 있는 곳에 복과 저주가 있다. 선과 악이 있는 곳은 곧 하나님의 말씀이 있는 곳이다. 하나님의 말씀에 따라서 그가 선하게 될 수도 있고 악하다고 판정받을 수도 있다는 것이다.

하나님의 말씀이 있는 곳에 생명도 있고 죽음도 있다. 하나님의 말씀이 어떤 사람에게는 생명으로 역사하고, 어떤 사람에게는 죽음으로 역사한다. 시편 1편을 조용히 묵상해 보라. 선과 악의 갈림 자리를 어떻게 선택해야 하는지, 무엇을 기준으로 택해야 하는지 깨달음의 파도가 밀려 올 것이다. 끝없는 하늘지혜가 엄습할 것이다.

시편 19편은 하나님과 자연과 인간이 어우러지는데, 거기에 하나님의 위대한 경륜이라든가 숨겨져 있는 그분의 비밀들이 반짝 빛날 때가 있다. 그것이 어느 곳에서 어떻게 빛나는가. 성령께서 역사하시는 대로 그 빛이 달라진다.

육적 목회, 혼적 목회, 영적 목회

선교 역사에 큰 획을 그은 이가 허드슨테일러다. 그는 친구나 교단, 믿는 사람들의 지원을 받아 중국에 가서 오랫동안 희생하면서 열심히 선교했다. 그는 선교에 많은 시간과 물질을 쏟아 붓고 난 뒤 물러나는 자리에서 가슴을 치며 이렇게 말했다.

"선교는 내가 하는 것이 아니고 하나님이 하는 것입니다. 인간은 자신이 하나님의 일을 한다고 생각하는데, 하나님은 그분이 우리에게 시키는 일을 하기 원하십니다. 내가 지금까지 의료 선교했던 것, 즉

물자를 갖다 주고 심방하고 치료하고 함께 기도하며 위로하는 일 등 그들의 짐을 덜어 준다고 한 것을 하나님의 일이라고 생각했는데, 알고 보니 그것은 하나님의 의에 내가 정면으로 도전한 것이었습니다.”

다시 말하면 하나님께서는 우리가 영적 사역을 하기 원하시는데 허드슨테일러는 혼적 사역을 해왔다는 것이다. 게다가 그는 육적인 희생까지 해서 육과 혼이 중국선교에서 활개를 쳤다. 그 결과 그가 가는 곳곳마다 육적인 사람과 혼적인 사람을 만들어냈지 영적인 사람을 만들어내지 못했다는 것이다.

성경을 제대로 알고 난 다음에 선교를 시작해야지 말씀을 제대로 알지 못하고 출발하면 엄청난 비극을 가져온다. 선교사역의 핵심은 예수를 주는 것이다. 예수를 심는 것이다.

다음으로 우리 목회사역, 평신도사역, 전도사역을 본다. 목회사역을 어떻게 할 것인가? 영을 살릴 것인가, 혼을 살릴 것인가, 육을 살릴 것인가. 우리는 깊이 생각을 해봐야 한다. 내가 해야 할 목회의 방향이 외적으로 화려한 성공 목회라는 육적 목회인가? 아니면 지성과 문화와 교양과 과학과 종합 예술을 함께 펼쳐가는 혼적인 종합예술, 종교 목회를 할 것인가 선택해야 한다.

그 두 가지는 영혼 구원하는 데 하나의 촉진제는 된다. 하지만 진실로 하나님께서 원하시는 것은 영혼을 구원하는 것이다. 영적 목회를 하라는 것이다. 무릎 꿇고 성경을 읽든지, 세수하고 목욕하고 성경을 보든지, 얼굴도 씻지 않고 잠자리에서 일어나서 곧 성경을 보든지, 일터에서 잠깐 성경을 펴놓고 묵상하든지 장소나 환경이나 자세

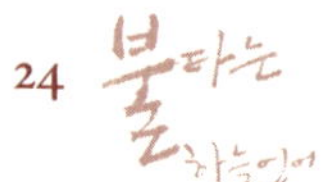

가 문제가 아니라 어떤 관점에서 성경을 보는가가 문제다. 영에서 출발하는가, 혼에서 출발하는가, 육에서 출발하는가. 그래서 성경의 출발점을 어떻게 잡을지 잘 생각해 봐야 된다.

유럽식이나 미국식 선교가 날이 갈수록 사라져 간다. 구미의 선교는 물질을 갖다 주는 것으로 시작되었다. 이제 선교가 좀 되니까 그들이 물질을 중단해 버리고 더 가난한 데로 물질을 돌린다. 그렇게 물질이 끊어지면 지금까지 물질로 예수의 이름이 전파되던 곳에 예수의 이름도 사라진다. 왜냐하면 그들이 그곳에 심은 것은 예수의 마음보다 물질의 유용함이었으니까.

그 틈새에 이슬람교가 들어간다. 기독교가 1인당 한 달에 10달러를 줬다면 이슬람교는 1인당 100달러 넘게 줄 수 있다. 비교가 안 될 정도로 물 쓰듯이 퍼준다. 왜냐하면 넘쳐나는 석유 달러를 쓸 곳이 없기 때문이다. 게다가 그들의 포교는 기독교를 잡아야겠다는 육적인 강한 열정이 있기 때문에 육을 가진 사람들은 당하게 된다. 앞으로 물질로 선교하는 곳에는 이슬람교가 웃으면서 들어간다. 왜냐하면 물질로 터를 닦아 놓은 곳이니까 물질을 넉넉하게 퍼주면 집에 십자가 붙여 놓은 것을 쉽게 떼어 버린다. 그것이 인간의 손익 계산이다. 앞으로 그런 일은 외국의 가난한 선교 대상국뿐만 아니라 한국에서도 일어날 것이다.

이에 대처할 방법은 영을 살리는 일뿐이다. 다른 것은 무익하고 무용하니 영을 살리라는 것이다. 그래서 우리는 성경을 제대로 알아야 한다. 성경 안에서 사는 것은 성경과 더불어 먹고 마시고 호흡하는 것이다. 성경과 더불어 춤을 추고 성경과 더불어 노래하고 성경과 더불어 안식하라는 말이다.

성경을 어떻게 대해야 하는가

성경이 당신을 과연 한번이라도 관통했다고 생각하는가. 만약 성경이 나를 관통하지 못했다면 나와 성경 사이는 적대관계다. 성경이 내 속에 들어와서 나를 폭파시켜 버리고 나를 새롭게 만드는 역할을 해야 하는데 내가 성경 속에 들어가서 성경을 이리 찢고 저리 찢으며 어떻게 해보겠다고 한다는 말이다.

예를 들어 황소와 어린아이가 힘겨루기를 한다면 누가 이길까. 물론 황소가 이긴다. 우리가 갓 태어난 영적인 어린아이로서 성경을 읽어갈 때 그 부딪침은 마치 황소와 어린아이의 싸움과 같다. 우리가 지금까지 육으로서 오랫동안 자랐기 때문에 육으로 성경을 읽는 데 익숙하다. 그 파워가 막강해 황소보다 센 탱크 같은 힘이 우리에게 있다.

그래서 우리가 성경을 읽어갈 때 나에게 황소 같은 힘이 수시로 도전한다는 것을 늘 염두에 둬야 된다. 그것을 염두에 두지 않으면 내가 꼭 이렇게 성경을 읽어야 되나 생각하게 된다. 즉 황소가 가고자 하는 방향과 내가 가고자 하는 방향은 다르다는 말이다. 황소가 가고자 하는 방향은 어디인가? 어린애가 황소를 끌고 갈 때 갑자기 황소가 고삐를 잡아당기며 머리를 확 돌려 버릴 때가 있다. 그곳에 싱싱한 풀이 있기 때문이다.

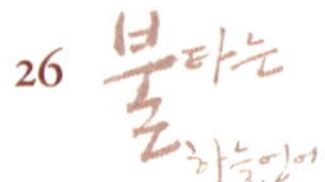

겨울철에는 풀들이 말라 버리고 푸른 풀이 별로 없다. 밭갈이를 하고 나서 아버지는 지게 지고 먼저 가면서 어린애 보고 황소를 끌고 오라고 한다. 그래서 어린애가 소를 끌고 집으로 간다. 가다 보니 새파란 풀이 눈에 띄자 황소가 갑자기 머리를 들고 그 풀을 뜯어먹으려고 한다. 그러자 어린아이는 황소가 도망갈까 싶어 고삐를 막 잡아당긴다.

우리가 성경을 읽을 때 때로는 이런 유혹이 있다. '음, 이 구절이 내게 참 좋구나. 이 구절을 설교에 활용해야겠다. 이 구절을 심방 갈 때 활용해야겠다' 하는 구절들이 눈에 띈다. 그래서 황소가 고삐를 확 당겨서 풀을 먹으려고 하는 것처럼 집으로 가는 도중 다른 곳에 한눈을 판다. 그러면 어린애는 고삐를 강하게 잡아당긴다. 왜냐하면 집에 가면 더 좋은 것이 있으니까. 황소가 오늘 밭을 갈았으니 아버지가 마른풀에 콩깍지, 보리까지 넣어서 여물을 맛있게 쑤어 놓고 기다리신다는 말이다.

어린애는 황소를 빨리 끌고 가서 맛있는 여물을 먹이려고 고삐를 잡아당기면 황소는 기어이 그 풀을 먹고 가겠다고 버티며 길에서 실갱이를 한다. 이처럼 우리는 성경을 읽어갈 때 영적인 아버지가 "너 오늘 수고했다. 맛있는 여물을 쑤어 놨으니 그걸 먹으러 가자"고 해도 육적인 성경 읽기라든가 혼적인 성경 읽기를 하는 사람들은 가다가 자꾸 옆길로 새려고 한다.

우리는 이럴 때 한두 번 말해서 순순히 따라오면 내버려두고, 자꾸 앙탈부리면 감정이 폭발해 "이놈의 자식 안 따라 와?" 하고 몽둥이로 때려 주려고 할 것이다. 몽둥이로 맞더라도 집에 빨리 갈 수 있으면 좋겠다. 그런데 성경을 읽을 때 아무도 말해 주지 않고 내가 읽는 대로 가만히 내버려 둔다.

영적 성숙의 단계

성경을 읽는 데는 영적 성숙의 과정이 있다. 예를 든다면 인간의 성숙 과정에서 유치원, 초등학교, 중학교, 고등학교, 대학교, 대학원 과정을 거치듯이 성숙의 단계들이 있다는 말이다. 이 단계들을 지나가야 된다. 목적지까지 가기 위해서는 단계를 거쳐야 하는데, 예를 들어 대학원 졸업을 하려면 제일 먼저 초등학교부터 들어가야 된다. 과정 하나하나를 착실하게 거쳐서 간 사람은 절대 흔들리지 않는다. 그런데 한순간에 붕 뛰어오른 사람은 풍선에 바람 빠지면 가라앉는 것처럼 즉시 가라앉아 버린다.

우리가 성경공부를 하는데도 이것이 적용된다. 우선 처음에는 눈으로 보고, 그 다음에는 마음으로 생각한다. 처음에 성경 공부할 때는 열심을 다해 졸리는 눈을 비벼가면서 찬물에 세수하고 성경을 본다. 그 과정도 필요하다. 그 다음에는 묵상하는데, 한 줄 읽어 보고 이 구절이 무엇을 뜻하는가 살피고 그 구절 자체가 우리에게 주는 의미를 받아들인다. 이렇게 하며 거룩한 독서의 한 징검다리를 건너게 된다.

칼바르트가 이런 말을 했다. "성경을 읽는 것은 소문자 말에서 대문자 말씀으로 가는 것이다. 이것은 말에서 말씀을 발견하는 것이다." 맞는 말이다. 우리는 성경을 처음 읽을 때 일반 글자를 읽어간

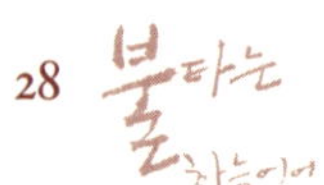

다. 일반 글자를 읽을 때 종이 위에 쓰인 것처럼 그대로 이해하지만, 거기서 대문자 말씀을 발견할 때부터 우리 영이 고함을 치게 된다. "야, 금광을 발견했다." 지금까지는 흙만 계속 파헤쳤는데 어느 순간에 금맥을 잡았다는 말이다. 소문자 말이 대문자 말씀으로 변했다는 말이다.

성경에 기록된 어휘들이나 단어들은 전부 말의 연속이다. 그러므로 우리는 성경을 읽을 때 이 말이 형체가 바뀌어서 말씀으로 나타나는 그 순간을 기대하고 그곳으로 나가야 된다. 이렇게 말씀으로 나가기 위해서는 어떻게 해야 할까. 거룩한 독서 자리로 들어가야 한다. 거룩한 독서는 인격적인 만남이다. 우리는 성경을 볼 때 활자로 봤다가는 천 번을 읽더라도 사기꾼이 될 수 있다. 왜냐하면 성경이 생명으로 내게 가까이 오지 않았기 때문이다.

그것이 내게 생명으로 가까이 온다는 것은 성경을 인격적으로 만나는 것이다. 살아서 호흡이 있는 말씀은 곧 하나님이요, 예수님이요, 그분의 생명이요, 그분의 능력이요, 그분의 비밀이요, 그분의 신비다. 그것을 찾아가는 안목이 우리에게 필요한데 그 길을 찾도록 안내하며 군밤을 주고 회초리로 때리는 사람은 아무도 없다. 그런 사람이 절실히 필요한데도 말이다.

옛날 서당에서는 "하늘천, 따지, 가물현, 누루황, 집우, 집주, 거칠홍, 넓을황…" 천자문을 잘못 외우면 회초리로 때렸다. 지금 회초리로 우리를 때려 줄 스승이 참 필요하다. 회초리로 때려 줄 스승이 없으니까 전부 제 마음대로 읽는다. 그것이 잘 됐다, 잘못 됐다고 말하는 게 아니라 성경의 그 신비한 베일을 벗기는 작업이 절실히 필요하다는 말이다. 성경과 인격적인 만남이 꼭 있어야 된다.

거룩한 독서는 온몸으로 듣는 것

시편 40편에 의하면 거룩한 독서는 하나님의 말씀을 듣는다고 했다. 히브리 사람들은 성경을 읽는다고 하지 않고 듣는다고 했다. 듣는 것과 읽는 것의 차이가 뭘까? 하나님의 말씀을 초등학교 아이들의 수준에서 눈으로 읽어갈 수도 있고, 일흔이 넘은 할아버지가 손자를 앉혀 놓고 "애야, 내가 읽어 줄게" 하면서 읽을 수도 있다. 어린아이는 읽어가는 데 초점이 있지만, 할아버지는 읽는 것보다 어린 손자에게 생명을 넣어주는 데 초점을 둔다.

즉 할아버지는 자신이 읽고 싶어서, 혹은 유익이 되니까 읽는 게 아니고, 손자가 어떻게 하면 잘 알아듣고 기억나게 해줄까 해서 또박또박 읽어줄 수도 있고, 재미있게 읽어 줄 수도 있다. 이 글의 핵심이 뭔지, 이 글의 생명이 뭔지 그가 마음속에 가지고 있는 것을 읽어가는 중에 손자에게 심어 주려는 목적으로 읽는다. 그가 속에 가지고 있는 것을 그대로 가르쳐 주고, 마시게 해주고, 먹게 해준다는 말이다. 성경을 70-80년 보고 외우고 묵상하고 그것이 삶의 한 부분이 된 노인이 어린 손자에게 들려주는 것은 귀에 들려주는 게 아니고 마음에 들려주는 것이다. 이 둘은 하늘과 땅 차이다.

우리가 성경을 읽을 때는 입으로 읽지만 입으로만 읽어서는 부족하다. 성경을 눈으로만 읽어서도 부족하다. 귀로 읽어야 된다. 그 다

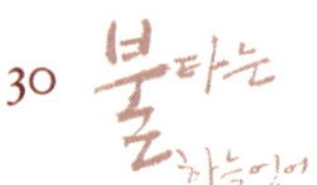

음에 성경을 피부로도 읽어야 된다. 성경을 읽을 때 우리의 땀구멍 하나하나가 성경을 읽어가는 입이 되고, 눈이 되게 해야 한다. 다시 말하면 성경을 읽을 때 내 마음과 뜻과 정성을 다하여 내 주 되신 하늘의 아버지를 섬기라는 말은 네가 가지고 있는 모든 것을 다 동원하라는 것이다. 성경을 읽을 때는 모든 것을 다 동원해 땀구멍까지 열어서 읽어야 한다.

우리가 좋은 음식을 먹을 때 그 음식 안에 갖가지 영양소가 다 들어 있는 것처럼 완숙한 할아버지가 성경을 들려줄 때 그 안에 갖가지 영적인 영양소가 다 들어 있다. 그것을 다 알아들으려면 귀만 가지고는 안 된다. 눈과 코, 입으로도 들어야 하고 우리의 솜털을 안테나처럼 꼿꼿이 세워서 그분이 하시는 말씀을 하나도 빼놓지 않고 듣도록 해야 한다. 우리 피부에 있는 솜털에 귀를 만들어서 거기에 확성기를 꼽아서 피부로 들어오게 해야 된다. 귀 하나로 들어오게 해서는 너무 손해라는 말이다.

여호와 나의 하나님이여,
주의 행하신 기적이 많고 우리를 향하신
주의 생각도 많도소이다.
내가 들어 말하고자 하나 주의 앞에 베풀 수도 없고
그 수를 셀 수도 없나이다.
주께서 나의 귀를 통하여 들리시기를
제사와 예물을 기뻐 아니하시며
번제와 속죄제를 요구치 아니하신다 하신지라
그때에 내가 말하기를 내가 왔나이다
나를 가리켜 기록한 것이 두루마리 책에 있나이다(시 40:5-8).

2

너를 열어라
온몸을 열어라

"여호와 나의 하나님이여

주의 행하신 기적이 많고 우리를 향하신 주의 생각도 많도소이다

내가 들어 말하고자 하나 주의 앞에 베풀 수도 없고 그 수를 셀 수도 없나이다

주께서 나의 귀를 통하여 들리시기를 제사와 예물을 기뻐 아니하시며

번제와 속죄제를 요구치 아니하신다 하신지라

그때에 내가 말하기를 내가 왔나이다

나를 가리켜 기록한 것이 두루마리 책에 있나이다"(시 40:5-7).

깊은 곳으로, 더 깊은 곳으로
성경을 통째로 먹으라
거룩한 독서는 듣는 것이다
성경을 보는 두 개의 눈

2 _ 너를 열어라, 온몸을 열어라

왜 거룩한 독서라고 말하는가. 우리가 성경을 대할 때 '거룩한'이라는 단어가 그곳에 들어가면 우리의 몸가짐과 마음가짐이 달라진다. 거룩한 독서는 하나님 앞에 서는 것이다. 하나님의 얼굴과 인간의 얼굴이 대면하는 곳이다. 그래서 하나님께서 모세에게 "네 발에서 신을 벗어라" 명령하셨다. 부르심과 엎드림, 즉 하나님과 인간의 이 만남은 절대적 죽음과 영원한 생명의 교차로다. 죽을 수밖에 없는 인간에게 부활 생명의 신비한 구원이 열리는 만남의 시간이요 장소다.

일반인들은 성경을 볼 때 백지에 글자가 쓰인 종교의 경전으로 보거나 신의 이야기나 교훈을 주는 책으로 본다. 여기서 조금 더 나가면 하나님께서 내게 주신 말씀이라고 수용한다. 그런데 우리 크리스천들은 이런 생각에서 한 발자국 더 나아가 말씀 속에서 무엇인가를 발견해내야 한다.

그것은 수박의 속살과 같은 것이다. 수박 껍데기를 아무리 핥아도 수박의 진짜 맛인 향긋하고 달콤한 맛을 전혀 볼 수 없다. 수박의 참 맛을 느끼고 먹기 위해서는 수박을 깨뜨려야 한다. 칼로 쪼개서 수박 속살을 먹기 좋도록 잘라서 그릇 위에 올려놓아야 한다.

여러분들은 사랑하는 남편이나 아내를 보면서 무엇을 발견하는 가? 그 얼굴을 통해서 무엇을 발견해 왔는가? 왜 그 사람을 사랑했 고 그 사람과 결혼했고 같이 생활하는가 말이다. 그 사람의 얼굴이 잘 생겨서, 혹은 예뻐서 같이 사는가? 아니면 인격 때문에 사랑하는 가? 그 사람을 사랑했기 때문에 결혼했고 같이 생활하는가?

우리는 여기서 뭔가 핵심을 잡아야 한다. 성경을 대할 때 우리는 단순히 여자가 남자를 만나서 가정을 이루는 성인들의 한 생활 패턴 에서 한 단계 뛰어 올라야 한다. 즉 가정은 사랑의 합일체다.

깊은 곳으로 더 깊은 곳으로

이처럼 우리가 성경을 대할 때 성경이 바로 사랑의 합일체라는 그 자리까지 들어가야 한다. 아내의 얼굴 속에서 무엇을 보는가. 아내가 말은 안 하더라도 남편을 향한 말할 수 없는 사랑과 존경, 애정과 헌 신, 살아 있는 사랑의 호흡을 느끼고 본다. 또한 아내가 남편을 볼 때 도 마찬가지다. '저 사람이 나를 위해서 아침부터 저녁까지 남의 집 에 가서 땅을 파고 쟁기질하는구나. 아침밥도 거르고 직장에 가서 상 사 밑에서 이리저리 시달리고 파김치가 되어서 저녁 늦게 집에 들어 오는구나.'

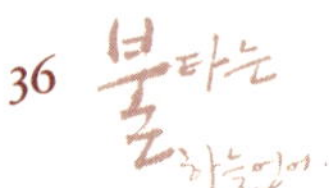

이런 것을 남편이 직접 말하지는 않는다. 하지만 남편의 얼굴 속에서 그것을 읽을 수 있는 아내를 가진 자와 그것을 읽을 줄 모르는 아내를 가진 자의 차이는 하늘과 땅 차이다. 그것을 읽을 줄 아는 아내를 가진 자는 천당에 가 있는 기분이고, 그것을 읽을 줄 모르는 아내를 가진 자는 지옥에 앉아 있는 기분이 들 것이다.

내가 말하고자 하는 것은 부부관계가 아니라, 우리가 성경을 대할 때의 태도를 말하는 것이다. 아내의 얼굴을 얼굴로만 이해하지 않는 것처럼 성경도 그렇다. 아내의 얼굴 속에는 그 아내의 얼이 있고 생명이 있다. 마찬가지로 거룩한 말씀 속에도 하나님의 얼굴이 있고, 하나님의 생명이 있다. 하나님의 사랑이 있고 하나님의 신비한 능력이 있다는 말이다. 성경을 그냥 읽어간다고 하는 자체부터 출발이 잘못됐다는 것이다. "우리 금년에 성경 1독 합시다, 2독 합시다, 3독 합시다" 그렇게 말할 때, 사랑을 나눠 본 사람이 그렇게 말하는 것과 연애편지조차 주고받은 경험이 없는 사람이 말하는 것과는 천지 차이다.

우리가 성경을 대할 때도 바로 이와 같다. 성경에서 하나님에 대한 지식, 예수 그리스도에 대한 지식 또는 성령에 대한 지식을 얻거나 어떤 교훈을 받는다고 생각한다. 하지만 성경이 우리에게 교훈을 주는 게 주목적이 아니다. 그것은 부수적인 일이다. 성경을 거울 삼아서 그 속에서 하나님에 대한 지식과 지혜, 성령의 깊이와 높이, 넓이와 길이들을 섭취하는 것이 목적이다. 즉 음식을 섭취하듯이 영양소를 취한다는 것이다.

주님께서 우리에게 하신 말씀, "인자의 살을 먹지 아니하고 인자의 피를 마시지 아니하면 너희 속에 생명이 없느니라"(요 6:53)고 하신 진리는 성경을 제대로 볼 줄 아는 자에게는 걸림돌이 안 된다. 그런데 주님께 가까이 왔던 많은 사람들에게 이 말씀을 들려주자 주님을 따르던 제자들까지 다 도망 가버렸다. 그리고 열두 제자가 남아 있을 때 "너희들도 나를 떠나겠느냐"고 물으셨다.

성경은 우리가 먹는 음식이다. 여기서 듣는다는 것은 단어를 마음속에 새기면서 음식을 먹듯이 먹는다는 것이다. 음식은 우리의 식탁에 오르기 전까지는 생명이 있었다. 주부들은 더 잘 알 것이다. 매일 아침, 저녁 부엌에서 생명을 죽였다 살렸다 하는 요리 전문가들이 주부들 아닌가? 주부들은 살아 있는 야채를 칼로 자르고 뜨거운 물에 삶고 해서 음식을 만든다. 이와 같이 말씀은 음식이요, 살아 있는 생명이기에 우리는 생명을 요리하여 먹는다는 말이다.

생명을 먹는 방법은 두 가지가 있다. 하나는 잘라서 먹는 것이고, 또 하나는 통째로 먹는 것이다. 그러면 우리는 성경을 어떻게 먹어야 할까? 성경은 살아 있는 생명 그대로 먹어야 된다. 성경을 산 채로 먹지 않으면 생명을 먹는 것이 아니라 죽은 시체를 먹는 것과 같다.

어떤 신학자들이나 원리와 원칙, 무엇인가 합리적인 것을 추구하는 사람들은 성경을 분석한다면서 조각조각 다 잘라낸다. 그러면 씹을 수는 있지만 생명은 먹지 못한다. 그리스도인들은 생명을 먹어야 된다. 생명을 제대로 먹으려면 어떻게 해야 되는가. 성경을 살아 있는 생물이라고 생각하면 된다. 성경은 살리는 것이고, 살아 숨쉬며 움직이는 것이라고 말이다. 사람의 몸을 비유로 설명하면 성경은 눈도 있고 귀도 있고 코도 있다고 생각하면 된다. 그런데 눈 빼고 코 떼어 버리고 귀를 잘라낸다면 전체가 살아 있을까.

예를 든다면 의학도들이 인체를 연구하기 위해서 사체를 의학실습 도구로 해부한다. 사체의 조직 일부를 떼어 인체의 질병을 연구하고, 그 속에 있는 병의 원인들을 찾아낸다. 그것은 사람을 살리기 위해서 사체를 해부하는 것이지 자르는 게 목적이 아니라는 말이다.

그런데 많은 성직자들은 성경을 그냥 쪼개고 조직적으로 분석해 특이한 것을 발견한 것처럼 이야기하는데, 그것은 연구실에서 필요한 것이다. 생명을 살리고 죽이는 목회의 현장에서는 양떼들에게 썩은 시체를 주는 것과 같다. 목회의 현장에서 말씀을 주는 것은 생명이 있는 삶을 그들에게 주는 것이라는 말이다.

그렇다면 생명 있는 삶을 그들에게 주기 위해서는 어떻게 해야 되는가. 성직자나 평신도 자신이 성경 속에서 생명을 먹고 마시며 숨쉬어야 된다. 그렇지 않고서는 그가 죽은 것을 먹고 마시고, 썩은 공기를 폐에 가지고 있는데 그로부터 나올 수 있는 것이 무엇이겠는가? 썩은 시체에서 썩은 공기, 썩은 물밖에 무엇이 더 나오겠는가? 그것을 양 무리들이 먹고 마시고 숨 쉰다는 말이다.

그래서 앞에서 말한 것처럼 될 수 있으면 설교하려고 나서지 말라. 남 앞에서 강의하는 것보다 듣는 것이 더 좋다. 듣는 순간마다 나는 내게 필요한 양식을 섭취하게 된다. 하지만 앞에 나가서 말하면 그때마다 자기 속에 있는 영양소들을 자꾸 빼 내게 된다. 자꾸 빼 내다 보면 결국 껍데기만 남으니 조심해야 한다.

저금통장에 100만 원, 1,000만 원, 일억 원이 들어 있을 때는 그 통장은 매우 소중하다. 잊어버릴까 봐 조심스럽게 다루고 금고에 소중하게 보관한다. 그러나 잔고가 제로인 통장은 어떻게 처리하는가? 잔고 있는 저금통장은 귀하게 대우받지만, 잔고가 바닥난 저금통장은 쓰레기통으로 직행한다.

잔고가 제로인 교수나 성직자들은 어떤가. 그들이 가는 곳마다 자신의 안에 있는 것을 쏟아내고 나면 결국은 빈 저금통장이 남는다. 그래서 그 빈 통장을 들고 옛날에 여기 일억 원이 있었고, 천만 원이 있었고, 오백만 원이 있었다고 말한다. 집회나 세미나에 가 보면 강사들이 옛날에 죽은 자를 살렸고, 옛날에 이러이러한 일을 밤낮으로 했고, 많은 기적을 일으켰다고 하는 일들이 다반사다.

그렇다면 어떤 교수나 어떤 성직자가 되어야 되는가? 잔고가 차고 넘치는 교수, 자기의 잔이 넘쳐흐르는 성직자가 돼야 한다. 그렇게 되기 위해서는 나의 잔이 덜 찼을 때는 채우는 데 신경을 써야 한다. 가는 곳곳마다 조금 가지고 있다고 드러내고 나타내고 했다가는 어느 순간에 빈 깡통이 되어서 내버려야 하는 지경까지 가게 된다. 그것이 남의 이야기가 아니라 바로 우리 자신의 이야기다.

영성신학의 세계적인 거장인 유진 피터슨이 만든 성경 〈The Message〉를 보면 장은 구분이 되어 있으나 절은 없다. 예를 들면 창세기 몇 장만 있지 절이 기록되지 않았다는 것이다. 그는 왜 절을 기록하지 않았을까. 성경은 조각조각 나누는 것이 맞지 않다는 것을 그가 깨달았기 때문이다.

성경 강해할 때 어디에 뭐가 있는지 외우게 하는 것이 유행하던 시절이 있었다. 사실 그런 것은 성경을 펼쳐 보거나 주석을 보면 되고, 사전을 보거나 인터넷에 들어가면 다 나와 있다. 그런데도 그런 것을 권장하고 따르는 사람을 보면 가슴이 답답해져 온다. 성경 몇장 몇 절에 뭐가 있는지 그것을 전해 주려고 왜 그렇게 애쓰는지 모르겠다. 하나님께서 우리에게 성경 말씀을 주신 목적은 무엇일까? 기억력 테스트하라고? 그렇다면 많이 외우는 사람이 훌륭한 교수요 성직자인가? 그렇지 않다. 그렇게 하려고 하나님이 우리에게 성경을 주신 것이 아니란 말이다.

성경에 대해서 제대로 알아야 된다. 성경을 통째로 알기 위해서 쪼개고 쪼갠 부분들을 기억하고 평가하고 묵상하다 보면 '이것이 전체가 아니구나' 하는 것을 어느 순간 깨닫는다. 그래서 그 다음에 쪼갠 것을 하나로 모아 꿰매서 거기에 생명을 불어넣어서 살아 있는 생명을 통째로 먹어야 한다는 것을 깨닫게 된다.

거룩한 독서는 듣는 것이다

거룩한 독서는 그 안에 하나님의 생명이 있다. 그 안에서 예수 그리스도와 직접 만날 수 있고, 그 안에 예수님의 생명이 숨쉬고 있기 때문에 거룩한 독서라고 하는 것이다. 성경 읽는 그 자체를 거룩한 독서라고 하지는 않는다. 유대인이 성경을 듣는다고 말한 것처럼 하나님이 내게 말씀을 들려준다는 표현이 적합하다. 내가 하나님의 말씀을 듣는 것이지 내가 성경을 보는 것이 아니라는 말이다.

이를테면 식당에 있는 메뉴를 아무리 들여다봐도 우리가 어떤 음식을 주문하지 않는다면 그 메뉴는 우리와 아무 상관이 없다. 그런데 성경을 대할 때 메뉴로 보는 사람들이 많다. 창세기 메뉴는 무엇이고, 출애굽기 메뉴는 무엇이며, 포인트는 어디이고, 시대적 상황은 어떠했고, 저자는 누구이고, 주요 핵심은 무엇이라고 말한다. 성경을 메뉴판으로 알았다가는 백 독 천 독을 해도 그 영혼은 굶어 죽는다. 음식을 앞에 두고 굶어 죽는 어처구니없는 일이 일어난다.

그래서 성직자들이 앞으로 양 무리에게 해야 할 중요한 일은 성경을 어떻게 읽을 것인지, 성경을 어떻게 대할 것인지 가르쳐야 하기에 먼저 제대로 알아야 한다. 그래서 영성 과정 중에 거룩한 독서라는 과목이 있다. 렉티오 디비나(Lectio Divina)는 인격적인 만남이다. 거룩한 독서는 읽는 것이 아니라 듣는 것이다. 거룩한 독서는 연주회에 가서 음악을 감상하는 시공간으로 표현될 수도 있다. 거룩한 독서는 하나님과 더불어 은밀한 대화를 나누며 멋진 만남의 시간을 만들어가는 것이다.

아래 글을 같이 묵상해 보자.

"에바다… 전부를 열어라.

너 자신을 열어라… 눈을 열어라.

성경은 빛이다.… 귀를 열어라.

성경은 음악이다.… 입을 열어라.

성경은 생수다.… 마음을 열어라.

그리고 감성을 열어라.… 지성을 열어라.

육체를 열어라.… 환경을 열어라.

그 모든 것을 그분께, 그곳으로 몰입하라."

이제, 거룩한 독서가 진행될 방향을 조금 감을 잡았을 것이다. 하나님과의 인격적인 만남을 가지려면 시간과 장소가 중요하다. 거룩한 독서는 우리가 성경을 통해서 어떤 지식이나 지혜, 해석으로 그 역사적 환경을 알려고 하는 게 아니고 그 속에 있는 나를 향한 그분의 사랑의 마음을 읽는 것이다. 그런데 우리는 마치 성경을 우리가 지켜야 할 어떤 규정이나 벌칙처럼 무엇을 해야 하는 의무를 기록해 놓은 것으로 잘못 알고 있다. 성경은 우리에게 생명과 삶의 기쁨과 하늘 평안을 준다.

구약의 모세오경을 율법서라고 한다. 주님께서 우리에게 하신 말씀을 다시 한번 되씹어 보자. 율법을 완성하러 왔다고 하는 주님의 깊은 뜻을 이해할 때 그 내용이 새롭게 다가올 것이다. 성경의 어느 것 하나도 우리를 죽이자고 올무 놓은 것은 하나도 없다.

우리는 자녀들이 학교 갔다 오면 "숙제하고 놀아라"고 말한다. 그러면 자녀들은 '엄마가 날 또 괴롭히려고 하네. 놀고 숙제하면 어때' 하고 생각한다. 아이들 생각이 맞는가? 엄마는 놀고 숙제해도 될 것을 왜 하필이면 숙제하고 놀라고 할까? 정말 엄마가 자식을 못살게 구는 것인가? 아니다. 자식이 제대로 성장할 수 있도록 좋은 습관을 들이기 위해서 순서를 정해 준 것이다. 아이가 성장한 뒤에는 어머니가 자신을 잘 이끌어 주신 분이라고 알고 감사하게 될 것이다.

구약은 전반적으로 예수님이 오시기 전까지 메시아, 구원자를 맞을 준비 과정들과 예비 지식들을 풀이해 놓은 책으로서 근본적인 핵심은 예수 그리스도를 중심으로 펼쳐지고 있다. 그 속에 예수 그리스도의 생명이 면면히 흐르고 있기 때문에 예수 그리스도가 중심에 있고, 그밖의 다른 부분들은 거기에 각각 다른 길들을 열어가는 곁가지들이라고 기록하고 있다.

서울로 가는 데는 여러 가지 방법이 있고 길이 있다. 서울로 올 때는 경부선으로 올 수도 있고, 호남선으로 올 수도 있고, 영동고속도로로 올 수도 있다. 또한 비행기를 타고 올 수도 있고, 기차로 올 수도 있고, 버스로 올 수도 있고, 자가용으로 올 수도 있고, 걸어 올 수도 있다. 하나님께서는 예수 그리스도를 중심으로 해서 모든 길과 수단들을 다 펼쳐 놓으셨다.

우리는 성경에 대해서 제대로 알지 못할 때 서울에서 부산까지는 경부고속도로 하나뿐이라고 생각하며 어린아이처럼 고집을 부릴 수 있다. 그러나 어른들은 그것만 길이 아니라 여러 길로 다 올 수 있다는 새로운 정보를 준다. 마찬가지로 성경에서 예수 그리스도로 통하는 그 길을 완전히 알고 있는 사람이 말하는 것과 경부선 하나만 알고 있는 사람이 말하는 것은 차이가 많다는 것이다.

성경을 우리에게 가르치는 사람 중에 경부고속도로 하나만 있다

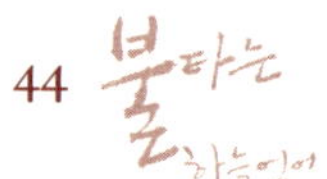

44

고 열심히 가르치는 이가 있다. 이 방법이 틀림없으니 그 길만 타면 서울에 올 수 있다고 말한다. 여수에서 바로 서울로 올라오는 길을 모르는 사람은 경부고속도를 알면 부산을 가든지 진주를 가든지 마산을 가든지 대전을 가든지 그쪽을 통해 와야 된다. 그런데 생각이 성숙하지 못하면 하나님께 가까이 가는 길은 경부고속도로 하나뿐이라고 우기며 그것만 주장한다. 그러면 다른 곳에 있는 사람들은 어떻게 하라는 말인가.

성경에는 수억만 가지 진리가 포진되어 있다. 하나님은 에덴동산에 온갖 나무를 창조하셨다. 에덴동산에는 지식의 나무, 예술의 나무, 과학의 나무가 있다. 오락의 나무도 있고, 취미의 나무도 있다. 말하자면 단맛, 쓴맛, 신맛 나는 여러 과일나무도 있다는 말이다. 그 중에서는 하나님이 손대지 말라는 나무도 있다.

우리는 성경이란 하나님의 동산을 산책하면 여러 종류의 나무를 본다. 산에는 수천 가지 약초들이 있다. 그중에 산삼이 제일 귀하다고 하지만, 그 밖에 더덕과 도라지, 고사리, 버섯도 있고, 온갖 약초와 채소도 있다.

이처럼 성경을 볼 때 땅 밑으로 수맥이 흐르는 성경도 봐야 되고, 얕은 땅 위 흙에서 돋아나는 채소도 봐야 되며, 나무에 달려 있는 과일도 봐야 된다. 그뿐 아니라 산에 뛰어다니는 큰 짐승과 공중에 나는 새들도 봐야 된다. 성경을 볼 때 나무에 열린 과일만 따먹는다고 생각한다면 우리는 성경의 많은 부분을 잊어버리고 하나만 보는 애꾸눈이 돼버린다.

거룩한 독서는 지식을 전하는 게 아니다. 우리에게 믿음과 소망과 생명을 주는 것이다. 성경 그 자체는 통째로 먹지 않으면 생명을 못 먹는다고 말해 왔다. 성경을 읽을 때 통째로 읽어야 된다.

성경의 수신자가 누구인가? 바로 당신과 나, 우리다. 그렇게 생각할 때 성경은 나와 관계성을 유지하게 된다. 나와 상관관계가 있다는 것이다. 성경이 나 개인을 위한 것이 아니고 만인을 위해서 썼다고 하면 나한테 굴러온 귀한 다이아몬드 한 자루를 발로 차버리는 것과 같다. 성경은 나를 위해 기록한 사랑의 편지라는 것을 절실히 깨달아야 한다.

성경을 보는 두 개의 눈

우리는 성경을 제대로 보기 위해 두 개의 눈을 가져야 한다. 과학자들이 좋아하는 두 개의 눈, 의사들이 좋아하는 두 개의 눈, 생물학자들이 좋아하는 두 개의 눈이 무엇인가? 하나는 망원경이요, 하나는 현미경이다. 우리가 성경을 볼 때 망원경을 가지고 보는 동시에 현미경을 가지고 봐야 한다. 그 두 개가 상호 작용하기에 때로는 망원경으로 멀리 있는 것을 봐야 되고, 때로는 현미경으로 아주 가까운 곳을 봐야 된다는 말이다.

12세기에 기고 2세는 성경을 읽는 4단계를 이야기한 것이 있다. 즉 성경을 읽어가다가 어느 한 곳에 마음이 박히거든 거기에 멈추라고 했다. 산에 가면 광맥이 특별히 묻혀 있는 곳이 있듯이 오늘 내게 하나님께서 보여 주는 말씀의 광맥은 어느 곳에 있는가? 성경을 죽

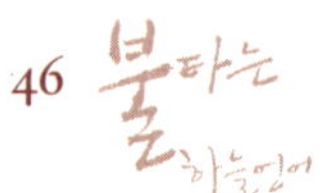

읽다가 어느 한 곳에서 눈이 번쩍 뜨이고, 피가 끓어오르고, 번갯불이 강타하고, 벼락같은 게 내려칠 때 거기서 숨을 멈추라는 것이다. 읽어야 한다는 의무감에서 벗어나 거기서 숨을 멈추라는 것이다. 그 다음에는 소가 낮에 들판에서 풀을 실컷 뜯어먹고 밤에 집에 들어가 바닥에 드러누워 낮에 먹은 그 풀을 꺼내서 되새김질하듯이 묵상하라는 말이다.

침묵 속에서 그 말씀을 되새김질하라. 먹은 풀이 소 창자에 그대로 흘러가면 낮에 소가 풀 뜯어먹은 것은 아무 소용이 없다. 소가 풀을 뜯어먹고 곡식을 먹었는데, 그 곡식 낱알 그대로 소 창자를 통해서 뒤로 빠져 버리면 그것이 소의 건강과 무슨 관계가 있겠는가? 괜히 통로만 열어 준 것뿐이지 아무 관계가 없다.

하나님의 말씀이 내 입에 들어오거든 그것을 입에 딱 물고 침묵 가운데 계속해서 그것을 되씹으라. 열매가 완전히 분해될 때까지, 풀이 완전히 으깨져서 형체가 없어질 때까지 계속해서 그것을 씹고 또 씹듯이 말씀의 되새김질을 하라는 것이다. 말씀이 소화되고 난 뒤에는 소화기 계통의 모든 내장들을 동원해야 된다. 소가 위에서 소화된 것을 장을 통해서 내려 보내 필요한 장기에서 필요한 영양소를 다 흡수하듯이 하나님의 말씀은 침묵과 묵상 가운데서 퍼지고 녹는다.

그 다음 지성, 감성, 의지의 세 가지 기능을 동원해서 각각 필요한 영양소를 받아들인다. 위는 튼튼한데 장이 나빠서 소화된 영양소를 빨아들이지 못한다면 위가 열심히 일한다 해도 소는 마르고 병든다. 우리가 말씀을 열심히 묵상했더라도 나의 살과 피가 되도록 흡수하느냐가 관건이다. 흡수한다는 것은 내가 먹고 씹고 소화하고 마심으로 하나님의 마음, 예수님의 현현하심을 완전히 내 것으로 만드는 것이다. 그 과정을 거치지 않을 경우 우리는 하나님의 말씀을 백 번 씹어서 위에서 백 번 천 번 되새김하더라도 아무 소용이 없다.

그러므로 말씀이 우리에게 가장 유익하고 유용하게 되는 방법을 찾아내야 된다. 말씀을 내 것으로 만들었을 때 어떤 일이 일어나는가? 예수님의 살과 피가 내 안에 들어오게 된다. 예수님의 생명이 내 안에 들어오면 내 속에 예수님이 살아 계신다.

"내가 그리스도와 함께 십자가에 못 박혔나니 그런즉 이제는 내가 산 것이 아니요, 오직 내 안에 그리스도께서 사신 것이라. 이제 내가 육체 가운데 사는 것은 나를 사랑하사 나를 위하여 자기 몸을 버리신 하나님의 아들을 믿는 믿음 안에서 사는 것이라"(갈 2:20).

말씀이 내 안에 살아 있으면 그 말씀으로 인해 하나님을 만날 수 있다. 내 속에 말씀이 피와 살이 되어서 그것이 완전히 내 안에서 작용할 때 나의 육체는 인간이지만 내 안에서 예수 그리스도 그분이 살과 피가 되기 때문에 그분이 하고자 하는 대로 된다는 것이다.

우리가 고기를 먹는 것은 고기 속에 있는 영양소를 흡수하기 위해서다. 그러면 그 영양소가 우리 육체의 에너지가 된다. 육식을 주로 하는 사람과 채식을 주로 하는 사람의 성향이 다르듯이 우리가 성경 말씀 속에서 무엇을 먹었는가에 따라서 선호하는 방향이 달라질 것이다.

칠년 전에 있었던 일이다. 미국의 LA에서 메콜베인(Rev, Mcllvaine) 목사님을 만난 적이 있다. 그 목사님이 치유센터에서 치

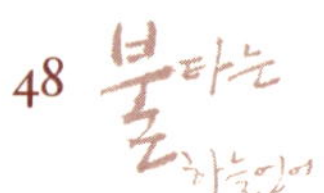

유하는 과정을 참관하였는데, 아주 영적인 분이란 것을 느낄 수 있었다. 치유과정을 본인이 직접 인도하였는데, 그 옆에는 그분을 돕는 4-5명의 목사님과 은사자들이 여러 명 있었다.

그분은 치유받기 원하는 사람들에게 종이를 나눠 주고 어떤 것을 치료받기 원하는지 쓰라고 했다. 즉 과거는 어떠했고, 현재는 어떤 증상이 있으며 앞으로 어떻게 되기를 원하는지 자세히 적어 내게 해서 치유해 주는 것이었다.

나도 실제로 사역할 때 같이 해보았는데, 그분이 치유할 때 무엇인가 한마디 마음에 부딪쳐 오면 눈물을 흘리는 사람이 많이 있었다. 그러자 그분은 "눈물을 거두십시오. 감성이 앞서서 막을 쳐 버리면 치유에 방해가 됩니다" 하고 말했다. 눈물을 흘리는 것은 자기를 씻어내는 좋은 것인데 왜 그렇게 이야기할까 의아해서 나는 집회가 끝난 다음에 왜 울지 말라고 하느냐고 질문했더니 이렇게 말했다.

"그것은 감정이에요. 감정의 치료는 가장 표면이지요. 그것은 돌아서는 즉시 바로 없어집니다. 한 가지 예를 들어볼까요? 남편이 죽어서 장례를 치르고 막 돌아온 미망인이 슬픔에 빠져 있을 때 보험회사에서 100만 불짜리 수표가 날아왔어요. 남편이 보험 들어 놓은 게 있어서 100만 불짜리 수표가 온 거죠. 그럴 경우 그 여자는 어떻게 할까요. 울다 말고 벌떡 일어나서 '할렐루야' 하겠지요."

인간의 감성은 그렇게 잘 바뀐다. 거듭나지 않은 인간의 감정은 참으로 불완전해서 믿을 수가 없다. 그러니 인간의 감성에는 절대 연연하지 마시기 바란다. 눈물을 거두고 감성 출입구에 문을 열어 주는 게 좋다. 감성의 문은 누구든지 쉽게 들어갈 수 있지만, 감성의 문을 거쳐서 지성의 문으로, 지성의 문을 거치고 난 다음에는 의지의 문을 들어가라고 말이다.

우리는 지금 기고 2세의 '거룩한 독서' 4단계를 살펴보고 있다. 하나님의 말씀이 살과 피가 되어서 내게 가까이 오면 그 다음에는 보던 성경을 두고 하나님께로 얼굴을 돌리기 바란다. 하나님께 얼굴을 돌려서 그때부터 하는 그 기도가 바로 예수 그리스도가 하나님께 하던 그 기도다. 참으로 멋진 증언이다. 우리가 하는 기도와 성경 말씀이 나의 피와 살이 되고, 그것을 통해 현존하시는 하나님께서 나를 인격적인 만남의 자리로 이끌어 가면 우리는 성령의 인도하심을 따라 그 장소에 이끌려 가서 무릎을 꿇을 때 하나님과 만나게 된다.

성경을 읽는 궁극적인 목적은 성경의 지식을 얻기 위한 것이 아니라 사랑하는 그분과 만나는 것이다. 거룩한 독서는 사랑하는 그분, 예수 그리스도, 우리 하나님과 만나게 한다. 그래서 우리는 성경을 거룩한 말씀이라고 한다.

여러분은 피카소 그림을 잘 이해하는가? 쉽지 않을 것이다. 동양의 산수화는 어떤가. 굵은 선으로 힘차게 그려놓은 절벽들, 벼랑 끝에 서 있는 조그만 나무들…. 그 사람이 왜 이 그림을 그렸는지, 왜 이러한 구도를 맞춰놓고 이러한 색깔로 나타냈는지 그것을 알기 위해서는 미술을 전공한 사람도 자신의 지식을 동원하여 뚫어지게 쳐다봐야 된다.

성경 말씀의 저자이신 하나님은 전문가다. 전문가가 그렇게 그림을

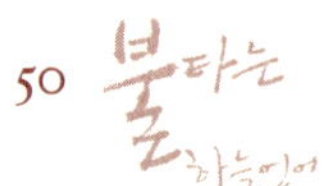

그려 놓았는데, 평범한 사람이 보고 '어, 잘 그렸네' 하고 대충 볼 일인가. 피카소 그림을 보고 '어? 괴상한 그림이네. 보기는 좋네' 하고 와 버리면 피카소가 왜 그림을 형이상학적으로 그렸는지 백 번 쳐다본들 알 수가 없단 말이다. 하나님의 말씀이 피카소 그림보다 못할까.

하나님의 말씀은 하늘나라의 이야기다. 인간들이 인간의 두뇌와 마음과 손으로 그린 그림과는 차원이 다르다. 하나는 이 땅의 것이요, 하나는 하늘의 것이다. 인간이 이 땅의 것을 이해하는 것은 쉬우나 하늘의 비밀을 아는 것은 참으로 어렵다.

성경을 하나의 그림으로 본다면 하나님의 그 지고하신 선과 아름다운 미와 지혜가 거기에 다 들어가 있다고 볼 때 하찮은 인간의 눈과 코, 귀, 지식, 두뇌를 가지고 그것을 제대로 파악했다는 것은 거짓말이다. 그냥 껍데기만 훑어 본 것이다.

수박 먹는 방법을 모르는 사람에게 수박을 누가 갖다 줬다고 가정해 보자. 남들은 수박이 달다고 하는데 아무리 수박 껍데기를 핥아도 단맛이 전혀 나지 않는다고 한다. 껍질을 핥는데 어떻게 단맛이 나오겠는가. 그러면 단맛이 난다고 한 그 사람에게 가서 물어 봐야 된다.

그때 답은 두 가지다. 실제로는 단맛을 보지도 못했으면서 남이 말하니까 달더라고 말한 사람이 있고, 하나는 실제로 쪼개서 단맛을 본 사람이 있다. 그런데 대부분의 사람들은 쪼개지도 않고 성경학자나 유명한 사람들이 달다고 하니까 단 줄 알고 환상 속에 빠지는 것이다. 이것이 무지의 함정이요 커다란 비극이다.

"하나님의 말씀은 살았고 운동력이 있어
좌우에 날선 어떤 검보다도 예리하여
혼과 영과 및 관절과 골수를 찔러 쪼개기까지 하며
또 마음의 생각과 뜻을 감찰하나니 지으신 것이
하나라도 그 앞에 나타나지 않음이 없고
오직 만물이 우리를 상관하시는 자의 눈앞에
벌거벗은 것같이 드러나느니라"(히 4:12-13).

3

생명의 말씀은
역사를 창조한다

"하나님의 말씀은 살았고 운동력이 있어

좌우에 날선 어떤 검보다도 예리하여

혼과 영과 및 관절과 골수를 찔러 쪼개기까지 하며

또 마음의 생각과 뜻을 감찰하나니 지으신 것이

하나라도 그 앞에 나타나지 않음이 없고

오직 만물이 우리를 상관하시는 자의 눈앞에

벌거벗은 것같이 드러나느니라"(히 4:12-13).

3 _ 생명의 말씀은 역사를 창조한다

마가복음 7장의 동산으로 사랑하는 그분과 더불어 나들이를 떠난다. 이 말씀은 하나님의 사역을 하는 우리에게 가장 필요한 말씀 중의 하나다. "그의 귀가 열리고 혀의 맺힌 것이 곧 풀려 말이 분명하더라"(막 7:35). 하나님의 말씀에 대해서 우리는 귀가 열려야 한다. 우리의 열린 귀로 그분의 뜻과 말씀을 들어야 한다. 여기서 혀가 풀렸다는 것은 하나님께서 우리를 풀어 주셨다는 것을 말한다. 즉 진리의 말씀을 진리 그대로, 생명 있는 말씀은 생명 그대로 전하게 하려는 은총을 말하는 것이다.

거룩한 독서는 이 말씀을 묵상하는 것이 우리에게 얼마나 필요한지, 왜 그분께서 우리를 위해 친히 죽으셨는지 그리고 그 죽음의 결과가 무엇인지 열린 귀로 확실히 들어야 한다. 이것을 듣지 못할 때 우리가 전하는 말씀은 껍데기에 불과하다. 영혼이 떠난 죽은 시체, 바로 그것을 보게 하고 냄새 맡게 하는 것이다.

많은 교회들이 강의나 세미나로 성경의 지식들을 전한다고 한다. 성경의 지식은 성경이 닫혀 있던 중세기까지는 우리에게 참 필요했다. 예를 든다면 중세기 가톨릭 시대는 교황 또는 핵심 주교나 신부들 외에는 성경책이 닫혀 있었다. 그 사람들만 성경을 보고 읽고 묵상하게 했다. 그것은 성경이 얼마만큼 귀한지 우리에게 가르쳐 주기도 하겠지만, 한편 일반 신도들은 도저히 펼칠 수 없는 거룩한 말씀이라는 것이다.

사람마다 하나님을 보는 안경이 다르다

그런 과정을 지나오면서 염려스러운 것은 하나님에 대한 묵상을 깊이 하지 않거나 성경의 역사적 전통 그리고 그 사건들에 대한 상관관계들을 제대로 알지 못하는 사람들이 자기의 지식과 경험만을 토대로 그것을 풀이할 때 자기의 우물 크기에 따라 말씀을 해석할 수도 있다는 것이다.

예를 든다면 이런 것이다. 바닷가에 사는 어부들은 눈을 떴다가 눈을 감을 때까지 생각하는 것이 배다. 그 집의 어린 자녀들도 '배'라고 하면 바다에 떠다니는 고기 잡는 배를 자동으로 연상한다. 그것이 그들에게는 머리에 박혀 있다. 이것은 바꿀 수가 없다.

그런데 배 과수원을 하는 부부들이 나누는 이야기 중에 '배'라는 단어는 배나무의 배를 전제로 한다. 그 집에서 배는 나무에 달린 배를 연상한다. 성경 해석을 바로 이렇게 한다는 것이다. 그 다음에 천을 짜는 방직 공장으로 가 보자. 사장이나 종업원은 베라고 할 때 베

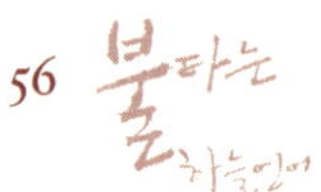

틀에서 내려오는 천을 이야기한다. 자, '배(베)'의 세 가지 예를 들었다. 이 세 가지 단어는 같지만, 그것이 쓰일 자리는 다르다.

하나님 말씀을 읽을 때도 마찬가지다. 바다의 어부가 하나님 말씀을 읽을 때는 바다에 떠 있는 고기 잡는 배를 연상하며 처음부터 끝까지 읽어간다. 과수원을 하는 농부는 처음부터 끝까지 나무에 달려 있는 배라고 연상한다. 베틀 공장에서 천을 짜는 사람은 처음부터 끝까지 기계에서 흘러나오는 천을 말한다. 성경을 읽을 때 이런 오류들은 전체를 모르는 사람에게 일어날 수 있다. 그래서 자기가 아는 것만 주장하고 때로는 억지를 부리기도 한다.

내가 아는 것만 주장할 때 거기서부터 문제가 생긴다. 다시 말하면 우리 신자들을 한쪽으로만 몰고 가 편식하게 된다. 이것이 진리라고 계속 몰고 간다. 하나님의 진리는 어느 한쪽에 있는 것이 아니다.

'배'라는 단어를 제대로 알려면 사전을 찾아보고 우리가 이해할 수 있듯이, 성경도 전체를 제대로 보고 나가야 된다. 그래야 우리가 성경을 이해할 때 더 깊은 데로 들어간다. 종교개혁 이후 성경이 대중에게 공급되기 시작했고, 그것이 퍼지면서 일반인들이 성경을 알 수 있는 기회를 갖게 되었다. 성경에 대한 지식을 얻겠다는 목마름이 있었다. 그래서 그렇게 기를 쓰고 성경공부를 하게 됐다. 배 고픈 사람에게 제일 급선무가 무엇인가. 쌀밥 보리밥 안 따지고 되는 대로 먹는다. 쌀밥이건 보리밥이건 배만 채우고 본다. 배가 차면 다음에 좋은 음식을 찾는다. 우리는 지금까지 주후 2천 년 동안 성경에 목말라 왔다. 그러다가 이제 16세기 17세기가 지나고 20세기에 들어오면서 우리는 성경 지식의 홍수에 휩쓸려 떠밀려가고 있다. 성경에 대한 단편적인 지식에 휩쓸려 가다 보니 성경 지식이 우리 주위를 범람하게 된다. 더 이상 우리 배에 성경 지식이 들어 갈 공간이 없다.

우리 몸을 구성하는 세포에는 수많은 종류가 있는데, 의학자들의 말에 따르면 그 종류마다 생명을 지속하는 기간이 다르다고 한다. 예를 들어 우리 몸에 두 시간 반밖에 살지 못하는 세포가 있다. 이 세포는 위벽의 제일 외벽으로 단명하는 세포다. 우리의 몸에 두 시간 전에 새로운 세포가 준비되지 않으면 몸의 한 곳이 무너져 내리기 시작한다. 우리의 영혼도 영혼의 양식인 성경을 통해 하나님의 말씀이 새 세포로서 계속 생산되지 않는다면 영혼의 어느 한 부분이 무너져 내리기 시작한다.

다시 말하면 새로 태어난 세포로 대체할 수가 없으니 구멍이 생긴다는 것이다. 이 구멍을 우리는 어떻게 메워 갈 것인가? 그 길은 오직 하나 새로운 세포를 만드는 방법뿐이다. 그런데도 많은 크리스천들은 이러한 현실을 알지 못하고 있고 또 생각하려고 하지도 않는다. 그러다 어느 날 그곳에 구멍이 나고 무너져 내릴 때 한순간 죽음 앞에 서 있는 자신들을 보고 소스라쳐 놀라고 한탄하게 된다. 어찌하다 이 지경까지 이르게 되었는가 하고 말이다.

성경을 체험으로 받아들인다는 것

내가 성경책을 들고 다니며 그것에서 눈을 떼지 않는다 할지라도 나와 상관이 없을 수 있다. 아무리 좋은 식당 메뉴판을 들고 있을지

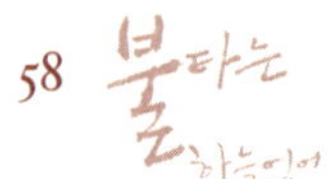

라도, 알고 있어도 그 음식을 주문하지 않으면 음식을 먹을 수 없듯이 말씀 그 자체가 내게 음식으로 다가와야 된다는 것이다. 성경 그 자체가 내게 음식으로 공급되지 않는 한 성경 메뉴판 즉 성경책 그 자체는 나와 아무런 상관이 없다. 메뉴판은 내게 이러 이러한 식단이 있다고 전해 주는 안내 책자일 뿐이다. 그것이 내게 영양분을 주는 양식이 되지 못한다는 것이다.

더 실질적인 예를 든다면 우리가 외국에 갔을 때 공항 로비나 아니면 관광 안내 센터를 찾아가서 내가 여러 곳을 관광하고 싶다고 도움을 청하면 그들은 직접 나와서 안내해 주지 않는다. 그들이 줄 수 있는 것은 관광지도다. 그 다음은 내가 그 관광지도를 참고하여 스스로 찾아다녀야 관광이 실제로 이루어진다. 내가 관광 안내지도를 뚫어지게 본다고 프랑스의 에펠탑, 세느강, 노틀담의 사원을 구경할 수 있을까. 그림으로만 보는 것이다.

이처럼 거룩한 독서도 마찬가지다. 우리가 실제로 그 거룩한 독서를 하여 성경이 내 것이 되게 하기 위한 방법과 요소가 무엇일까. 지도를 가졌다면 일어나 찾아 나서야 한다. 택시를 불러 이곳에 가자고, 저곳에 가자고 부탁하며 직접 가보란 말이다.

성경 말씀을 아무리 뚫어지게 볼지라도 그 성경 말씀이 내게 가르치는 66권의 동산으로 직접 가서 체험하지 않는 한 성경책은 나와 아무 상관이 없다. 여기서 우리는 성경 지식을 제공하는 것이 목적이 아니라는 사실을 깨닫게 된다. 다시 말해 사람들이 수많은 세미나 등으로 성경의 관광 안내도만 갖다 준다. 하루 종일 앉아서 성경 안내도를 보고, 여기는 에펠탑, 여기는 세느 강이라며 그것을 가리킨다. 오늘도, 내일도, 모레도 가리키고, 작년, 금년, 내년도 가리키며 앞으로도 계속 가리키려고 준비하고 있다. 그 다음은 어떻게 행동할지 생각지도 않는다.

여기서 우리는 뭔가 깨치지 않으면 안 된다. 우리에게 실제적으로 필요한 것은 관광 안내도가 아니다. 내가 직접 그 안으로 들어가서 체험해야 하는 것이다. 이 체험이 없는 한 성직자나 믿음의 형제들 모두 가는 곳마다 관광 안내도를 펴 놓고 여기는 어디, 저기는 어디라고 가리키는 것이나 마찬가지다.

오늘은 창세기, 내일은 출애굽기… 돌아가면서 가르칠 수도 있다. 그것을 볼 때마다 언제까지 저렇게 미련한 일을 계속할 것인가, 언제까지 저렇게 지식만 전해 줄 건가 싶어 안타깝다. 바로 여기에서 사람들이 헤어나지 못하고 있다. 그들처럼 가르치고 지식을 주는 것이 하나님의 말씀 전체를 준 것 마냥 생각한단 말이다.

"바다 속에 있는 물고기가 목말라 한다"는 말이 있다. 고기가 입만 열면 그 많은 바닷물이 순간에 차고 넘치게 들어오는데 왜 목말라 할까? 우리는 영혼이 먹어야 할 음식이 뭔가를 깨우쳐야 한다. 우리 영혼이 먹어야 할 양식은 영의 양식이지 혼의 양식도 육의 양식도 아니다. 영은 혼의 양식도 먹을 수 없고, 육의 양식도 먹을 수 없다. 성경 지식은 살아 있는 양식 즉 생명으로 오는 양식이어야 한다.

혼에 대한 지식, 혼에 대한 신경 교통망이 얽히고설켜서 이것만 알면 다 알 수 있다고 빨간색 파란색 갖가지 색깔의 연필을 동원하여

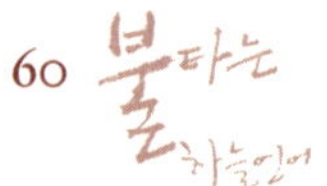

표시해 가면서 지도를 가지고 아무리 설명한들 그것이 어떻게 영의 양식이 되겠는가. 혼의 양식, 즉 지식의 축적은 될 수 있을지 몰라도 영의 양식이 될 수 없다.

성경 지식을 사랑하는 양 무리들에게 전해 줘서 그들의 영혼을 살릴 수 있는가 생각해 보면 자다가도 깜짝 놀라 소스라쳐 일어날 일이다.

"주님, 제가 지금까지 성경을 봐 온 것이 허상이었고 거짓이었고 위선이었습니다. 저는 수박을 쪼개서 수박 안에 있는 달콤하고 맛있는 육질을 그들에게 주지 못했고, 수박을 만지며 안에는 단 것이 있으니 밤낮 껍데기를 핥으라고만 말해 왔습니다."

우리 목사님이 수박이 달다고 하는데 내가 아무리 수박을 핥아 봐도 단맛이 나지 않는다. 내가 혓바닥을 대 봐도 달지도 않고 수박껍데기를 깨물어 봤더니 싱겁고 딱딱하기만 하다. 하나님의 말씀도 바로 이와 같다. 말씀이 지식 정보를 줄 때는 어디에 뭐가 있고 어디는 어떻게 연결된다고 교인들에게 말하는데, 그러고 나서 그 다음에 어떻게 해야 하느냐고 물으면 대답을 못한다. 수박을 만져 보고 껍데기를 씹어 본 뒤 성직자들은 수박을 칼로 쪼개 줘야 한다. 수박을 칼로 쪼갠다는 것은 하나님의 말씀을 쪼개서 하늘 떡, 하늘 생수, 하늘 산소를 공급해 주어야 한다는 것이다.

하나님의 말씀으로 찌르고 쪼갠다는 것은 무엇을 뜻하는가? "하나님의 말씀은 살았고 운동력이 있어 좌우에 날선 어떤 검보다 예리하여 우리의 혼과 영과 관절과 및 골수를 찔러 쪼개기까지 하며"(히

4:12). 그렇다. 이 시간 우리는 거룩한 독서라는 주제로 하나님의 말씀을 어떻게 양쪽에 날선 검이 되도록 할 것인가. 그것을 묵상하고 침묵하는 것이다. 이것은 내가 종이 칼을 가진다는 말이 아니라 실제로 살아 있는 검을 가져야 한다는 말이다. 내가 그런 검을 어떻게 갖는가 그것이 문제다.

나도 설교와 강의를 오랫동안 해오면서 하나님의 말씀에 대해 묵상할 때 '바로 이것이구나' 하면서 감성적이고 지적인 부분으로 다가간 일들이 더러 있다. 그래서 남들은 어떻게 생각했을까 싶어 주석들도 많이 참고했다. 혼자 말씀을 잘못 이해할 수도 있으니까 참고하는 것도 좋다. 그러나 참고는 참고로 끝나야 된다. 참고한 것을 그대로 내게 적용하면 그 결과가 어떻게 될까? 가려운 내 다리를 긁어야 하는데 남의 다리를 자꾸 긁는 것이다. 사랑하는 양 무리들의 가려운 곳을 긁어 줘야 하는데 남의 염소의 배만 자꾸 긁는다는 말이다.

그렇게 되니 우리 양떼들은 "아니야, 이것은 왠지 시원하지 않아. 무엇인가 빠져 있어"라고 한다. 그렇다. 그들의 영혼이 갈망하는 생명, 생기가 없는 것이다. 이제는 하나님의 말씀을 지식의 정보로 더 이상 전해 주고 받지 말아야 할 것이다. 지식은 알 만큼 알았다. 그 다음은 지식의 메뉴판을 들었다 놨다 할 게 아니라 서빙하는 사람을 불러야 된다. 부르고 그에게 어떤 음식을 달라고 주문해야 한다. 그리고 가지고 오면 구경만 할 게 아니고 영양을 섭취하도록 실제로 씹어 먹어야 한다. 그것을 먹지 않으면 아무리 밥상이 내 앞에 차려져 있을지라도 그것은 나와는 아무런 상관이 없다.

거룩한 독서는 예수님을 찾는 길

거룩한 독서는 하나님을 만나는 방법이다. 거룩한 독서는 예수님을 찾는 길이다. 성 어거스틴이 이런 말을 했다. "나는 성서 속에서 예수 그리스도 그분을 찾으러 다닌다. 내가 성서를 읽는 것은 예수 그리스도 그분을 찾기 위해서 읽는다. 찾기 위해서 눈을 뜨고 신경을 곤두세울 때 다른 모든 것은 제쳐 두고 그것에만 몰두한다."

결혼반지를 예로 들어보자. 결혼반지에 있던 다이아몬드가 자신도 모르게 빠져 나간 것을 본 여인은 얼굴색이 노랗게 되어 어디서 다이아몬드 알맹이를 빠뜨렸나 신경을 곤두세우고 찾는다. 방에 빠뜨렸는지 마루에 빠뜨렸는지 모른다. 청소할 때 쓰레기봉투에 휩쓸려 들어간 것 같다.

그것을 찾기 위해 모든 것을 포기하고 방안을 뒤진다. 장롱 밑에 3년 묵은 먼지를 더러운지도 모르고 휘젓고 마루를 뒤지다가 바퀴벌레 죽은 시체, 쥐똥도 찾아낸다. 그러다가 결국에는 음식 찌꺼기, 온갖 더러운 것을 먹고 버린 쓰레기가 엉켜 있는 쓰레기통을 뒤진다. 그렇게 애써 다이아몬드를 찾는다.

그때 잃어버린 결혼반지 다이아몬드를 찾아내는 그 마음으로 성경을 가까이 해야 된다. 그런 마음으로 예수 그리스도를 성경 속에서 찾아야겠다고 가까이 가는 것이다. 그래서 우리는 성경에 기록된 말씀을 어떻게 실제로 살아 있는 말씀으로 바꿀까 고민해야 한다. 성경에 기록된 말씀이 살아 있는 실제적인 말씀으로 바꾸어지도록 우리는 성경에서 그 생명을 찾아내야 한다. 그 속에서 그 말씀들이 내게 살아 역사하는 말씀으로 오게 해야 한다.

살아 있는 말씀으로 내게 올 때 성경은 양날이 선 칼로 다가온다. 그리고 그 말씀이 바로 우리들을 찌르고 쪼개며 파헤치고 수술하여 치유한다. 어두움을 깨뜨리고 빛이 들어오게 하고 닫힌 부분을 깨트리고 우리 길을 열어 주는 것이다. 그럴 때 성경은 우리와 관계가 있다.

우리는 하나님의 말씀을 생명의 말씀이라고 한다. 말씀은 하나님 안에 있는 생명을 우리에게 전해 주는 길이요 방편이요 도구다. 하나님의 말씀이 내게 살아 있을 때 의사의 손에 들린 수술 칼처럼 우리 안에 어느 곳이 썩어 있는지 그곳을 하나님의 말씀으로 수술한다. 그 결과 우리를 낫게 해주는 것이다.

성경은 인류 전체에게 주시는 하나님의 말씀이다. 그러나 우리는 보편적으로, 또는 인류 전체에게 주는 말씀으로만 아는 자리에 머물러 있어서는 안 된다. 그 다음 우리가 가야 할 길은 어디인가. 보편적인 말씀으로 맞이할 수도 있고, 더 나아가서 개인적으로 성경 말씀으로 맞대면할 수 있어야 한다. 각자가 따로 만난다는 것은 하나님의 말씀이 우리 각 개인에게 주시는 말씀이라는 말이다.

하나님의 말씀은 보편적으로는 전체에게 주시는 말씀이기도 하지만, 그것은 성경의 지식이다. 우리는 거기서 한 단계 더 올라가야 한다. 보편적인 지식은 갖되 하나님께서는 인간 개개인을 따로 만나기 원하신다는 것이다. 이것을 뒤집어 보면 성경의 모든 말씀과 구절은 나를 향한 하나님의 사랑이란 말이다.

성경 말씀 한마디 한마디가 나를 위한 말씀이다. 나는 오랜 시간

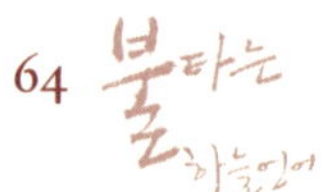

인생을 살아오면서 접대하는 자리도 많이 체험해 봤다. 결론은 딱 한 가지다. 접대할 때는 절대로 전체를 불러 한자리에 다 쏟지 말라는 것이다. 전체가 접대를 받을 때는 다같이 접대하는 거니까 그냥 먹어 주는 거라고 생각한다.

그중에서 딱 한 명을 불러 점심을 먹으면 그때부터 인간관계는 비밀한 관계가 된다. 접대할 때는 절대 통째로 하지 말라. 백 명 접대하면 일천만 원 정도로 돈이 들고 한 명을 접대하면 십만 원 정도 들 것이다. 이때 천만 원은 십만 원보다 더 가치가 없다. 왜냐하면 백 명 전체가 먹어 준 사람이니까 나만 접대 받았다는 느낌이 없다. 다 같이 먹었으니까 나하고 관계가 없다고 생각한다. 거금 천만 원이 나갔는데도 결과는 그냥 길에 내버린 것이나 마찬가지다.

그런데 십만 원 가지고 한 사람을 사는 방법이 있다. 딱 둘만 만난다. 그때 그 관계가 몇 번 지나가면 나는 저 사람을 위해 죽을 수도 있다고 생각한다. 이제 접대를 어떻게 할 것인가. 열 사람보다 다섯 사람, 다섯 사람보다 세 사람, 세 사람보다 한 사람으로 줄이시기 바란다. 그렇게 하고 따로 만나는 기간을 많이 가지는 것이 좋다.

하나님과 일 대 일로 만나라

남편의 생각과 아내의 생각은 절대 같지 않다. 사이가 좋은 부부라도 생각은 같지 않다. 남편은 성경을 볼 때 어떻게 하면 사업이 잘 되나 그런 생각으로 보고, 아내는 어떻게 하면 우리 애들이 공부를 잘할 수 있을까 그런 생각으로 본다. 생각이 다르니 기도 내용도 다르다. 그래서 하나님과 개인적인 만남을 가져야 한다. "여호와는 영이 유여하실지라도 오직 하나를 짓지 아니하셨느냐 어찌하여 하나만 지으셨느냐 이는 경건한 자손을 얻고자 하심이니라"(말 2:15).

하나님과 개인적인 만남이 아닐 경우 하나님의 말씀이 생명 없이 흘러가 버리게 된다. 좋은 가르침은 백 명을 모아 놓고 강의하는 게 아니라 한 사람을 놓고 교수가 진액을 짜 주는 것이다. 그래서 좋은 강의는 사사한다고 표현한다. 뛰어난 음악가들은 여럿이 함께 배우는 데서 태어나는 게 아니라 유명한 전문가에게서 사사를 받는다. 개인지도를 받는 것이다.

하나님의 말씀도 개인지도를 받아야 한다. 그 사람의 가장 뛰어난 부분 그 사람이 가장 취약한 부분은 두 사람이 있을 경우 각각 다르다. 그래서 한 사람이 말할 때 한 사람은 대기해야 한다. 이 사람에게 취약한 부분이 이것이라고 할 때 옆에 있는 사람은 덤으로 듣는다. 효과적인 교육이 안 된다.

한 사람이 취약한 부분을 보완하고 아주 뛰어난 부분은 살리게 해 줘야 한다. 그것은 개인별로 다르다. 그래서 우리가 하나님의 말씀을 만날 때 하나님께서 우리에게 주시는 각각의 선물이 있다. 우리는 가장 자신에게 좋은 부분이 무엇이고, 가장 취약한 부분이 무엇인지 하나님께로부터 지적받는다.

그래서 성경을 통해서 우리는 하나님을 만나고 예수 그리스도를 찾게 된다. 그러면 여러분들이 기대한 것과 완전히 다른 결과가 나온다. 말씀이 생명으로 오는 게 그렇게 힘들다는 것이다. 내가 지금까

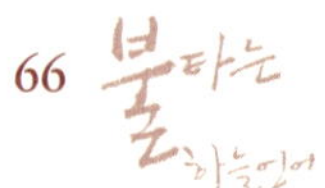

지 살아 왔던 방법에서 하나님의 방법으로 바뀐다. 내가 지금까지 성경을 읽어 오던 그 방법에서 하늘의 방법으로 읽게 되고, 지금까지 기도하던 방법에서 하늘 기도의 방법으로 바뀌게 되며, 지금까지 봉사해 오던 방법에서 하나님이 원하시는 봉사로 방향 전환이 된다는 말이다. 이것을 더 직선적으로 말한다면 하나님을 위해 살게 된다. 또 하나의 작은 예수처럼 살게 된다는 것이다.

성경을 묵상해 보면 한마디에 부딪치게 된다. 하나님을 위해 살라는 말이다. 하나님의 뜻이 이루어지도록 하라는 것이다. 예수 그리스도처럼 살라고 목적지가 정해지는 것을 많은 사람들은 두려워한다. 두려워하기 때문에 성직자들도 그 길을 가라고 강하게 말하지 못한다.

성직자들이 성도들에게 강하게 말할 때 '그렇다면 나는 어떤가' 생각하게 된다. 내가 저들에게 진실로 강하게 말할 수 있는가. 또 성도들의 입장에서는 '나한테 그렇게 말하지 말고, 당신이나 잘하시오! 목사님부터 잘하시오'라고 할 수 있다. 그러면 그렇게 안 할 바에야 성직을 포기하든지 아니면 옷을 벗어 놓고 맨몸으로 부딪쳐야 된다.

하나님 말씀이 우리 안에 열매 맺지 못하는 이유가 무엇인가. 우리는 하나님의 말씀을 체험적으로 받아들이기보다는 하나님의 말씀을 지식이나 지성적으로 받아들이는 데 익숙하다. 하나님의 말씀을 전해 주는 사람들이 현장에서 체험할 수 있도록 해줘야 되는데, 그렇게 하지 않고 지식적으로 가르쳐 주니까 하나님 말씀에 대해서 지성적으로 접근하게 된다.

하나님 말씀을 가지고 이리저리 추리하거나 사색하거나 사변하는가? 또 하나님 말씀이 이렇다 저렇다 성찰하고 쪼개서 나누어 보는가? 하나님의 말씀은 우리가 사고하게 하기보다 살아가는 삶의 지혜를 준다. 그런데 우리는 그것을 이성으로 판단하고 이해하려고 한다. 말씀을 듣고 난 다음에 우리는 어디로 가야 하는가. "말씀 그대로 내게 이루어지게 하옵소서" 하며 기도하는 자리로 가야 한다.

다시 말하면 체험하는 자리로 들어가야 하는데 체험하는 그 길로 안 들어가고 가만 앉아서 '옳지 그렇지. 그래서 예수님께서 그렇게 말씀하셨지' 하며 성찰하고 이해하는 자리로 들어가려 한다. 우리는 지금까지 그렇게 해왔다. 하나님 말씀이 우리 안에 열매 맺지 못하는 이유가 바로 그것 때문이다.

"성찬 예식에서 빵과 포도주를 먹으며 하나님의 임재하심을 체험하고 느끼듯이 우리는 성경에서도 하나님의 현존하심을 알아야 하고 느껴야 하고 체험해야 된다." 이렇게 말한 이는 하나님에 대한 묵상을 깊이 하다가 깨달은 것이 아닌가 하는 생각이 든다.

우리가 말하는 거룩한 독서는 하나님께로 가는 길이다. 또한 이 거룩한 독서는 하나님으로부터 오는 것이다. 그래서 이 거룩한 독서를 설명할 수 있는 자는 하나님과 더불어 하나 되는 길을 우리에게 만들어 주고 있다. 우리가 하나님 말씀이라는 진실한 믿음의 터 위에 서 있을 때 그것이 우리에게 그대로 생명과 권능으로 역사한다.

이것이 바로 거룩한 독서가 추구하는 길이요 방법이다. 우리 앞에 펼쳐진 다음 글을 본다. 에바다, 오늘 하나님 말씀을 대한다. 우리 한 목소리로 같이 묵상해 보자.

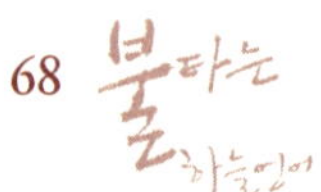

"Ephphatha" 열어라! 너를 열어라!

눈을 열어라, 귀를 열어라, 입을 열어라.

당신의 인격 안에 있는 모든 것이 열려야 한다.

당신 안의 영성적이라 할 수 있는 모든 것은 열려야 한다.

성경의 깊은 바다를 주께서 여실 때 당신의 깊은 내면의 세계를 활짝 열어라.

"내 눈을 열어서 주의 법의 기이한 것을 보게 하소서"(시 119:18).

"… 나의 귀를 깨우치사 학자같이 알아듣게 하시도다"(사 50:4).

"주여 내 입을 열어 주소서 내 입이 주를 찬송하여 전파하리이다"(시 51:15).

온몸을 열어 집중하라

당신의 인격 안에 있는 지성, 감성, 의지 등 모든 것을 열어야 한다는 것을 말한다. 모든 것을 열어야 한다는 것은 하나님 말씀을 사모하는 우리가 가지고 있는 모든 요소들이 다 열려야 한다는 것이다. 다시 말하면 우리의 영의 귀와 눈이 열려야 하고, 영의 마음이 열려야 하며, 영의 몸이 열려야 한다. 그 다음에 우리의 모공마저 솜털을 세우고 열려야 한다.

우리의 모공을 통하여 하나님의 말씀이 우리 안에 들어오도록 하지 않으면 우리는 온전히 하나님 말씀을 받아들이지 못한다. 우리가 하나님의 말씀이 들어오는 파이프 라인을 활짝 열 수도 있고, 절반 열 수도 있고, 삼분의 일쯤 열 수도 있다. 아예 90퍼센트 정도는 닫을 수도 있다. 가스관을 조금 열 때는 가스가 조금 나오지만 활짝 열어 놓을 때 세차게 나오듯이 하나님과 나 사이에 있는 파이프 라인을 내가 얼마나 여는가에 따라서 하나님의 말씀이 내게 오는 그 파워가 달라진다.

같은 자리에 앉아서 성경을 묵상하더라도 꼭지를 활짝 열고 묵상하는 사람, 조금 닫아 놓고 하는 사람, 절반 닫아 놓고 하는 사람, 거의 다 닫아 놓고 하는 사람은 차이가 난다. 그 차이는 천차만별이다. 다르다는 것은 무엇을 말하는가. 온 영혼이 하나님 말씀으로 열려야 하는데 그중에 10퍼센트, 20퍼센트, 30퍼센트는 세상으로 향한다. 그래서 세상 잡념이 들어온다. 자기 계산이 들어온다. 자기가 요리할 생각을 먼저 한다. 그런 것들이 바로 하나님의 말씀이 흘러나오는 통로를 차단하고 방해하는 역할을 하는 것이다.

하나님의 말씀을 이렇게 묵상하며 가까이 갈 때는 세상을 향한 그 모든 것들을 멀리한다. 그래서 하나님의 말씀을 묵상할 때 성경을 먼저 펴지 말고 마음을 먼저 열어야 한다. 반드시 그래야 한다. 10퍼센트 열린 마음을 가지고 성경을 볼 때 그 성경이 과연 내게 어떤 파워를 가지고 올 것인가 묻지 않아도 답이 나오지 않겠는가? 성경 열기 전에 10분, 20분, 30분 기도하는 것이다. 그 기도 형태가 소리를 내든지 소리 없이 하든지, 앉아서 하든지 서서 하든지 돌아다니면서 하든지 성경 말씀을 묵상하기 전에 먼저 내 마음을 여는 그 어떤 방편을 찾아내야 한다. 그리고 그 과정을 거쳐야 한다.

많은 사람들은 열심히 일하다가, 전화 받다가 되돌아와서 성경 읽고, 또 성경 읽다가 전화를 받으러 간다. 사탄이 성경 못 보게 하는 방법이 하나 있다. 성경은 보되 핵심을 떨어뜨리는 방법이 있다. 꼭 핸드폰을 옆에 갖다 놓는다. 벨이 울리면 전화에 온 신경이 간다. 한

참 전화 받다 보면 성경은 저 멀리 가버린다. 그래서 사탄은 우리에게 핸드폰을 옆에 갖다 놓고 성경 보라고 부추긴다. "그렇게 하면 네가 백 독도 할 수 있고, 이백 독, 천 독도 할 수 있어. 네가 얼마만큼 성경 읽었다고 그것만 자랑하면 돼." 그것이 사탄이 우리에게 가장 쉽게 권하는 좋은 무기다.

하나님께서는 우리가 성경을 한 번 읽더라도 핸드폰과 전화기 내려놓고 골방으로 들어가든지 안방이나 마루, 현관에서 성경을 보더라도 마음을 열어 놓고 보라고 말씀하신다. 성경을 먼저 보지 말고 마음을 열어 놓으라는 것이다. 내 마음의 파이프 라인을 100퍼센트 열어 놓았거든 그때 성경을 읽으러 가라는 것이다.

영혼의 양식을 찾아서

많은 사람들이 성경을 여러 번 통독했다고 말한다. 더 나아가 성경을 꿰뚫고 줄줄 외우고 창세기부터 계시록까지 성경 연결 고리를 다 안다고 말한다. 사탄이 참 좋아 하는 방법이다. 성경을 여러 번 읽은 것을 자랑하라고 사탄이 우리에게 말한다. 그렇게 하면 "내가 네게 금은도 줄 것이요, 사람도 구름 떼처럼 모이게 할 것이다." 사탄이 이렇게 유혹하는 것을 볼 때 우리 마음이 조마조마하다. 사탄의 전술이 너무나 교묘하기 때문에, 자신도 모르게 끌려들어간다. 여름밤 하루살이가 불빛을 보고 날아가 백열등에 부딪쳐 죽는 허무한 죽음을 보는 것처럼 말이다.

사악한 사탄의 단 하나 전제 조건은 생명의 말씀은 말하지 말고 찾지도 말라고 한다. 지식만 전하고 생명은 그들에게 전해 주지 말라고 한다. 다시 말하면 성경 말씀이 그들에게 육을 위한 말씀, 그들의 혼과 이성을 위한 말씀이 되도록 하라고 몰아가고 있다. 그렇게 되면 마지막 날에 그들의 육체와 영혼은 사탄의 소유물이 되니까 사탄은 수단 방법을 가리지 않고 믿는 자들을 유혹한다.

교회에서 아무리 좋은 세미나를 하더라도 그것이 우리의 육체와 혼을, 지성과 지식만 키워 주는 결과를 가져오는 한 사탄의 몫이 된다. 실제로 그것은 내가 먹을 영혼의 음식이 안 되기 때문에 사탄은 그런 사람에게는 물질을 부어 주고, 사람을 모아 준다. 또 그렇게 하면 부흥한다고 유혹한다. 하나님께서 제일 먼저 염려하신 부분이다.

그래서 하나님께서는 천국 복음을 선포하고 하늘나라를 이 땅에 임하게 하시는 사역자 예수님을 이 사단과의 영적 전쟁에서 말씀의 권세로 이기게 하신 후 천국사역을 하게 하셨다. 예수님께서는 사탄이 지식으로 동원하는 성경 말씀에 대항하여 말씀 속의 권세, 그리고 생명력이 살아 있는 말씀으로 깨뜨리고 물리치고 이기셨다. 지식의 말씀은 생명력이 없다. 그러나 생명 있는 말씀은 역사를 창조한다.

예수님께서 40일 간 금식하고 난 다음에 성령께 이끌려 광야로 가서 사탄과 세 번 영적 전쟁을 하신다. 세 번 영적 전쟁을 할 때 사탄의 궤계들이 전부 그곳에 들어가 있다. 예수님은 그것을 하나님 말씀으로 물리쳤다. 이때 사탄도 하나님의 말씀을 듣고 나서 맞부딪쳤다. 사탄도 하나님의 말씀을 인정하고 활용한다.

잘 기억하시기 바란다. 예수 안 믿는 사람도 성경은 본다. 과학자,

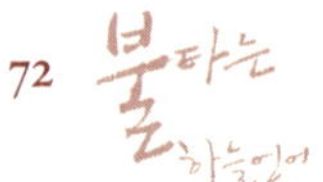

문학자, 철학자, 사상가, 다른 종교가들도 성경을 본다. 그들이 보는 것은 성경에 대한 지식이요, 마음의 좋은 양식이다. 그들은 성경의 생명을 모른다. 찾아내지 못한다. 그런 부류와 우리가 한 부류가 돼서야 되겠는가. 타종교 지도자가 "나도 성경을 몇 번 읽고 몇 번 독파하고 성경을 알 만큼 안다"고 하기에 웃으면서 이런 생각이 들었다. '당신이 보는 성경과 기독교의 신실한 종들이 열린 눈으로 보는 성경은 다르다. 당신은 지식으로 보나 우리에게 그 지식은 지혜로 바뀐다. 또한 그것이 생명의 말씀으로 와서 찌르고 쪼개고 수술하고 생명을 살리는 권세와 능력이 우리에게 있다.'

내가 1973년 동경에 출장 갔을 때의 일이다. 유명한 식당에 초대받았다. 콩, 두부로만 요리하는 음식점인데, 종류가 수십 가지가 되는 것 같았다. 이처럼 하나님의 말씀은 우리가 보는 각도와 출발점에 따라서 다르게 보인다. 우리는 하나님의 말씀 전체를 알고 난 다음에 한 부분 한 부분을 떼어 볼 때 전체의 생명에서 한 부분이 살아나게 된다. 전체를 모르고 한 부분만 떼어 줄 때는 생명이 없다. 지식의 전달에 불과하다.

우리는 하나님께 이렇게 기도해야 한다. "내 귀를 깨우치사 학자같이 알아듣게 하옵소서. 내 눈을 열어서 주의 법의 기이한 것을 깨닫게 하옵소서."

이렇게 기도한 다음 주님이 그렇게 해주시면 입을 열어서 주님을 찬양하고 주의 이름을 전파할 때 진실한 파워가 나오게 된다.

"너희가 서로 거짓말을 말라
      옛 사람과 그 행위를 벗어 버리고 새 사람을 입었으니
이는 자기를 창조하신 자의 형상을 좇아
지식에까지 새롭게 하심을 받는 자니라"(골 3:9-10).

4

지식에까지 하나님의 형상으로

"너희가 서로 거짓말을 말라

옛 사람과 그 행위를 벗어 버리고 새 사람을 입었으니

이는 자기를 창조하신 자의 형상을 좇아

지식에까지 새롭게 하심을 받는 자니라"(골 3:9-10).

4 _ 지식에까지 하나님의 형상으로

그러면 거룩한 독서를 하기 위한 준비를 어떻게 할 것인가. 우리가 성경을 대할 때 어떻게 성경을 대하는 것이 그분께서 가장 원하시는 방법일까. 하나님의 형상을 쫓아 지식에까지 추적해서 새로움을 입어야 한다는 말이다. 하나님께서 원하시는 그 부분까지 들어가기 위해서는 그분이 우리에게 제시한 오리지널 텍스트를 어떻게 접촉하고 그 글자 하나하나 뒤에 숨어 있는 그분의 뜻을 어떻게 발견할 것인가 하는 데 초점을 두어야 한다.

여러분이 잘 아는 신학자 키엘케고르가 우리에게 한 말이 생생히 들려오는 것 같다. 그는 "성경을 가까이 대하는 것은 사랑하는 사람이 내게 준 사랑의 편지를 사랑하는 사람의 마음으로 읽어가는 것이다"라고 말했다. 그 편지를 읽을 때 처음엔 글자를 보겠지만, 자꾸 읽다 보면 그 글이 저절로 외워지지 않겠는가.

군대 갔다 온 사람은 알 것이다. 부모님이 보낸 편지는 내무반에서 읽고 그냥 거기 놔둔다. 그런데 애인이 보낸 편지는 주머니에 넣었다 자주 꺼내 보아서 두 달 정도 지나면 편지봉투 껍데기가 너덜너덜해진다. 낮에 보초 설 때 아무도 없으면 그것을 꺼내 놓고 보며 씩 웃고 집어넣는다. 그리고 애인 손을 잡는 것처럼 그 글을 쓰다듬고 주머니에 넣는다. 그러다가 캄캄한 밤에 보초를 설 때 글이 보일 리가 없지만 그래도 그 편지를 펼친다. 낮 동안 수없이 봐왔기 때문에 첫째 줄에 뭐가 있고, 둘째 줄에 뭐가 있는지 대략 아는 데다 외우다시피 하니까 캄캄한 밤에도 안 보이지만 읽어간다.

이처럼 우리는 하나님께서 우리에게 주신 이 편지를 캄캄한 흑암 속에서도 읽어가는 그런 마음이 돼야 한다. 거룩한 독서라는 말의 뜻은 무엇인가. 독서는 글을 읽어간다는 말이요, '거룩하다'는 것은 하나님께서 우리에게 자신을 주셨다는 말이다. 즉 하나님께서 우리에게 주신 그분 자신을 읽어간다는 말이다. 그래서 Lectio Divina라고 말한다.

영성가 중에 뛰어난 엔초 비앙키라는 사람이 이렇게 말했다. "하나님의 말씀은 기도와 함께하는 것이요, 말씀으로 기도하는 것이다." 다시 말하면 하나님의 말씀은 기도하는 가운데서 그것이 살아나야 하고, 말씀을 가지고 기도해야 한다는데 멋진 말이다.

기도할 때 내 생각이나 의지, 내 계획대로 기도하려고 한다. 처음에 기도할 때 우리는 개인기도를 하고 맨 뒤에 국가와 민족을 위해 중보기도를 한다. 그런데 하나님께서 우리에게 원하시는 게 있다. 그것은 말씀으로 기도에 들어가라는 것이다. 하나님의 거룩한 책에 기

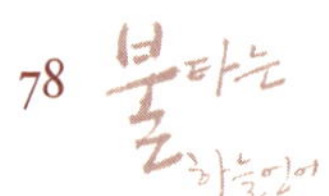

록되어 있는 그 말씀으로 기도에 들어가라고 그런 마음을 주신다.

갓난아이 단계의 신앙인은 말씀을 가지고 기도하며 성구를 인용해가면서 기도한다. "구하라 그러면 너희에게 주실 것이요 찾으라 그러면 찾을 것이요 문을 두드리라 그러면 너희에게 열릴 것이니"(마 7:7). 또한 자신이 좋아하는 성구들을 기도에 삽입하기도 한다. 성경 말씀을 가지고 기도한다고 자부한다. 그때 나이 드신 스승들은 씩 웃으면서 "애야, 그건 이제 젖 먹는 거란다"라고 말씀하신다.

우리의 기도가 성숙해가면 갈수록 성경 구절 속에 내재하는 생명을 기도하게 된다. "구하라 주실 것이요 두드리라 열릴 것이요 찾으라 얻을 것이라." 하나님의 마음이 그 안에 움직이게 할 때 하나님의 언어가 우리에게 능력으로 임한다는 것이다.

내 기도와 하나님 기도의 저울질

그러나 우리는 기도할 때 내 의지대로 기도한다. 그런데 한참 내 의지대로 기도하다 보면 하나님의 의지대로 기도가 바뀌게 된다. 그 순간 우리는 내가 기도를 계속할 것인가, 그만 둘 것인가 결단을 강요받는 자리까지 이른다. 두 손 들고 하나님의 뜻대로 순복할 것인가, 아니면 하나님을 등지고 내 뜻대로 할 것인가. 이때 선택에 따라 하나님과 영원히 결별될 수도 있으니까 대부분의 사람들은 여기서 숨을 죽인다.

그러다가 이번 말고 다음부터 여건이 되면 하겠다고 타협한다. 그때 주님께서는 '그래, 내가 기다리마' 하며 우리가 순종하고 돌아올 때까지 기다리신다. 그런데 특별한 예외가 있다. 어린애들이 똥 싼다고 하면 즉시 문을 열어 준다. 아기가 방에 오줌을 싸려고 할 때는 방바닥에 이불 젖을까 봐 얼른 소변기를 앞에 갖다 대주고 오줌을 싸라고 한다.

어머니의 마음과 하나님의 마음이 어쩌면 똑같을 것이다. 바쁘다고 할 때는 들어준다. 십수 년을 믿었는데도 방언, 통변, 예언 등을 하나도 못 받았는데 믿은 지 몇 달 안 된 사람이 그러한 은사를 다 받는 것을 보면 하나님이 왜 이러실까 투정도 하고 원망하는 분들이 있다.

그때 하나님께서는 이렇게 말씀하신다. "도마에게 한 말을 너는 아직도 깨우치지 못하였느냐. 믿음이 약한 사람한테는 증거를 보여 줘야 믿지만, 믿음이 오래 된 사람한테는 증거가 굳이 왜 필요하냐. 오랫동안 같은 길을 다닌 사람에겐 밤길을 갈 때 초생달이면 충분하지 전등이 필요 없다." 이 말씀 앞에 우리는 무릎을 꿇는다.

말씀과 기도는 등과 기름의 관계

10년, 20년 다닌 길은 밝은 등이 없어도 그냥 자동적으로 발이 나간다. 그런데 처음 가는 길은 등불이 없으면 못 간다. 그래서 처음 가는 그들에게는 등불이 필요하니까 주께서 반딧불도 보여 주시고, 플래시도 주시고 어떤 때는 번갯불도 주신다.

그런데 그것을 두고 우리들은 무엇인가 다 받은 것처럼 생각하는데 그것이 아니라는 말이다. 그래서 우리는 말씀을 볼 때 기도하면서 말씀 속으로 들어가야 한다. "성령님, 오늘 제가 당신이 집필하신 이 말씀의 동산으로 들어갑니다. 제가 길을 잃지 않도록 길을 보여 주시고, 제가 지나가는 길목마다 서 있는 나무가 무슨 나무이고, 지나가는 길목에 피어 있는 꽃이 무슨 꽃이고, 그것이 어디에 약이 되며, 그것을 먹으면 어떤 맛이 있는지, 어떤 효과가 있는지 다 보여 주십시오" 이렇게 기도해 보라.

오늘 이 시간 이후로 성경을 읽기 전 기도할 때 성령께서 인도해 달라는 단순한 기도에서 한 단계 뛰어오른 성숙한 단계로 가야 한다. 바쁘니까 거두절미하고 성급하게 기도하는 습관에서 한 걸음 더 전진해야 한다.

성경 산책에 들어가기 전에 이렇게 기도해 보라. "성령님, 오늘 주님의 동산으로 들어갑니다. 여기는 하늘의 진리가 샘솟는 곳입니다. 오늘 요한복음으로 들어가는데 가는 길목마다 그곳에 옹달샘을 파 놓으신 것을 압니다. 그 샘가에 자라는 나무들, 열매들, 꽃들과 거기서 노는 고기들을 압니다. 그러나 그 고기들이 내게 구체적으로 어떻게 다가 올 것인지 이 시간 보여 주십시오. 성령님, 오늘 제가 이곳을 지나갑니다. 사계절 중에 어느 계절입니까? 여기는 나무만 서 있는 정원입니까? 과일밭입니까? 채소밭입니까? 아니면 곡식밭입니까? 오늘 제가 지나가는 이곳에 성령께서 함께해 주십시오. 성령께서 오늘 이 시간 주시고자 하는 그것을 얻게 하옵소서."

같은 밭을 지나가더라도 그 밭에 있는 식물이 계절마다 다르다. 봄에 일찍 나는 것과 초여름에 나는 것이 다르다. 가을에는 배추, 무 같은 식물이 나올 수 있다. 같은 과수원인데도 계절따라 맺는 열매가 다를 수 있다. 우리가 요한복음 10장을 지나가면서 어제는 토마토를 땄는데, 오늘은 복숭아를 딸 수도 있다는 말이다. 어제와 오늘 사이가 24시간이지만 '하나님의 세계는 하루가 천년 같고 천년이 하루 같다'는 말을 예의 주시해야 한다. 어제 본 것이 천 년 전의 것일 수도 있고 일년 전의 것일 수도 있다는 말이다. 하여튼 같은 밭을 하루 뒤에 지나가더라도 거기서 성령께서 우리에게 주시는 열매는 각각 다르다.

같은 구절을 지나가도 오늘은 무슨 말씀을 주실지 모른다. 그럴 때마다 성령님께서는 우리의 영혼에 가장 필요한 대로 말씀의 열매를 주신다. 그것만 알았다면 어제 과일 땄는데 하고 그냥 건너뛰지 않을 것이다. 어제 내가 텃밭에서 수확했던 그 과일들은 오늘 내가 다시 수확하는 과일하고는 다르다는 것이다. 그런 지혜를 얻게 되면 때마다 성경 말씀을 대하는 우리는 날마다 새로운 과일, 새로운 채소, 새로운 곡물을 가질 수 있다.

기도로 시작하여 말씀으로 노래하라

그래서 성경 말씀을 읽을 때는 기도로 시작해서 말씀과 동행하라는 것이다. 거룩한 독서를 할 때 내용을 이해하기 어려울 때는 주석을 갖다 놓고 참고하는 것이 좋다. 성경을 이해하기 위해서 그 과정이 필요하다. 왜냐하면 어린애한테는 밥 먹는 방법이나 순서 등을 가르쳐 줘야 된다. 그냥 밥만 갖다 주면 손으로 퍼먹으려고 한다. 그래서 숟가락과 젓가락을 주고 밥 먹는 것을 가르쳐 줘야 된다.

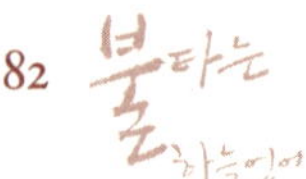

우리가 성경을 처음 볼 때는 어린아이처럼 주석이 필요하고 또 그
것을 해석해 주는 사람들이 필요하다. 마치 우리가 음식을 먹을 때
수저가 있어야 하듯이 성경을 처음 볼 때는 주석이라든가 원어사전,
전문사전, 용어사전, 백과사전 등 우리보다 믿음이 앞선 사람들의 지
식, 경험, 지혜가 필요하다.

그러나 성숙 과정을 통해서 성장해 가는 대로 옛 지식에 얽매이지
말라는 것이다. 어린아이 시절에는 숟가락이 작아야 된다. 그런데 어
릴 때 먹던 숟가락, 이유식 때 먹던 티스푼을 평생 가지고 다니는 사
람들이 얼마나 많은지 모른다. 내가 전에 알았던 것과 다르고, 목사
님이 가르쳐 주던 것과 다르다며 옛날에 알던 것을 고집한다. 어린
시절에 이유식을 먹었던 티스푼으로 밥도 먹고 국도 먹고 다 먹었다
고 고집한다. 그러나 성숙한 자리에 올라가면 "애야, 그것은 어렸을
때 먹었던 숟가락이다"라고 말해 주어야 한다.

배움과 몽학 선생

우리는 성경을 이해하는 데 몽학선생이 필요하다. 왕의 아들도 왕
이 직접 안 가르친다. 신하를 두고 그 신하에게 아들을 맡긴다. 그 아
들이 어느 정도 성숙할 때까지는 신하에게 그 아들을 맡겨서 가르친
다. 옛날 로마의 원로들이 자기 자식들을 교육시킬 때 때로는 그들이
잡아온 포로들 중에 지혜자를 선택했다. 노예들 중에 높은 학문이 있
는 자를 뽑아 아들을 교육시키라고 맡긴다. 어느 정도 성장하면 다시
고등학문을 가르치는 스승에게 그 아들을 전학시킨다.

우리가 성경을 볼 때도 바로 이런 동일한 과정이 있다. 그래서 성경을 읽어갈 때 처음부터 내가 이해한다고 하지 말고 나보다 앞선 사람들이 어떻게 이해해 왔는지 참조해 볼 필요가 있다. 그들의 음성을 들을 필요가 있다는 것이다. 듣고 난 다음에 그것을 다 알았거든 옆으로 치우라. 지금까지는 내가 몽학선생을 통해서 성경을 이해했는데, 이제 그 몽학선생을 보내 버리고 나서 성경이 나를 이해시키도록 풀어 놓아야 한다.

성경이 나를 이해하도록 풀어가는 것은 차등화된 고등학문적인 이야기인데 그 사이에 필요하다면 내가 묵상하면서 성경의 숲 속을 왔다 갔다 할 수 있다. 그러다가 '어? 저기 아주 좋은 향기가 나는데, 저 과일은 참 먹고 싶다'는 생각이 들면 정원 관리자한테 "저것 먹고 싶은데, 향기가 좋은데 저 꽃 따서 집에 갔다 놔도 돼요?"라고 묻는다. 그러면 정원지기는 "이것은 지금 먹어도 되고, 저것은 아직 덜 익었으니까 나중에 먹고 그 꽃은 따면 안돼. 그 꽃은 꺾어서 집에 가져가도 돼" 이렇게 가르쳐 준다. 그 과정을 통해 성숙하게 되는데, 그런 과정이 꼭 필요하다. 그 다음 성경이 나를 이해하도록 하는 것이다. 우리 교회 주보에 십몇 년째 꼭 기록하는 한 구절이 있다. 그것은 히브리서 4장 12-13절 말씀이다.

말씀의 권세와 능력(영, 혼, 육)

"하나님의 말씀은 살았고 운동력이 있어 좌우에 날선 어떤 검보다도 예리하여 혼과 영과 및 관절과 골수를 찔러 쪼개기까지 하며 또

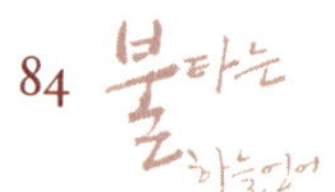

마음의 생각과 뜻을 감찰하나니 지으신 것이 하나라도 그 앞에 나타나지 않음이 없고 오직 만물이 우리를 상관하시는 자의 눈앞에 벌거벗은 것같이 드러나느니라"(히 4:12-13).

하나님의 말씀이 나를 찌르고 쪼개고 수술하고 파헤친다. 말씀이 능력을 가졌다고 우리에게 증언하고 있다. 내가 하나님의 말씀을 이해하고 요리하고 내 자신이 뭘 한다는 것은 초보단계다. 하나님의 말씀이 나를 이해하도록 해야 된다. 내가 하나님의 말씀에 기회를 줘야 된다. 하나님의 말씀은 살았고 운동력이 있다고 인정하고 능력이 드러나도록 해줘야 된다. 하나님의 말씀을 내가 꽁꽁 묶어 버리고 이해한다고 하면 이해는 고사하고 "나 좀 풀어줘. 나 좀 살려줘. 내 입 봉하지 말고 내 눈 막지 말고 내 귀 막지 말고 제발 내 손발 좀 풀어 놔. 내가 일하게 해줘"라고 외친다.

하나님 말씀을 풀어 놓으라. 왜 풀어 놓아야 하는가? 그것은 하나님의 말씀은 한없이 신비한 능력을 가지고 있기 때문이다. 그 능력이 온전히 역사하도록 자유케 하라는 말이다. 하나님 말씀이 묶임에서 풀릴 때 어떻게 역사하는지 보겠는가? 그것은 사람과 환경, 사건, 시대에 따라 각각 다르게 나타난다. 진실로 하나님의 말씀은 혼과 영과 관절과 골수를 찌르며 수술해 왔다. 지금도 하고 있고, 앞으로도 할 것이다.

하나님 말씀을 대할 때 우리는 수술 자리에 올라가는 것과 마찬가지다. 수술 자리에 올라가는 환자가 눈을 뜨고 의사에게 이렇게 말한다고 가정해 보자.

"그 칼 소독했소, 안 했소? 그 칼이 국산이요, 미제요? 그 칼을 몇 년 썼소? 내 배를 10센티미터 쨀 거요, 15센티미터 쨀 거요? 한꺼번에 쨀 거요, 두 번 그을 거요?"

그때 의사가 뭐라고 그럴까. "야, 네가 그렇게 똑똑하면 네가 직접 수술해. 나 수술 안 해. 손에 잡은 칼을 놓고 수술복을 벗어 던지고 수술실을 떠난다. 농담이 아니라 현실에서 있을 법한 이야기다.

우리가 말씀을 이렇게 대한다면 성령께서 "야, 네가 직접해" 하고 사역을 중단하실 것이다. 이런 경험을 여러 번 하고서도 우리는 성경을 몇 번 읽었고, 오늘 10장 읽었으며 금년에 몇 번 더 읽을 거라고 계획하고 결심한다. 가만히 생각해 보라. 내가 지금까지 성경을 대할 때 어떻게 대해 왔는가? 나는 참 미련하고 어리석었다. 성경을 읽다가 졸려도 10장 보기로 했으니까, 30장 보기로 했으니까 다 봐야 한다며 꾸벅꾸벅 졸면서 성경을 넘기는 일이 흔히 있다. 우리가 하나님을 얼마나 실망시켰는지 머리 둘 곳을 모른다.

지금까지 하나님의 말씀을 어떻게 봐왔는가. 그렇게 오랫동안 참아 주신 하나님께 참 고맙다고 천 번 만 번 절해야 한다. 만약 내 아들이 그렇게 말을 안 들었다면 "너 이놈, 보따리 싸서 나가서 네 마음대로 살아. 구청에 가서 호적 파 가"라고 했을 것이다. 그래도 지금까지 예순 살이 넘도록 참아 주신 그분을 보면 송구스러워 참 뭐라고 표현할 수가 없다. 역시 우리 하나님 아버지는 참으로 좋은 분이다. 나를 참으로 사랑하시는 분이다. 저절로 무릎을 꿇고 엎드리게 된다.

이 시간 이후 우리는 어떻게 해야 할까. 우리가 말씀을 묵상하는

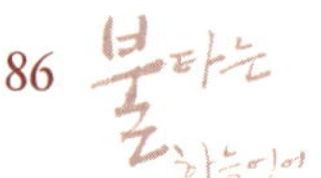

시간은 읽고 이해하는 시간이 아니요, 수술 받는 시간이다. "하나님, 참아 주신 것 고맙습니다. 이제는 알았으니까 안 그럴게요. 제가 수술 대 위에 누울 테니까 성령님께서 말씀의 칼로 제 마음의 생각들을 다 수술하십시오. 하나님의 말씀의 권능으로 제 영의 병든 곳들을 다 수 술하십시오. 하나님의 말씀의 칼을 가지고 제 혼의 아집과 고집, 탐 욕, 탐심, 정욕 등을 수술하시고 제 목뼈 굳은 것도 연하게 해주세요."

성령의 검, 말씀의 칼로

영적 삶을 추구하는 사람들은 성경의 새로운 차원에 들어가야 한 다. 성경을 읽는 게 아니라 수술하는 시간이라는 새로운 인식을 가져 야 한다. 인간의 수술 역사를 거슬러 가 보면 처음에는 뾰족한 돌멩 이로 수술했고, 그 다음에는 칼로 수술했으며, 이제 레이저 광선으로 수술한다. 앞으로는 영의 능력으로 수술하게 될 것이다.

영성적 삶을 추구하는 우리들은 성령의 능력으로 만지시고 새롭 게 해주심을 믿는다. 그 자리까지 우리의 기도가 들어가야 된다. 인 간의 수술 역사가 진보했듯이 우리의 수술 단계도 한층 진보한다. 말 씀을 대할 때 내가 손에 성경을 들었다고 하지 말고 침대 위에 올라 가서 성령의 검, 말씀의 칼로 오늘 나의 어느 곳이든지 수술하라. 수 술하기 전과 수술한 후의 차이가 무엇인가. 수술하기 전의 사람은 병 자였고 병신이었으나 수술을 받은 후의 사람은 적어도 수술받은 그 부분에 대해서만은 완전한 사람으로 변화되어 있다.

우리는 오늘 이 시간이 수술대 위에 누워 있는 순간이다.

"하나님, 이 시간에 저를 수술해 주십시오. 저는 지금까지 성경을 들고 다니며 제가 성경을 본다고 했습니다. 성경은 제 손에 잡혀 있는 하나의 책이라고 생각했는데 지금까지 제가 너무 미련하고 어리석었습니다. 하나님, 그동안 참아주신 것 참 고맙습니다. 저 같으면 쫓아버리고 팽개쳐 버렸을 텐데 그렇게 하지 않으신 것 참 고맙습니다."

이 시간 이후로 수술대에 오를 사람들은 몸을 깨끗이 하고 수술대에 오르라. 마음을 비우고 수술대에 누우라. 영혼의 신뢰와 감사로 수술실을 하나님의 영광으로 가득 차게 하라.

성경을 펼칠 때 먼저 내 안에 있는 인생의 파도들을 잠 재워야 한다. 인생의 파도들을 다 잠재우고 내 마음을 고요하게 한 뒤 마음을 씻고 수술대에 오르라. "성령님, 어느 곳을 수술하든지 성령님의 뜻대로 수술하옵소서"라고 기도해야 한다.

그런데 우리는 '내가 오늘 이 말씀을 뽑아 가지고 어디 가서 활용해야겠다. 내가 이 구절 가지고 묵상해서 샘물을 파내겠다'고 생각한다. 바쁠 때는 직접 가서 그곳에 샘을 파 줘야 된다고 생각한다. 그러나 더 깊이 들어가면 샘물의 근원이 되는, 수술하실 분을 모시고 가야 한다. 수술대 위에서 내가 수술을 받았던 것처럼 이들에게도 수술해 주기를 기도하라. 그때 거기에 하나님의 은총이 임하고, 하나님의 영광이 나타나게 된다.

오늘 이 자리는 수술을 받는 자리다. 수술 받을 때는 우리의 자세가 관건이다. 수술 받을 때 환자가 능동적인 자세가 되면 의사가 수술을 못하고 가버린다. "이렇게 하시오, 저렇게 하시오, 빨리 하시오,

늦게 하시오" 그러면 의사가 "당신 같은 사람 수술할 수 없으니 당신이 직접 하시오" 하고 가버린다.

그래서 말씀을 대할 때 우리는 "이렇게 하시오. 저렇게 하시오. 밝혀 주시오. 보여 주시오" 하는 자세에서 벗어나야 된다. 그렇다고 수동적으로 그저 수술대 위에 누워 '나 죽여 주십시오' 하는 그런 자세는 안 된다. 수술대에 누워 있는 환자가 제일 원하는 것은 무엇일까? 수술대 밖에 있는 가족들의 가장 소원하는 게 무엇일까? 그것은 바로 기도다.

우리가 성경 말씀을 대할 때 "주님께서 직접 하십시오"라고 하는 완전히 의탁하는 기도를 해야 한다. 수술 시작할 때부터 끝날 때까지 계속 기도해야 된다. 말씀 속에 완전히 침잠하여 성령님이 역사해달라고 기도하는 것이다. 이러한 예를 성경 어느 곳에서 보여 주는가. 하나님은 이스라엘 백성을 너무나 잘 아신다. 이스라엘 백성이 출애굽하고 나서 앞에는 홍해 바다, 뒤에는 애굽의 마병들이 쫓아올 때 백성들이 아우성친다. 이제 우리는 모두 모세 때문에 여기서 죽는다고 원망할 때 모세가 하나님을 쳐다 본다. 그때 하나님이 모세더러 손에 들고 있는 것이 무엇이냐고 하셨다.

내가 하나님 됨을 너에게 보이리라

하나님께서는 모세에게 "내가 네게 준 지혜와 말씀과 권세를 너는 왜 사장시키고 있느냐"고 야단치셨다. 그 말은 '침대에 누워서 될 대로 되시오' 하고 가만히 있는 것이 아니라 성령께서 역사하시는 동안 계속 기도하라는 것이다. 그 기도에 응답하여 하나님은 일어서신다.

"내가 여호와임을 네게 보일지라." "너는 가만히 있으라." "내가 여호와 됨을 네게 보이리라." "내가 네 하나님 됨을 네게 보이리라." 이 말씀은 수술하는 자리에서 하나님께서 우리에게 들려주는 말씀이다. 문제에 부딪쳤을 때 그분께서 문제를 해결해 주시기 위해서 우리에게 주시는 능력의 말씀이요, 또 하나는 부활생명의 말씀이다.

"너는 가만히 있어 내가 여호와 됨을 알지어다." 그럴 때 가만히 있으라는 말은 무심하게 앉아 있으라는 말이 아니다. "주님 뜻대로 역사하십시오. 저는 믿고 기다립니다. 주님께서는 무엇이든지 가능합니다. 역사하십시오." 이렇게 계속해서 그분이 어떻게 역사하시는 것을 집중해서 보는 마음으로 하나님을 주시하는 것이다. 우리는 수술대 위에 앉아서 성령께서 성경 말씀으로 우리를 수술하실 때 말씀의 칼로서 어떻게 수술하는지 가만히 봐야 한다.

성경 말씀을 볼 때는 전화기를 멀리하고 핸드폰도 끄고 예견되는 방해꾼은 사전에 제거한다. 기도할 때 앞자리에 핸드폰을 갖다 놓고 기도하는 사람이 있다. 핸드폰 앞에 놓고 기도하니 불이 번쩍번쩍거린다. 눈을 떴다 감았다 하는데 그 수술이 제대로 진행될까? 이때 하나님이 수술해 주실까. 아마 이렇게 말씀하실 것이다. "너는 수술실에서 속히 나가. 다른 수술에 방해되니까." 그것만이 아니다. 기도하러 와서 핸드폰 옆에 놓고 있다가 '따르릉' 소리가 나니까 들고 나간다. 하나님이 배를 째 놔서 피도 흐르고 창자도 나올 판인데 전화왔다고 그 몸을 이끌고 침대에서 내려와 밖으로 뛰어나간다. 이때 우리 주님이 뭐라고 하실까.

이와 같은 연유로 예배드리는 자리, 기도하는 자리, 말씀 묵상하는 자리에는 될 수 있으면 핸드폰을 꺼버리라. 부모님이 오늘 병원에서 수술하는 일이 아니거든, 오늘 수표 부도가 나지 않거든, 자녀들이 강물에 빠지지 않았거든 전화를 꺼버리라. 그래서 말씀과 더불어 참 사랑 나눔의 자리에 들어가야 한다.

말씀 묵상의 자리에 들어갈 때 방해하는 어떤 것이 있거든 체면 때문에 말을 못하고 지나간다. 그렇지만 그것을 보고 혀를 끌끌 찬다. '언제 우리 주님이 군밤 한번 주었으면, 그것도 빨리 줬으면 좋겠는데' 하면서 아쉬워한다. 그러나 그렇게 말하면 "당신은 안 그러냐"는 말을 들을까 봐 말을 못한다. 말씀 묵상할 때는 옆에 지저분한 것을 다 치우시기 바란다. 기도 자리에 들어오실 때도 마찬가지다. 핸드폰 꺼버리고 오시기 바란다.

우리는 말씀 묵상이 수술 받는 자리라고 생각할 때 그 자리가 얼마나 중요한 자리인지, 생명을 내 놓는 자리인지 깨달아야 한다. 말씀 묵상의 자리에 말씀이 퍼지면서 동시에 내 마음도 같이 퍼져야 한다. 내 마음이 닫힌 상태에서 성경을 펴서 읽는 것은 마치 뚜껑 닫힌 항아리 위에 소나기가 아무리 쏟아져도 나중에 항아리 뚜껑 열어 보면 그 안에 빗물 한 방울 안 고이는 것과 마찬가지다. 우리가 성경을 대할 때는 마음의 뚜껑을 열어야 된다. 마음의 뚜껑을 여는 것은 주님께서 좌정해서 역사하시라고 요청하는 것이다.

"살아계신 아버지께서 나를 보내시며 내가 아버지로 인하여
　　사는 것같이 나를 먹는 그 사람도 나로 인하여 살리라
이것은 하늘로서 내려온 떡이니
조상들이 먹고도 죽은 그것과 같지 아니하여
이 떡을 먹는 자는 영원히 살리라"(요 6:57-58).

하나님의 말씀에 주파수를 맞추라

5

"살아계신 아버지께서 나를 보내시며 내가 아버지로 인하여
사는 것같이 나를 먹는 그 사람도 나로 인하여 살리라
이것은 하늘로서 내려온 떡이니
조상들이 먹고도 죽은 그것과 같지 아니하여
이 떡을 먹는 자는 영원히 살리라"(요 6:57-58).

하나님의 말씀에 굶주린 적이 있는가?
성경을 펴기 전에 마음을 펴라
하늘의 만나를 먹게 한 이유
말씀에 대한 목마름을 해소하려면

5 _ 하나님의 말씀에 주파수를 맞추라

이 말씀은 예수님께서 가버나움 회당에서 가르치실 때에 하신 말씀이다. 오늘 이 말씀과 짝을 지을 말씀은 신명기 8장 2-3절이다. 하나님께서 우리에게 말씀을 주시는 것은 음식과 같다. 그 말씀이 우리에게 생명이 되고, 하나님과 합일되게 한다. 합일된 곳에서 우리는 하늘의 생명을 얻을 것이요, 하늘 생명을 통해서 내게 역사하시고자 하는 하나님의 뜻이 우리를 통해 이루어진다는 것이 바로 그분께서 우리에게 말씀을 주시는 근원이다.

우리는 말씀을 가까이 할 때 방향을 잘 못 맞추는 경우가 있다. 방향을 조금 잘 못 맞추기 때문에 그 말씀이 우리에게 제시하는 핵심을 잃어버리게 된다. 다시 말하자면 라디오를 수신할 때 내가 듣고자 하는 곳에 채널을 정확하게 맞출 때는 잡음이 없이 제대로 들린다.

그러나 우리가 채널번호를 잘못 알았거나 조급하게 맞추다가 채널에 정확하게 조준이 안 되었을 때부터는 잡음이 나기 시작한다. 우리는 하나님의 말씀에 제대로 초점을 맞출 수 있는 게 무엇인지 그것을 먼저 완전히 이해한 상태에서 양 무리들에게 나누어 줘야 한다. 그런데 초점을 잘못 맞추는 경우가 있는 것 같다. 즉 성경 말씀을 어느 장소, 어느 시기에 그것이 살아 역사하도록 하지 않고 그 장소와 조건과 그 시기가 성경 말씀을 결정하게 해버린다.

이를테면 우리가 결혼식장을 가거나 장례식장에 간다. 또는 개업한 집을 거가나 가정 방문을 한다. 그럴 때마다 우리는 먼저 그곳에 가장 적합한 성구가 무엇인가 찾는다. 그러나 하나님께서 원하시는 것은 그곳에 적합한 성구를 찾는 것이 아니라 그곳을 하나님이 계신 곳으로, 하나님의 때로 만들어 가라는 것이다. 그곳에 앉아 있는 사람들이 하나님의 말씀을 먹고 마시고 들음으로써 하나님의 역사가 일어나게 하라는 것이다.

그런데 우리는 결혼식장이나 장례식장에 가서 인간의 생각으로 성구를 찾아내고 그곳에 적합하게 풀이해 준다. 장례식장에서 하나님의 말씀으로 인해 때로는 인생을 슬퍼하며 후회하게 할 것이요, 되돌이키는 순간도 돼야 할 것이다.

때로는 장례식장에서 새로운 생명이 돋아나는 역사도 있을 것이요, 믿지 않는 많은 사람들이 한 사람의 죽음을 통하여 다시 생명의 길을 가는 역사가 일어날 수 있다. 그런데 우리는 단순히 죽은 사람과 유가족을 생각하고, 그 죽음의 원인들을 생각함으로 하나님이 역사하실 것을 가는 곳마다 차단시킨다.

그분의 역사를 차단시키는 근본적인 이유는 성경에 대한 올바른 지식이 없기 때문이다. 다시 말해 성경에 대한 지혜를 받지 못했기 때문이다. 바른 지혜를 갖는다는 것은 그 성경이 하나님께로부터 나와서 우리를 그분께 인도하시는 하나의 길이요 진리요 빛이 됨을 말씀을 제시하는 곳마다 선언하고, 그 말씀이 살아 있는 그대로 능력을 발휘하도록 해야 된다.

하나님의 말씀은 우리에게 문자로 들려오는 것이 아니다. 말씀은 우리에게 소설이나 시, 교훈으로 오는 것이 아니다. 만약 우리가 하나님 말씀을 교훈으로만 생각한다면 일반 다른 종교와 기독교가 무슨 차이가 있겠는가.

하나님의 말씀에 굶주린 적이 있는가?

배고파 본 적이 있는가? 이 질문으로 우리의 영혼을 두드리지 않는 한 하나님 말씀은 나와는 상관이 없다. 우리가 배고플 때는 보리밥을 주든 찬밥을 주든 그냥 감사할 뿐이다. 반찬이 있든 없든 상관없다.

그런데 배가 부른 사람에게 찬밥을 주거나 반찬 없는 밥을 주면 어떨까? 함께하는 양무리들이 육체의 배가 고픈지, 마음의 배가 고픈지, 영의 배가 고픈지 알아야 한다. 음식을 가장 값지게 제시할 수 있는 것은 배고픈 순간이다. 그들이 배부른 상태에서 하나님의 말씀을 볼 때는 하나님의 말씀이 아무 가치가 없다. 하나님의 말씀은 배고픈 자, 정말로 굶주린 자에게 송이꿀이 돼야 한다.

이렇게 만들기 위해서는 실제로 그들의 허상을 깨뜨려야 한다. 허상을 깨뜨린다는 것은 그들이 실제로 배가 고픈데 배가 고프지 않은 것처럼 생각하고 있는 것이다. 또한 그들이 실제로 치료가 필요한데 치료가 필요하지 않은 것처럼, 병자인데 병자가 아닌 것처럼, 실제로 눈이 멀었는데 눈이 멀지 않은 것처럼, 실제로 귀가 막혔는데 뚫린 것처럼 생각하는 것이 문제다.

그래서 요한계시록에 주님께서는 일곱 교회를 향하여 하시는 말씀이 있다. 즉 지상에 있는 지금의 교회나 앞으로 있을 교회들을 위해 하시는 말씀이다. "너희는 가서 안약을 발라 눈을 뜨게 하고, 벌거벗고 있는 너희들의 수치를 가리기 위해 옷을 사 입고 가라"고 했다. "또 너희들은 가서 막힌 귀를 뚫고 고장 난 고막을 수술해 들을 수 있는 귀로 만들라"고 말씀하신다.

그런데 이 말씀이 우리에게 제대로 들려오지 않는 이유가 무엇인가. 그것은 말씀에 대한 우리들의 이해와 지식, 지혜와 체험이 부족하기 때문이다. 우리는 그것을 어떻게 채울 수 있는가. 우리의 양떼들이 영양실조에 걸릴 것인가, 무기력증에 걸릴 것인가? 성장에 방해되는 자리에 들어갈 것인가, 아니면 죽음의 자리로 계속해서 들어가는가? 우리 스스로 그 길을 펼쳐 주게 된다.

우리는 하나님의 말씀을 개인적으로 만나야 한다. 하나님의 말씀은 우리의 눈으로 읽어가는 것이 아니요, 마음으로 읽어가는 것이다. 그곳에서 한 걸음 더 들어가 마음으로 먹는 것이다. 거기에서 우리는 또 한 걸음 더 나아가 마음속에서 다시 반추하고 새김질해야 한다.

말씀을 아무리 많이 먹을지라도 그것이 우리의 마음에 들어가서 완전히 소화돼서 녹지 않을 경우 말씀이 우리에게 들어 왔다가 그대

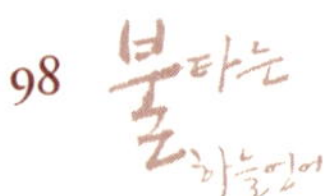

로 말씀으로 그냥 나가 버린다. 하나님께서 우리에게 주시는 말씀 곧 '내가 하는 말은 생명'이라고 하셨다. 하늘에서 내려온 생명을 먹으면 산다는 것은 그 안에 영양소가 있다는 것이다.

우리가 먹은 음식이 속에 들어가서 완전히 깨어지고 녹아지고 형체가 하나도 없어져 소화할 수 있는 조건으로 변화될 때만 음식을 먹은 목적을 이룰 수 있다. 다시 성경 말씀에 적용해 보면 말씀이 내게 들어와서 성령님의 조명하심을 따라 그분의 역사하심 속에서 녹는다. 하나님의 말씀이 어떤 형태를 가지고 오든지 일단 들어오고 난 다음에 그 형체는 그 순간부터 깨지고 부서지고 녹아 형체가 없어져야 한다. 다시 말하면 그 말씀 자체가 우리 안에 생명으로 들어올 때 생명은 영양소로 흡수되고 영혼의 양식이 되는 것이다.

양이나 소는 들에서 풀을 먹고 배가 부르면 우리에 들어가서 눕는다. 눕고 나서 밤에 밤새도록 되새김질을 한다. 만약 소가 되새김질을 하지 못할 경우에 그가 먹은 풀들은 그 다음날 아침에 소똥으로 그대로 나가 버린다. 소가 먹은 풀과 관계가 있으려면 그 풀이 들어가서 소가 흡입할 수 있는 영양소로 변하는 데 목적이 있다. 그 변화가 없을 경우 일년 내내 풀을 뜯어 먹어도 빼빼 마른 소가 될 것이다. 그것이 심한 경우 그 소는 영양 결핍증으로 죽는다.

교회에서는 대개 성경 읽기 프로그램을 주고 날마다 읽어 가라고 한다. 또 어떤 이는 남보다 더 잘하려고 곱빼기로 더 많이 읽어가기도 한다. 그런데 읽어가는 그 프로그램을 풀을 먹는 것에 비유하자면 소에게 영양을 준다는 전제조건이지 그것이 곧 소의 영양분은 아니라는 것이다.

그래서 살찐 소도 있고 소화를 제대로 못하는 여윈 소도 있다. 영양실조가 걸려가는 그 소는 음식을 섭취한 뒤 완전히 깨어지고 부서진 후 녹는 과정이 없었기 때문이다. 즉 하나님의 말씀이 그 안에 영양소로 오지 않았다는 것이다. 그는 한 가지 자랑할 거리가 있다. "나는 일년 간 5독했다, 나는 10독했다"고 말이다.

내가 만난 목사님들 중에 목회를 오래 해서 뜰에서 이런 풀 저런 풀 갖가지 풀을 다 잡수신 분이 있는데 가만히 대화하다 보면 속이 텅텅 빈 분이 더러 있다. 그가 그렇게 많이 드신 풀들이 그와 상관이 없는 것은 소화하지 못했다는 것이다. 그래서 들풀을 한 번도 제대로 먹어 보지 못한 사람들처럼 말하는 것을 본다. 말뿐 아니라 기도할 때마다 그 속에서 나오는 말씀을 보면 하나님의 생명으로 살아 있는 영양소를 먹은 사람과 먹지 않은 사람과의 차이를 알 수 있다. 그가 선택하는 단어들과 불러일으키는 감성들이 과연 살아 있는 기도인가, 아닌가 판단할 수 있다.

영을 살리는 기도가 있는가 하면 마음을 흡족하게 하는 기도가 있다. 육체를 비옥하게 하는 기도가 있으며 환경을 조종하는 기도가 있다. 그러나 그 기도 속에 생명이 없을 경우 그 기도는 어느 장소에서 어떻게 펼쳐지더라도 그것은 죽음의 나열에 불과하다.

우리는 성경에서 지성적인 탐독을 경계해야 한다. 성경에서 하나님과 만나는 체험보다 비중을 두는 지성적인 진리를 추구하는 자리에서 벗어나야 한다. 많은 신학자들이나 목회자들이 지성적인 부분

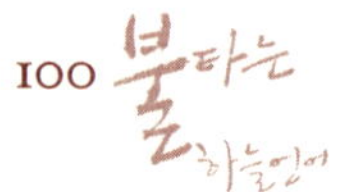

을 많이 추구한다.

다른 측면을 보면 성경을 통해서 지식을 터득하려고 하기보다는 어떤 사고를 하려고 한다. 이것이 과연 내가 받아들일 수 있는 것인가, 받아들일 수 없는 것인가. 이것이 과연 가능한 것인가, 아닌가. 지혜보다는 사고를 추구한다.

그리고 난 다음에 말씀을 삼켰을 때 그 말씀이 우리에게 그냥 말씀으로 남아 있으면 안 된다. 말씀으로 남아 있다는 것은 소화가 안 됐다는 것이다. 그 말씀이 우리에게 영양소가 될 수 있는 것은 기도의 자리로 초청받아야 한다.

다시 말하면 우리가 읽었거나 묵상했거나 침묵했던 말씀이 우리의 기도의 자리에 그대로 와야 한다. 그러면 그 기도는 실제로 생명을 살리는 능력으로 변하게 된다. 우리의 기도가 무엇인가 부진하고 빠져 있어 아쉽게 느껴질 때가 있다. 그것을 가만히 추적해 보면 기도의 생명력을 이끌어 갈 수 있는 능력, 즉 핵심이 되는 하나님의 말씀이 우리 기도에 빠져 있다는 것이다. 우리는 종종 하나님의 말씀 속에서 하늘의 지혜를 추구하는 것이 아니고, 인간의 사변으로, 추리로 찾아낸다.

성경을 펴기 전에 마음을 펴라

하나님의 말씀을 통해 하늘의 지혜를 발견하라는 것이지 인간의 제한된 지혜, 지식 등으로 하나님의 말씀을 분석하라는 것이 아니다. 그래서 우리가 하나님의 말씀에 가까이 갈 때는 온 마음으로 다가가야 한다. 마음이 펴지지 않은 상태에서 성경을 백 번 천 번 펴 본들 그 성경은 그냥 지나가는 것과 똑같다.

그런데 우리는 성경을 대할 때마다 뭔가 쫓기는 것들이 있다. 성경을 펼쳐서 내가 오늘 몇 장을 읽어야겠다는 것이 앞선다. 하지만 하나님께서는 우리가 그 모든 것을 제해 버리고 마음을 먼저 펴기 원하신다. 그래서 눈으로 성경을 보지 말고 마음으로 성경을 보라는 것이다. 펼쳐진 마음속에 성경이 들어갈 수 있도록 하라는 것이다. 참 쉬운 말 같지만 여간 어려운 말이 아니다. 성경 말씀을 들을 때 하나님께서 우리에게 준 모든 것을 동원하라고 하신다.

귀뿐만 아니라 눈도 있고 코도 있고 입도 있고 땀구멍도 있다. 이 것을 열지 않을 경우 하나님의 말씀은 그분께서 우리에게 주시는 하늘의 바람을 차단시키는 것이다. 왼쪽에서 오른쪽으로 바람이 불면 왼쪽 귀만 맞고, 오른쪽 귀는 바람이 안 들어간다. 앞에서 바람이 오면 코는 바람을 맞지만 뒤통수는 바람하고 관계가 없다. 하지만 하나님의 바람은 편재하지 않다. 전체 다 열려져 있다.

우리가 열심히 운동하면 이마뿐만 아니라 땀구멍이 있는 온몸 전체에서 땀이 흐른다. 그래서 우리가 말씀을 펼칠 때 하나님은 마음뿐 아니라 온몸도 열라고 하신다. 마음만 조금 열어놓고 다 열어 놨다고 하지 말고 솜털 구멍까지 다 열어 놓으라고 하신다. 그분의 말씀이 어느 구멍, 어느 자리에서 어떻게 들어올지 모른다. 그러니 우리가 펼쳐 놓을 수 있는 것은 다 펼쳐 놓으라는 것이다.

인도의 명상가는 "인간을 해방시키는 것은 위대한 이론이 아니다.

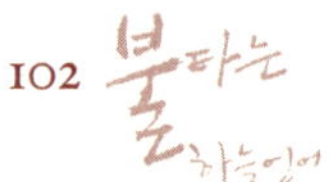

그분께서 우리에게 주신 모든 구멍들을 다 열어 놓게 하는 것이 참된 해방이다"라고 말했다.

다시 말하면 우리가 성경에 가까이 갈 때 온몸의 모든 구멍이 다 열리게 하라는 것이다. 이것이 열리지 않는 한 하나님의 말씀을 조각으로밖에 먹지 못한다. 하나님의 말씀은 우리가 송두리째 먹고 마실 때 그 생명이 우리에게 생명으로 온다. 조각내어 분석하고 조사하고 연구하고 평가하는 것은 생명으로 오지 않는다.

병원 의과 대학에 가면 시체를 놓고 해부한다. 이것은 생명을 살리기 위한 연습이다. 우리는 성경을 연습으로 대할 때가 참 많다. 성경은 연습하지 말고 생명 그 자체를 온전히 마셔야 한다.

하늘의 만나를 먹게 한 이유

우리는 신명기 8장과 요한복음 6장 말씀을 가까이하며 묵상해 본다. 하나님께서 40년 동안에 이스라엘 백성에게 세상의 음식을 끊어 버리고 하늘의 만나를 먹게 한 이유가 무엇인가 가만히 생각해 봐야 한다. 하나님께서 능력이 없어서 빵과 고기를 못 주셨을까.

하나님께서 하늘의 영양으로 특별히 40년 동안 그들에게 먹인 이유가 딱 하나 있다. 그들이 하늘의 영양소를 먹은즉 하늘의 사람으로 바뀌더라는 것이다. 인간은 먹은 그대로 된다고 했다. 인간이 어떤 음식을 먹었는가에 따라 달라진다. 그가 고기를 먹었으면 고기의 영양분을 섭취할 것이요, 과일이나 야채를 먹었으면 과일이나 야채의 영양분을 섭취할 것이다. 섭취한 그 영양소들이 바로 그의 몸을 이루게 된다. 고기 먹는 식당에 가면 옷에 고기 냄새가 밴다. 담배 피는 곳에 잠깐 갔다 나오면 옷에 담배 냄새가 스며든다.

그것은 바로 하나님께서 우리에게 꼭 보여 주실 게 있다는 것을 말한다. 내게 하늘의 음식을 준 것은 그 음식을 먹은 그대로 변화되기 바란다는 것이다. 그런데 우리는 자신도 모르게 어떤 음식을 강요당할 때가 있다. 어떤 경우인가? 뱃속에 아기를 가진 엄마는 그가 먹는 음식에 따라서 영향을 받는다. 여러분이 어떤 음식, 어떤 물을 사랑하는 양 무리들에게 먹이는가가 결정적이다. 그들은 먹은 그대로 만들어진다.

예를 들어 본다. 뱃속의 아기가 눈동자가 만들어지는 순간이다. 마침 그 순간에 어머니가 대학교 동창들을 오랜만에 만나서 고기를 먹다가 "고기만 먹으니 텁텁하네. 우리 소주 한잔 할까" 하고 분위기에 쏠려서 소주 한잔을 먹었다. 먹다 보니 주거니 받거니 두 잔이 석잔 되어 어머니는 집으로 돌아온다. 그때가 아기의 눈동자가 만들어지는 순간이라면 어머니가 먹은 그 술 안에 있는 알코올에 영향을 받지 않을 수가 없다.

또 술을 먹다가 심심하다며 옛날에 피우던 담배 한번 피워 볼까해서 담배를 피웠다. 그 순간 엄마가 피운 담배 속에 있는 니코틴이 어머니의 입을 통해서 탯줄을 타고 아기에게 들어간다. 그 순간 니코틴이 눈에 들어가면 어떻게 될까? 자신도 모르게 아기는 눈에 치명타를 입는다. 성직자들이 어떤 음식을 먹고 어떤 음료를 마시고 어떤 산소를 호흡하느냐에 따라서 성도들은 그대로 다 먹게 된다.

 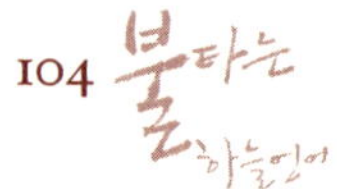

육적 목회를 할 경우 육을 살찌우는 영양소를 먹으니 양 무리들은 그냥 육만 튼튼하게 자랄 것이고, 혼적 목회를 할 경우에는 지식, 지혜, 감성만 자라다 보면 영은 설 자리가 없다. 그래서 목사님들이 영적 사목을 하는가, 혼적 사목을 하는가, 육적 사목을 하는가에 따라서 양 무리들은 결정적으로 그것을 먹고 마시고 숨쉬게 된다.

내가 이 땅에 온 것은 나 자신을 위해서 온 것이 아니고 하나님의 역사를 이루기 위해서 그분이 나를 이 땅에 보내신 것이다. 주님은 "내가 이 땅에 온 것은 그들의 먹이가 되기 위해서 왔다"고 말씀하셨다. 주님은 이 땅에 진리를 선포하고 진리를 가르치러 오신 것보다 그분 자신이 우리 인간들의 먹이가 되기 위해 오셨다. 그분 자신이 우리 영혼의 음식이 되겠다는 것이다. 그래서 그분께서 "나를 먹고 마시는 자들은 나와 관계가 있다"고 하신 말은 우리의 숨을 멈추게 한다.

그 내용의 깊은 뜻은 "나를 먹은 자는 나 자신이 되고 나를 먹지 못하는 자는 나와 상관이 없다"는 것이다. 우리말에 유유상종이라는 말이 있다. 뭔가 통하고 맥이 흐르는 사람끼리 만난다. 영의 세계를 보면 처음 만나 한두 시간 같이 있었는데도 몇십 년 전에 만난 사람처럼 정답고 형제보다 더 마음이 통하는 것 같은 사람이 있다. 그것은 같은 영이기 때문이다.

반면에 그가 내게 준 것도 없고, 내가 그에게 받은 것도 없고 그 사람을 해친 일도 없는데 10년 전에 원수가 만난 것처럼 아주 안 맞는 사람이 있다. 그것은 영끼리 맞지 않기 때문이다. 그런 영끼리 어떤 조직체를 만들어서 이끌어 갈 때 사사건건 문제가 생긴다. 그는 그대로 가고, 나는 나대로 간다. 서로 영이 안 맞으니 어쩔 수 없다.

그때 그것을 제대로 고칠 수 있는 방법은 어느 한 쪽을 바른 영으로 변화시켜 줘야 한다. 인간의 힘으로 변화시키는 것은 절대 불가능하다. 변화시키는 과정의 하나는 하나님의 말씀이 그 안에 생명으로 들어가는 것이다. 말씀이 그 안에 생명으로 들어갈 때 사랑이라는 보자기가 된다. 우리가 인간의 어떤 조건으로 쌀 경우 그 조건이 녹아버리면 또다시 본성이 드러난다. 그런데 하나님의 사랑이 든 보자기는 특효약으로 신비한 효과가 있다. 녹지 않을 것 같은 사람이 녹는다.

곰탕을 먹을 경우 덜 고은 뼈가 가끔 있는데, 하나님께서 우리에게 생명의 말씀을 주실 때 그 뼈다귀처럼 되지 않도록 하라는 것이다. 하나님의 말씀이 우리 속에서 완전히 녹아야 한다. 그 뼈 자체마저 흐물흐물 녹아서 형체가 없게 하라는 것이다. 만약 곰탕 속에 뼈의 형체가 살아 있는 경우 그 뼈를 건져내는 것처럼 우리의 영혼도 말씀 중에 먹어야 할 뼈가 녹지 않으면 그 속에 있는 진액을 먹지 못하고 건져내 버리고 물만 먹게 된다. 하나님 말씀은 뜨거운 가마솥에 들어간 뼈가 녹아 형체가 없어지는 것처럼 우리에게 가까이 와야 한다.

당신은 정말로 하나님의 말씀에 굶주렸는가? 여기에 대한 대답은 두 가지로 나올 수 있다. 하나는 굶주리지 않으면 하나님의 말씀에 결코 만족할 수가 없다. 세상 배로 꽉 채운 사람은 하늘의 음식으로 배를 채울 수 없다. 또 하나는 우리가 하나님 말씀에 굶주려 있다는 것은 우리가 병들었다는 것이다. 환자들은 맛있는 음식을 차려놔도 못 먹는다. 사랑하는 양 무리들이 음식을 안 먹겠다고 하거나 못 먹

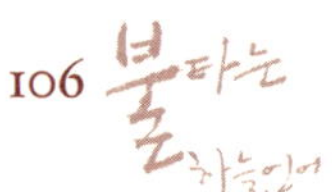

겠다고 할 때 '아, 병 들었구나' 그렇게 짐작하면 된다.

성경을 가까이 하지 않을 때는 병이 들었다. 그래서 거기에 맞는 처방을 해야 한다. 우리가 하나님의 말씀에 굶주렸는가? 하나님 말씀에 정말 기갈이 들렸는가? 배가 고픈가? 우리는 하나의 실체를 두고 양쪽에서 체크할 수가 있다. 배고프지 않은 자는 세상의 것으로 배가 채워졌다. 차려진 음식을 먹지 못하는 자는 병든 자라는 말이다.

예레미야 15장에 보면 '하나님의 말씀은 내 기쁨이요 내 마음의 즐거움'이라고 했다. 우리는 병든 사람의 영혼이 살도록 예레미야 15장 말씀을 생명으로 그에게 갖다 줘야 한다. 하나님의 말씀이 당신의 기쁨이 되고, 즐거움이 될 때 당신의 영은 살아날 수 있다. 우리는 그런 강한 생명에 대한 의욕을 불어 넣을 수 있다.

말씀에 대한 목마름을 해소하려면

여러분이 잘 아는 말씀 아모스 8장에는 뭐라고 기록돼 있는가. 이 땅에 기근이 온다고 했다. 양식이 없어서 굶주림도 아니요, 물이 없어서 목마름도 아니다. 하나님의 말씀이 들려오지 않아 기갈이 있다고 했다. '자, 이제 우리는 다시 한번 더 인식해야 할 문제가 있다. 양 무리들에게 육신의 음식은 차고 넘친다. 그들은 가는 곳곳마다 순수한 생수부터 오염된 물까지 얼마든지 마실 수 있다.

우리 크리스천들은 하나님의 말씀을 듣지 못한 기갈증이 올 때 어떻게 할 것인가? 그때 늦게 가서 응급실에 집어넣을 것인가? 아니면 죽은 시체를 공동묘지에 묻으러 갈 것인가? 화장터에 태우러 갈 것인가? 그들의 육체가 화장터에서 태워질 때 솟아오르는 연기를 보면서 우리는 '저 영혼을 내가 죽였다. 저 영혼을 내가 불태웠다. 저 영혼을 내가 지옥에 가게 했다'며 가슴을 치게 될 것이다. 하나님의 말씀을 제대로 전해야 할 주의 종들이 엉뚱한 생각을 하고, 다른 일을 했기에 기갈이 온 것이다. 하나님의 말씀은 순결하고 순수하다고 했다.

시편 19편을 보자. 하나님의 말씀이 얼마나 값지게 우리에게 주어지는가. 마태복음 4장을 보면 예수님이 사역을 시작하기 전에 성령께 이끌려서 마귀들과 한판 영적 전쟁을 하는 곳이 있다. 예수님은 전부 말씀으로 사탄을 깨뜨리고 제압했다. 그런데 거기에 맞서 마귀가 말씀을 가지고 전쟁했다.

앞으로의 전쟁은 먹는 전쟁이나 마시는 전쟁이 아니라 말씀의 전쟁이다. 말씀의 전쟁에서 사탄이 제시하는 화살은 지식의 말씀이요, 기록된 말씀이다. 그러나 주님께서 제시하는 말씀은 생명의 말씀, 살아 있는 말씀, 능력 있는 말씀이다. 그래서 사탄이 패한 것이다.

오늘도 우리에게 오는 어두움의 세력들과 맞서서 이길 수 있는 것은 우리가 가진 육체의 건강이나 물질, 지금까지 배워 온 지식들이 아니다. 어둠의 세력들과 싸워 이길 수 있는 방편은 우리가 지금까지 체험해 온 전쟁의 그 노련한 방법들이 아니라 살아 있는 하나님의 말씀이 내게 생명으로 역사하실 때만 가능하다.

사탄도 우리를 안다. 우리가 종이칼을 들고 서 있을 때는 어두움의 세력이 겁내지 않는다. 영의 세계에서는 사탄도 육체를 가진 인간의 세계보다 훨씬 더 위에 있다. 사탄은 우리가 가지고 있는 종이칼과 종이 성경은 얼마든지 가져도 좋다고 한다. 그들이 가장 무서워하는 것은 성경 말씀, 기록된 생명이 능력으로 나타나는가, 아닌가? 살아 있는 생명의 말씀과 살아 있는 하늘의 무기를 그들이 가지고 오는가, 아닌가에 달려 있다.

하나님의 말씀은 살았고 운동력이 있어 좌우에 날선 어떤 검보다 예리하여 혼과 영과 및 관절과 골수를 찔러 쪼개기까지 한다고 했다. 그렇다. 하나님의 말씀은 수술하고 대적을 찌르고 죽일 수 있는 능력을 가지고 있다. 하나님의 말씀이 그 손에 들려졌을 때는 어둠의 세력인 마귀나 사탄이 '아이쿠, 저기 갔다가 큰일나겠다'며 줄행랑을 친다.

우리가 성경을 얼마만큼 읽었는가, 얼마만큼 묵상했는가, 얼마만큼 신구약을 잘 뚫어서 맥을 찾았는가 그것이 문제가 아니다. 하나님의 말씀 속에 있는 생명을 내가 하나님의 생기로 내 속에 살리느냐, 살리지 못하느냐에 달려 있다.

우리 성직자들이 하나님의 말씀을 생기로 살릴 때 속에 있는 생기가 사랑하는 양떼에게 안 나가고는 못 배길 것이다. 내가 종이칼을 가지고 있을 때 아무리 휘둘러본들 그것이 우리의 사랑하는 양떼들에게 능력으로 나갈까?

목회자들이 목회하기 어려운 시기가 온다. 성도들이 온갖 세미나에 다 다녀서 귀가 엄청나게 커져 있다. 귀만 커져 있는 게 아니라 성도들 중에는 목회자보다 영의 세계에 더 깊이 들어간 분들이 있다. 그분들이 하는 말이 참 두렵다. 그들이 비록 목회 현장 앞줄에 오지는 못했지만, 뒤에 앉아서 보고 느끼고 알고 파헤치는 것은 무서울 정도다.

여기에 대비해서 목회자들은 어떻게 대처할 것인가? 방법이 한 가지가 있다. 거룩한 독서가 내 속에 들어와서 거룩함을 회복하는 것이다. 거룩한 독서가 내 속에 와서 생기로 다시 살아나는 것이다. 생명의 말씀이 생기로 나타날 때 성도들이 맑은 영으로 보는 투시와 성직자들이 맑은 눈으로 보는 투시는 차이가 많이 난다. 또 성직자들이 어두운 영으로 투시할 때 맑은 영을 가진 성도들은 그들을 위하여 중보 기도한다. 그리고 양떼들이 어두운 영으로 투시하면 성직자들은 맑은 영으로 보고 그들에게 가서 제거하라고 권면해야 하는데, 이런 것은 살아 있는 기도에서 나와야 한다.

살아 있는 기도는 능력 있는 기도다. 하나님의 생명의 말씀이 기도의 핵심이 될 때 우리의 기도는 능력을 갖게 된다. 말씀이 우리의 기도에 들어 갈 수 있는 조건은 우리가 하나님의 말씀을 제대로 파악하는 데 있다. 그렇게 하려면 우리가 제대로 확인하고, 마시고, 먹고, 제대로 소화했을 때 가능하다.

시간이 바쁘다고 성경을 대충 읽어가지 말라. 성경을 보는 시간을 줄이지 말라. 우리는 세상 일이 바쁘기 때문에, 심방이 더 급하고 병문안이 더 급하고, 주례가 더 급하기 때문에 성경을 적당히 본다. 우리는 회의가 더 급하고, 총회하고 노회하는 것이 우선이라 성경을 멀리하고, 거룩한 독서를 게을리 한다. 이것이 바로 영이 병들게 되는 첫 걸음이다. 양 무리들에게 병균이 우글거리는 곳으로 들어오게 하는 문을 스스로 열어 주는 것과 마찬가지다.

우리는 그들이 들어오는 문을 먼저 청소해야 한다. "병든 자여, 이

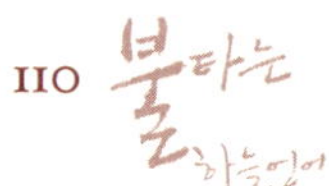

곳에 와서 하늘의 산소를 먹고 너의 폐병을 치료하라. 육체의 내장이 병든 자여, 이곳에 하늘로부터 내려 온 생수가 있으니 이것을 먹고 내장의 모든 질병을 다 치유하라.”

우리는 성소의 문을 열어놔야 한다. 우리가 성소에 올 때마다 치유되는 역사가 있어야 되고 새롭게 되는 역사가 있어야 되며, 다시 살아나는 역사가 있어야 한다. 그렇지 않으면 우리의 성소는 죽어가는 환자들을 수용하는 병동이 될 것이다. 죽어가는 환자들이 와서 다시 살아나는 병동이 되어야지 죽어가는 시체를 쌓아 놓는 병동이 되어서야 되겠는가.

교회의 사명이 무엇인가? 교회에 말씀이 살아 있게 하는 조건들이 무엇인가? 성경 말씀을 펼치기 전에 먼저 내 마음을 펼치라. 성경을 펼치기 전에 먼저 내 영혼을 펼치라. 하나님의 음성을 듣는 데 방해되는 세상의 것들을 다 차단시켜 버려라.

혹시 성경 말씀 보면서 테이블 위에 핸드폰 갖다 놓는 분은 조심하라. 세상의 소리가 들리는 곳에는 하나님의 소리는 차단된다. 세상의 소리가 오는 곳에 하나님의 소리는 오지 않는다. 둘 중의 하나를 선택해야 한다. 어느 것을 선택할 것인가. 핸드폰을 선택하고 싶거든 성경을 덮고 핸드폰 있는 곳으로 가라. 하나님 말씀을 선택하고 싶거든 핸드폰을 멀리하고 하나님 말씀이 있는 곳으로 가라. 거룩한 독서를 통해 내 영혼이 거룩해지도록, 하나님의 거룩한 말씀이 내 속에서 생기와 생명, 능력을 되찾도록 최선을 다해야 한다.

"만군의 하나님 여호와시여
　　　나는 주의 이름으로 일컬음을 받는 자라
내가 주의 말씀을 얻어 먹었사오니
주의 말씀은 내게 기쁨과 내 마음의 즐거움이오나
내가 기뻐하는 자의 회에 앉지 아니하며
　　　즐거워하지도 아니하고
주의 손을 인하여 홀로 앉았사오니
이는 주께서 분노로
내게 채우셨음이니이다"(렘 15:16-17).

6

영성의 귀향지가 분명한가?

"만군의 하나님 여호와시여

나는 주의 이름으로 일컬음을 받는 자라

내가 주의 말씀을 얻어 먹었사오니

주의 말씀은 내게 기쁨과 내 마음의 즐거움이오나

내가 기뻐하는 자의 회에 앉지 아니하며 즐거워하지도 아니하고

주의 손을 인하여 홀로 앉았사오니 이는 주께서 분노로

내게 채우셨음이니이다"(렘 15:16-17).

6 _ 영성의 귀향지가 분명한가?

"**나는** 스스로 주의 길을 가고자 함이 아니고, 당신이 나를 부르셨다." 이 반응은 예레미야가 하나님과 자신의 사이를 재정립시키는 증언이다.

지금 나의 증언은 과연 무엇일까? 하나님나라가 이 땅 위에 이루어지도록 하기 위해 그분 앞에 섰는가? 아니면 하나님이 부르셔서 어쩔 수 없이 그분과 만나는가? 이 고백으로 이야기를 시작하려고 한다.

자신이 출발한 지점이 어디인지 모르는 사람은 돌아가야 할 마지막 종착지를 모른다. 이처럼 귀향지, 정착지가 정해져 있는 배는 거침없이 그 길로 찾아간다. 머뭇거리거나 사방을 두리번거리지 않는다. 내가 가야 할 곳이 정해진 그 배는 어떤 일이 있어도 자기의 진로를 바꾸지 않는다.

그러나 마지막 귀향해야 할 목적지가 정해져 있지 않은 배는 어떤가? 좋은 휴양지나 항구를 찾아가 쉬었다 가려고 한다. 봄에는 봄꽃놀이하고, 여름에는 바다에서 물놀이하고, 고기잡이하고, 생선회 먹고 가자고 한다. 가을에는 어디로 가는가? 어느 마을에 과일이 많이 달렸는가? 어느 산이 단풍이 절경인가? 가을놀이하고 가자고 하며 그곳에서 즐기자고 한다. 겨울에는 따뜻한 곳으로 찾아간다. 그러면서 목표 없이 갔다왔다하다 보니 결국 내가 어디로 가야 할지, 도착해야 할 마지막 종착지를 잃어버리게 된다. 바로 이것이 성직자들이나 우리의 신앙생활의 항해인지 모른다.

사람들은 "내가 이 일이 좋아서 한다. 누가 권해서 한다. 우리 부모님들이 서원해서 한다. 아니면 어쩔 수 없이 한다"고 말한다. 그 모두가 다 귀향지를 확고하게 하지 못한 출발이다. 교회 목사님들이나 또는 은사자들이 하나님 일하라고 해서 마지못해 일할 때 하나님과 그 사역을 담당해야 할 일과는 아무 상관이 없다. "너는 성품이 좋으니 신의 사역을 받을 만하다"고 할 경우가 있는데, 성품 좋은 사람은 오히려 기독교보다는 세상 사람들 중에 더 많이 있을 수 있다.

기독교가 하늘이 기뻐하는 선을 얼마나 행하는가? 우리 성직자들이 선을 베푸는 것은 다른 종교나 종교 없는 자들이나 평신도들이 선을 베푸는 것과 비교가 되지 않는다. 성직자들의 마음가짐이 어디서부터 출발하는가 질문하는 것이다. 우리는 스스로 물어봐야 한다. 일부 성직자들이 가는 곳에서는 잔디가 남아나지 않는다. 성직자가 간 곳은 메뚜기 떼가 지나간 것 같다. 풀이 남아나지 않는다. 성직자가 간 곳은 모래가 남아나지 않는다. 우리는 이제 움켜쥔 것을 내놓을 자리로 다시 되돌아가야 한다.

거룩한 독서라는 것은 바로 하나님과 우리 사이, 하나님의 말씀과 우리 사이, 하나님의 말씀과 우리의 기도 등 현실의 삶과 하나씩 연결시켜 가는 것이다. 만약 연결되지 못할 때에는 산에서 도를 닦는 은둔자들과 우리는 하나도 다를 게 없다. 또 하나는 심산계곡의 고고한 동굴이나 모래사막의 수도원에 들어가서 그곳에서 몇십 년 간 모래바람 먹고 맑은 물 마시며 자기를 다듬어가는 수도승들의 참된 가치는 어디서 발견할 수 있을까.

하나님께서 우리에게 말씀하시고 우리에게 그 길을 찾아가라고 명령하신 것은 저 세상으로 가라는 것이다! 이것이 영적 삶의 목표요 귀향지다. 가라, 저 세상으로. '어떻게 갈 것인가. 무엇하러 갈 것인가' 하는 질문을 우리는 스스로 해야 한다. 내 자신의 일을 성취하러 갈 것인가? 하나님의 일을 이루러 갈 것인가? 이 냉철한 칼끝 같은 질문에 맞서지 않는다면 우리는 월급도 제대로 못 받는 멍청한 심부름꾼이다.

여러분이 조그만 교회에서 새벽부터 밤중까지 일하고 받는 급여는 얼마인가? 돈을 따지자고 그러는 게 아니다. 내 존재가치를 묻는 것이다. 돈을 따지자면 어린애 봐주는 보모만도 훨씬 못한 분들이 많이 있을 것이다. 그 돈을 우리가 따라 갈 것인가, 돈이 우리를 따라오게 할 것인가 그것이 문제다.

뒤집어서 말하자면 교인들을 내가 쫓아갈 것인가? 찾아오는 교인들을 내가 품을 것인가? 조금 더 나아가 그들이 왜 교회를 찾아오며 왜 교회를 떠나는지 거기에 대한 냉철한 분석도 해야 한다. 영이 알 수 있는 것은 딱 하나 있다. 혼이 알 수 있는 것도 딱 하나 있다. 육이 알 수 있는 것도 딱 하나 있다.

육은 육끼리 만날 때 10년 친구를 만난 것이다. 부모고 형제고 그렇게 좋을 수 없다. 혼끼리 만날 때 10-20년 한 방에서 같이 자는 형제들과 비교될 수 없을 만큼 한순간에 형제보다 더 친한 사이가 돼버린다. 불꽃 튀기는 한순간의 부딪침으로 그들 사이는 무엇을 봤는지, 어떻게 봤는지 도대체 설명할 수 없을 만큼 한 덩어리가 돼버린다. 그렇게 한 뒤 그들의 육체는 육체의 소욕대로 그들의 혼은 혼의 쾌락으로 어두움이 요구하는 곳으로 달려가 버린다.

영과 영의 만남

영과 영의 만남은 천 년 만 년 만에 처음 발견한 진주하고 같은 것이다. 털썩 주저앉아 버린다. 우는 것도 아니고 웃는 것도 아니고 현실도 아니고 환상도 아니고 꿈도 아니다. 영이 영을 안다는 게 그렇게 귀한 것이다. 어디서 영이 영을 알게 될까. 그것은 바로 거룩한 독서에서 하나님의 영이 우리에게 조명해 주시는 빛 속에서만 가능하다. 다른 곳에 가도 알 수 없고 가르쳐 주지 않는다. 사람을 통해서 가르쳐 준다. 그것은 불량기계가 불량품을 만들 수밖에 없는 불량품 생산 과정일 뿐이다.

내가 말하는 불량품은 온전한 정품이 아니다. 80퍼센트는 진짜일 수도 있고, 20퍼센트는 사람이 만들어낸 것일 수도 있다. 90퍼센트

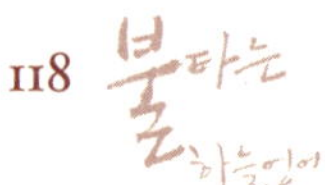

는 진짜일 수도 있고, 10퍼센트가 그 사람이 만들어낸 것일 수도 있다. 10퍼센트나 20퍼센트가 80퍼센트보다 얼마나 중요한지 상상할 수 있는가. 우리는 편하게 생각한다. 90퍼센트와 10퍼센트를 나눌 때 10퍼센트가 90퍼센트에 그다지 큰 영향을 미치지 못한다고 한다. 우리는 90퍼센트만 정품이면 10퍼센트는 불량품이 돼도 괜찮다고 생각한다.

이를테면 화학공장에서 고온에 데운 가스들이 동파이프를 통해서 흘러내려갈 때 동파이프 길이 100미터 중에 10퍼센트만 구멍이 나 있으면 그 공장은 어떻게 될까. 심각한 이야기다. 동파이프가 10센티미터 사이사이에 구멍이 뚫려 있다면 독가스가 밖으로 새어 나올 것이다. 이처럼 우리를 죽이고 살리는 것은 온전한 80퍼센트나 90퍼센트가 아닌 불완전한 10퍼센트에 달려 있다는 것을 알 수 있다.

우리가 하나님의 말씀을 사랑하는 양 무리들에게 전할 때 90퍼센트는 하나님의 말씀이고 10퍼센트가 인간의 선언을 할 경우 그 양떼들은 어떻게 될까. 비율로 따지면 90퍼센트이니까 괜찮다고 할 것이다. 그러나 영혼을 생각하는 영적 지도자는 90퍼센트 그대로 남겨두고 10퍼센트를 찾아나서야 한다. 그 10퍼센트가 어떤 것인가. 예수님께서는 1퍼센트가 부족할 때 안전한 99퍼센트를 내버려두고 1퍼센트를 찾아 나섰다는 사실을 기억해야 한다.

거룩한 독서를 하는 시간이 바로 잃어버린 1퍼센트를 찾는 시간이다. 99퍼센트는 내버려 두라는 것이다. 내가 이성과 지성과 감성으로 성경 말씀에 대해 동의하고 기뻐하고 눈물 흘리고 박수 치고 춤추며 하늘의 선물을 보고 들었다고 좋아할 수 있다. 성경 말씀을 묵상하면서, 묵상기도 속에서 꿈도 보고 환상도 보고 글자도 보고 음성도 듣고 냄새도 맡고 미래에 예언하는 것도 체험할 수 있다.

그런 과정을 통해서 잃어버린 1퍼센트를 찾는 은총이 임하기를 갈망한다. 말씀 속에서 하나님의 생명을 발견해야 한다. 그 생명을 만나야 한다. 그 생명을 먹고 마시고 호흡해야 한다. 그리고 말씀을 반추하면서 하늘의 생명과 하나님의 권능, 하나님의 사랑, 은혜의 강물에 깊이 잠겨야 한다. 그리고 하나님의 모든 것으로 새롭게 옷 입고 일어나야 한다.

하나님의 영으로 하는가, 아닌가

우리가 20시간 성경을 보고 4시간 잠을 잔다거나 6시간 잠을 자고 18시간 기도를 한다고 할지라도 '그 안에 하나님의 생명이 살아 있는가? 살아 있지 않는가?' 그것이 관건이다. 내가 혼으로, 내 힘으로, 내 능력으로, 내 의지로, 내 결단으로, 내 인내로 하는가. 아니면 일 분일지라도 그분과 더불어 하나 되어 그분과 함께하는가. 이것은 하늘과 땅 차이다.

자, 예를 들어 그 차이를 말씀드린다. 여기에 총이 있다. 총은 총알이 있어야만이 적군을 쏴서 죽일 수 있고 총의 가치가 있다. 그렇지만 총알이 아무리 많이 있다 해도 총이 없으면 총알이 무용지물이다.

이것은 내가 보고 듣고 체험한 경험담이다. 그런데 멍청하게 주머니에 총알만 잔뜩 넣고 다녔다. 그 총알은 곧 하나님의 말씀에 대한

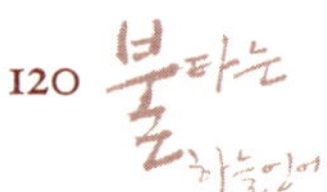

총알이다. 기도에 대한 총알, 인생 경험에 대한 총알, 하나님의 은사에 대한 총알이다. 그래서 가는 곳마다 자신에게 총알이 있다고 다 드러내 보였다.

그 총알로 적을 얼마나 죽일 수 있을까. 내 주머니에 총알 하나 꺼내 가지고 이른바 영적 전쟁에서 우리를 대적하는 사탄을 그 총알로 찔러 보라. 사탄이 죽나 안 죽나. 그 총알로 사탄을 찌르는 사이에 사탄은 총알이 들어 있는 총으로 방아쇠만 당기면 나는 바로 죽어 버린다. 우리가 손에 들고 있는 총알은 전쟁에서 무용지물이다.

총알 그 자체로는 효력을 발휘하지 못하나 일단 그 총알을 우리의 총에 집어넣고 적을 향해 쏠 때 어떻게 될까. 얼마만큼 위력을 가질까. 내 힘으로 찌르는 힘과 차원 자체가 다르다. 애초부터 출발 자체가 다르기 때문에 묻지도 말고 비교하지도 말라는 것이다. 거룩한 독서에서 총알만 얻어 가겠다면 애초부터 주머니 꿰매고 그냥 먼 산 쳐다보고 기도하시기 바란다. 총알은 총을 만났을 때만 필요한 것이다. 또한 총만 따로 있을 경우 총알이 없으면 아무 소용이 없다. 그래서 거룩한 독서는 총알과 총이 한 몸이 되면 어떻게 적을 사살할 것인가 그것만 제시해 주면 된다.

총과 총알은 생명 관계

여기서 총알은 하나님께서 우리에게 주시는 하나님의 언어다. 하늘언어가 총 안에 들어가야 한다. 총이 무엇인가? 예를 든다면 100개의 동파이프에 10개만 불량이 나도 어렵다. 1퍼센트만 잘못 돼도 끝이라는 말이다. 다시 말하면 어떤 사람이 양 백 마리를 가지고 있다가 아흔아홉 마리는 있는데, 한 마리만 없어졌을 때 주님께서 뭐라고 말씀하시겠는가. '잃은 한 마리 양을 찾으라고 하시겠는가. 아니면 아흔아홉 마리 남아 있으니 그만두라고 하시겠는가.' 잃어버린 한 마리를 찾아가는 과정이 바로 거룩한 독서다. 거기서 잃어버린 한 마리를 찾아내야 한다.

하나님의 말씀 속에는 수를 셀 수 없는 수억만 개의 총알들이 있다. 권총 총알부터 미사일까지 갖가지 총알들이 줄줄이 요소마다 포진해 있다. 내가 필요할 때마다 정확하게 코드만 찍어주면 얼마든지 빼낼 수 있다.

그런데 그 많은 재료들을 옆에 두고 고민하는 미련한 사람들이 있다. 주일날 무슨 밥을 할지 일주일 간 고민한다. 총을 사용할 장소에서 때가 되면 총알만 넣으면 된다. 내가 이번 주에는 어떤 총을 선택하고 다음 주에는 어떤 총을 선택할 것 것인지 그것이 문제이지 총알이 문제가 아니다.

총과 총알을 가지고 있을 경우 그 다음엔 언제 방아쇠를 당길 것인가 그것이 문제다. 목표가 정조준되었을 때 방아쇠를 당기는 것이 훈련소의 사격 수칙이요, 사격의 명제다. 숨을 멈추고 일단계 이단계 격발, 이렇게 하지 않는가. 우리의 영혼의 세계에도 바로 이 원리가 그대로 적용된다.

렉티오 디비나(Lectio Divina)의 흐름을 보면 크게 두 가지다. 하나는 수도원 원칙의 방법인 신비적 흐름이 있고, 또 다른 하나는 우

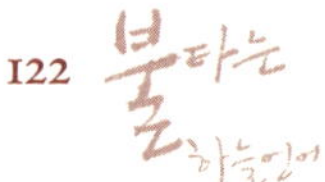

리 교회의 신학자들이나 성직자들 중에 주장하는 연구 분석적 흐름이 있다. 오늘 우리가 주제를 삼고자 하는 것은 이 두 흐름을 하나로 조화시켜 하나의 강물이 흐르게 하는 것이다. 이 두 흐름을 조화하여 총알과 총이 하나 되게 하는 것이다.

우리 교회의 성직자들이나 신학자들은 성경을 갖다 놓고 조각을 낸다. 조사하고 분석 연구하여 짜맞추어 조립하는 작업이다. 그러면서 이 성서의 말이 진실인지, 역사학적으로 증명될 수 있는지 진위를 증명하고 분석적인 방법을 많이 동원한다.

우리는 성경을 찾아가는 신학적인 접근을 총알로 비교할 수 있다면 수련장에서 하는 영성을 총기에 비유할 수 있다. 그들은 어떻게 하는가. 하나님의 말씀을 묵상함으로 그 말씀이 그들에게 살아 움직일 수 있도록, 하늘의 산소가 그 말씀 안에 들어가도록 한다. 하늘의 산소가 그 말씀 안에 들어가면 무엇인가 한 사건을 만들어낼 수 있는 폭발력을 잉태하게 된다. 우리가 성경에서 신학적으로 증명하고 그 단어의 뜻을 해석하고 그 근원을 찾아가고 또 모든 전통 부분에서 우리가 제아무리 살필지라도 폭발력은 못 가진다. 단지 그것은 지식을 전해 주는 단편 비늘에 불과하다. 한낱 고기의 비늘처럼 말이다.

우리 교회가 무엇인가 폭발할 수 있는 능력을 활용하지 못하는 것은 고기비늘 조각만 가지고 있기 때문이다. 다시 말하면 이 비늘조각이 어디까지 가는가. 인간이 만들어낸 교리나 어떤 제도, 인간이 만들어낸 어떤 수치, 어떤 지적 프로그램, 제자훈련 등 많이 있다. 교회의 제도와 프로그램과 방법론으로 교인들의 심성과 본질이 변화되는 것을 보았는가? 생명 없는 지식이나 교육은 인간 본성을 만지지 않기 때문에 바뀔 수가 없다. 주님은 3년 동안 제자훈련을 했다. 그리고 나서 제자훈련한 결과를 우리에게 보여 줬다. 가룟 유다는 예수님이 3년 간 데리고 다니면서 제자 훈련시킨 제자인데, 그 제자가 예수님을 팔았다. 누가 제자 교육과 훈련을 예수님만큼 시킬 사람이 있을까. 아마 못 시킬 것이다. 제자의 스승 되신 예수님은 죽은 자를 살리고 앉은뱅이를 일으키며 10여 년 간 혈루병 든 여인이 옷깃을 만지자 그 혈루병의 근원이 마르게 한 분이다.

주님이 기적과 이적과 표적을 나타내면서 제자들을 교육, 훈련시키셨지만 그 제자훈련이 온전히 마음의 거듭남, 영혼의 변화는 가져오지 못한다는 것을 실제로 증명해 주지 않았는가. 그와 가까이 있던 도마가 어떻게 말했는가. "나는 예수님 안 믿어. 3년 간 같이 다녔지만, 그분 믿을 수 없어. 스승 예수가 살았다고? 나는 안 믿어. 그분이 못 박힌 손바닥을 직접 보고 옆구리에 손을 넣어보고 확인한 후에야 믿을 거야."

우리가 추구하는 영성은 무엇인가

우리가 영성을 추구하는 이유는 인간이 만든 교육제도, 인간이 만든 것들은 어떤 육적인 부분은 충족시키고 지, 정, 의 이 세 부분은 다 터치하고 채워 줄지라도 그들의 영혼은 처음부터 영을 만나는 영적 생명이 그 안에 없기 때문이다. 그래서 영성을 우리가 찾는 게 아닌가.

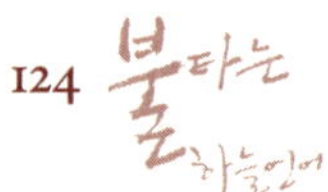

영성의 샘은 바로 목마른 자들에게 생수를 주는 것이다. 먹고 또 먹어도 인간은 배고프고, 마시고 또 마셔도 목마르다. 그래서 와서 먹고 마셔 본 후에 느껴 보라고, 실제 증명을 해줘야 된다. 마시고 마셔도 계속해서 갈증 나는 인간이 만든 음료수를 아무리 퍼 줘도 갈증은 더 심하다. 결국은 죽음의 병으로 우리를 이끌어 갈 뿐이다.

그러나 깊은 우물에서 길어낸 냉수 한 그릇 퍼 줘 보라. 그들의 입 안이 상쾌해진다. "어~ 시원하다" 하고 바가지를 던지고 자기 갈 길을 간다. 바로 이것이 영성인들이 해야 할 일들이다. 먹어도 먹어도 배고픈 인간이 사랑하는 양 무리들에게 무엇을 주겠는가. 이제 구걸은 그만하자고 강하게 말해야 한다.

제발 거지처럼 얻으러 다니지 말자. 거기서 탈피하는 길이 무엇인가. 스스로 샘솟는 내 속의 옹달샘을 파라. 남의 집에서 시원한 우물물을 얻어왔을지라도 내 항아리에 하룻밤만 재워 놔두면 뜨뜻미지근해진다. 그 집의 물이 제아무리 좋을지라도, 그 집의 물이 수돗물일지라도 일단 내 집에 갖다 놓으면 항아리에 들어가게 돼 있다. 항아리에 하룻밤 담아놓으면 다 미지근한 물이 된다. 그 물을 떠 줘 보라. 왜 물이 이렇게 미지근하냐고 한다.

그러나 사랑하는 양떼들이 내 집에 와서, 내 교회에 와서 목마르다고 할 때 여러분이 샘솟는 조그만 옹달샘에서 쪽박으로 물을 퍼서 줘 보라. 먹고 뭐라고 말할까? "어, 시원해. 목사님 물은 달라. 우리 교회 물은 달라. 다른 집의 물은 몇십 년 먹으러 다녀봤는데 목사님 샘물이 제일 시원하고 좋아."

그때 여러분은 어떻게 할 것인가. "필요하거든 언제든지 오세요. 당신만 오지 말고 옆에 필요한 사람이나 목마른 사람 있으면 언제든지 그들을 데려오세요"라고 하지 않겠는가.

"내가 주는 물을 먹는 자는 영원히 목마르지 아니하리니 나의 주는 물은 그 속에서 영생하도록 솟아나는 샘물이 되리라"(요 4:14).

우리는 영성수련을 하면서 대적자들을 많이 본다. 사탄은 육적 사목을 하는 곳은 공격하지 않는다. 그 교회에 금도 주고, 은도 주고, 집도 주고, 돈도 주고, 교인도 보내 줄테니 주는 대로만 따라 하라고 한다. 왜 예수님의 이름을 빙자하여 주일마다 사탄의 잔치가 벌어지는가? 예수님의 이름으로 자기의 일을 하니까 얼마나 좋은가?

그러나 어느 날, 사탄이 비상을 걸 날이 있다. 내 안에 있던 종이 예수 그리스도의 종으로 뛰어나갈 그때는 온 군단이 비상을 걸고 그 집을 공격할 작전을 세운다. 건강을 칠까? 물질을 칠까? 부모를 칠까? 아비를 칠까? 자식을 칠까? 자, 한 번 칠까? 두 번으로 나눠서 칠까? 사탄은 작전을 세운다. 욥기 1장이 바로 그 예들 중의 하나다.

하나님께서는 영적 삶을 살아가는 그의 자녀들을 칭찬하고 자랑하고 싶어한다. 앉는 자리마다 그는 생명과 영혼을 살리는 사역자라고 칭찬한다. 그런데 거기에 사탄이 끼어들어 훼방을 놓는다.

"그가 괜히 좋아하는 줄 아는가. 하나님께서 복을 주시니까 그렇겠지."

"아니야. 그는 복 주고 안 주고 관계없어."

"허락하신다면 제가 복을 한 번 걷어 가 볼까요?"

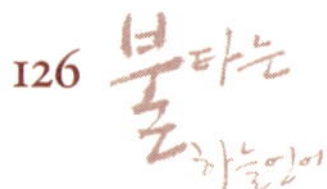

하나님과 사탄이 욥을 두고 대화를 나누는 장면이다.

"네가 아무리 욥의 복을 거둬가도 욥은 꼼짝 안 해" 하시면서 하나님께서 욥을 치는 것을 허락하셨다. 그러자 사탄은 즉시 욥을 쳐버린다. 어떻게 치는가. 열 자녀가 하루아침에 한 자리서 몰살해 버린다. 불이 나서 재산이 활활 타버리게 하고, 도적떼들이 한순간에 재산을 싹 쓸어가게 하고, 마누라가 "너 같은 인간 하나님 원망하고 죽어 버려라" 하며 그를 등지고 떠나가 버린다.

우리가 시험받는 것은 이 정도는 아니다. 왜냐하면 날이 갈수록 인간이 약해지니까 하나님께서 구약시대에 욥에게 하던 것보다 훨씬 강도를 약하게 감해 주시는 것 같다. 성령께서도 우리가 버틸 수 있는 선까지는 보장해 주신다. 하나님께서 영성 사역자들을 어떻게 보호하는가. 어머니는 어린아이가 처음에 걸음마 배울 때 잡아 주고 일으켜 세워 준다. 그리고 다음에는 손을 슬쩍 놓아 본다. 하나님의 마음도 이와 같다.

성실하게 믿음생활하며 한 걸음씩 걷는 이를 보며 하나님은 천사에게 손을 떼라고 한다. 손을 떼야만 내 아들이 제대로 걸을 수 있다고 확신하기에. 아들이 스스로 걸어가게 하려면 손잡아 주지 말고 넘어질 조짐이 보이면 머리 안 깨지게 받쳐 주기만 하라고 말이다. 하나님께서는 우리가 비틀거리며 가도 넘어지기 전까지는 그냥 놔둔다. 우리가 넘어질 뻔한 것을 하나님께서는 일으켜 세워 줬다고 말하지 않고 마치 우리가 스스로 일어난 것처럼 만들어 주고 뒤에서 지켜보신다. 그렇게 하루 이틀 사흘 한 달 두 달 지나면 어린아이가 걸을

뿐 아니라 뛰어가기 시작한다.

40년 간 하나님께서 왜 이스라엘 백성들을 사막에 가둬놓고 만나를 먹였던가 생각해 보자. 육신이 먹고 살아야 하니까 어쩔 수 없이 하늘에서 만나를 줬다고 생각할 수 있다.

묵상한 말씀을 기도자리로 가져가라

그러나 영성 지도자들은 어떻게 해야 할까? 거기에 한 걸음 더 나가 그 만나 속에 하나님의 뜻이 무엇인가 생각해야 할 것이다. 그분의 의도가 무엇인지 알기 위해 거룩한 독서, 즉 성경 말씀을 우리의 눈과 마음으로 읽어간다. 그 다음에 우리는 내 안에 주께서 뽑아서 주시는 그 무엇인가를 묵상하게 된다. 그 다음에 우리가 묵상한 것을 가지고 기도의 자리에 가라고 한다. 우리는 기도제목을 대부분 들고 다닌다. 그러나 하나님께서는 우리가 기도의 자리에 들어갈 때 오늘 묵상한 그것을 가지고 기도의 자리에 들어가라고 하신다.

다시 말하면 기도의 주제가 곧 내가 오늘 묵상하는 알맹이라는 그 말이다. 거기까지 기도를 끌고 가기 위한 성직자들이 이곳에 줄줄이 포진해야 한다. 묵상한 것을 가지고 하나님께 생명을 달라는 자리까지 끌고 가라는 말이다.

우리가 부엌의 찬장을 열어 보거나 냉장고를 열어 보면 요리해야 할 부식 재료들이 많다. 쌀과 잡곡 등을 가지고 식탁으로 바로 가지 않는다. 그것을 씻어 솥에 집어 넣은 다음 물을 붓는다. 우리가 음식 재료를 솥에 집어넣는 것을 묵상이라고 한다면 묵상만 해서는 밥이

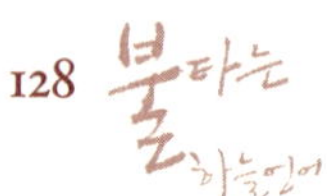

안 된다. 우리가 밥을 먹으려면 불이 있어야 한다. 이때 피우는 가스가 바로 기도다. 가스가 없는 한 하루 종일 밥솥을 올려놔도 밥은 안된다. 그것을 안다면 우리가 사랑하는 양떼들에게 무엇을 어떻게 가르쳐 줘야 하는지 자명하다. 말씀을 읽고, 말씀으로 기도하라고 격려하며 권면한다.

교회에서는 날마다 기도하라고 하는데, 무엇을 기도하라고 하는지 말도 안 해주고 그냥 기도만 하라고 한다. 우리 양떼들을 얼마나 배고프게 하고 가난하게 하는지 모른다. 불만 때면 밥이 되는데 불을 때게 안 해준다는 말이다. 어떻게 불을 때는지 안 가르쳐 준다는 것이다. 묵상한 주제를 가지고 기도의 자리에 와서 불을 때고 난 다음 우리는 공을 던져야 한다. 테니스할 때 내게 오는 공을 받아서 치면 상대방에게 가듯이 기도하는 자리에 가는 것은 우리의 문제를 하나님께 던져 버리는 것이다. 그 다음 모든 것은 하나님께서 알아서 하실 일이다.

하나님께서 어떻게 반응하실까. 반응하는 자리가 하나님께서 역사하시는 자리다. 그곳에서 우리는 하나님의 은총을 기다린다. 생명이 있는 자리, 즉 영도 있고 혼도 있고 육도 있는 상태에서 그분을 바라보라는 것이다. 그분이 어떻게 하시든, 소망과 기쁨과 감사로 노래하는 것이다.

"여호와께서 너희를 위하여 싸우시리니 너희는 가만히 있을지니라 내가 바로와 그 병거와 마병으로 인하여 영광을 얻을 때에야 애굽 사람들이 나를 여호와인 줄 알리라 하시더니"(출 14:14,18).

"너는 가만히 있어 내가 여호와 됨을 알지어다." 얼마나 멋진 말씀인가. 바로 우리가 침묵하는 순간이 그가 여호와임을 내게 증명하는 순간이다. 그런데 중세 이후에 오늘 우리 교회에서는 이 순서가 뒤틀렸다. 즉 있어야 할 과정은 다 있는데 그 순서와 목적이 꼬여 있다. 죽어 있는 교육, 죽어 있는 기도를 하게 버려 둔다. 말씀으로 묵상하고 침묵으로 살아 계신 하나님 앞에 가서 가스에 불을 피워야 하는데, 솥에 곡식을 담아 놓고 이것이 밥이 될지, 안 될지 그것만 토론한다. 불만 때면 되는데 불도 안 때고 밥 타령만 한다. 그러니 우리 교인들이 영양실조가 걸릴 수밖에 없지 않겠는가.

그 다음에 어떻게 하는가. 그것(생쌀, 생콩, 새팥)을 가지고 주일, 수요일 또는 세미나 때 강의하고 설교한다. 그것을 먹으면 소화불량이 되거나 설사밖에 더하겠는가. 그래서 교인들이 소화불량에 걸려 설사하는 사람들이 너무나 많다. 설사 만난 사람들은 화장실 방향도 모르고 뛰어간다. 다행히도 방향을 아는 사람은 그곳으로 찾아갈 것이다. 그러나 우리 주위에 생쌀 씹고 메뚜기처럼, 날파리처럼 날아다니는 사람들을 보라. 그것은 누구의 책임인가. 그들에게 온전한 밥을 먹이지 못한 우리들의 책임이다. 그래서 현재 교회에서 성경 읽기와 묵상하기, 토론과 연구 그 결과만 가지고 그냥 가서 강의하고 설교한다면 그것이 다시 새롭게 변화돼야 한다. 기도의 자리에 오르게 해야 한다. 가스에 불을 당겨 줘야 한다. 그래서 우리는 그 쌀이 밥이 되는 묵상과 침묵의 기도 자리를 펼치게 해줘야 한다.

온전히 익은 그 밥이 밥상 위에 오를 때 우리는 하나님께 감사드

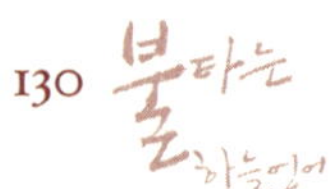

린다. 이 밥은 내가 익힌 것이 아니고 가스 불이 익게 한 것이다. 하나님의 말씀이 생명으로 저희들에게 오는 것은 저희의 기도를 성령께서 불로 익게 하셨기 때문이다. 성령의 불로 인해 우리의 밥은 온전히 익은 기름진 밥이 되었다. 기도의 멋진 열매다.

"복 있는 사람은 악인의 꾀를 좇지 아니하며
죄인의 길에 서지 아니하며
　　　오만한 자의 자리에 앉지 아니하고
오직 여호와의 율법을 즐거워하여 그 율법을 주야로 묵상하는 자로다
저는 시냇가에 심은 나무가 시절을 좇아 과실을 맺으며
그 잎사귀가 마르지 아니함 같으니 그 행사가 다 형통하리로다"(시 1:1-3).

7

시냇가에 심은
나무처럼

"복 있는 사람은 악인의 꾀를 좇지 아니하며

죄인의 길에 서지 아니하며 오만한 자의 자리에 앉지 아니하고

오직 여호와의 율법을 즐거워하여 그 율법을 주야로 묵상하는 자로다

저는 시냇가에 심은 나무가 시절을 좇아 과실을 맺으며

그 잎사귀가 마르지 아니함 같으니 그 행사가 다 형통하리로다"(시 1:1-3).

복 있는 자는
자아를 완전히 비우라
영혼의 독서시간은 생존의 시간이다
비우는 것이 시작이다
영적 어린아이에서 성장하려면

7 _ 시냇가에 심은 나무처럼

영성이란 '비움' '자기 성찰' 어떤 종교에서는 무(無)라고, '제행무상'(諸行無常)이라 집착하지 말라 하고, 어떤 종교는 "비우면 된다"고 한다. 그러면 기독교의 영성은 과연 어떤 내용일까? 초기 기독교 사도들과 교부 시대부터 지금까지 내려오는 전래적인 영성의 흐름, 전통적인 영성이 우리에게 준 것들이 무엇이고, 그들이 무엇을 남겨 주기를 원했던가? 우리는 역사와 전통을 경청하고 존중해야 한다. 그러나 그 시대 상황에 맞추어 거기에 맞는 옷을 입는 것이 지혜일 것이다.

50년 전에 한국에 있었던 사실이다. 어느 교회에서 갓 결혼한 새 신부가 파마를 하고 주일예배를 드리러 왔다. 목사님이 설교를 다 끝내고 난 다음에 파마한 여성을 향해 "사탄아, 물러가라"고 말했다고 한다. 또 다른 교회에는 주일예배를 드리러 온 젊은 아가씨들이 미니스커트를 입고 왔다. 그러자 목사님이 "어찌 거룩한 교회에 무릎이 나오는 옷을 입고 나왔느냐”고 하면서 다시는 오지 말라 했다. 만일 오늘의 교회에서 그런 일이 일어난다면 교회에서 모두 다 나가 버리고 할머니들만 남을 것이다.

생명의 흐름은 눈에 보이는 곳에만 국한되지 않는다. 생명의 흐름을 살리기 위해서는 과거의 규례와 전통에 묶이지 말라는 것이다. 시편 1편으로 오늘의 거룩한 독서를 시작한다. 이 말씀은 ‘복 있는 자’를 주제로 하며 복 있는 자의 자리로 우리를 초대한다.

복 있는 자는

복 있는 자는 그분의 생명을 주야로 먹고 마시는 자라고 말한다. 입으로 외우는 게 아니라 마음 판에 새긴다는 것이다. 먹고, 마시고, 호흡한다. 그 결과 다른 종교에서는 도를 깨닫는다, 도를 터득한다, 신선의 경지에 간다고 한다. 그럴 때 그들의 한계는 비우는 자리까지 간다. 그렇게 다 비운 다음에 끝났다고 한다.

그러나 시편 1편 3절을 보라. “저는 시냇가에 심은 나무가 시절을 좇아 과실을 맺으며 그 잎사귀가 마르지 아니함 같으니 그 행사가 다 형통하리로다.” 이런 생각을 가진 사람에게 무엇을 제시하는지 가만히 보자. 하나님 아버지의 마음이 3절에 기록되어 있다. 우리가 영적 삶과 영적 수련을 하는 목적이 바로 여기에 있다. “그는 시냇가에 심은 나무라.” 영성의 궁극적인 자리 매김은 시냇가에 심은 나무가 되는 것이다. 시냇가에 심은 나무는 어떤 나무인가? 여호와의 전에서 흘러내리는 그 강 양쪽 좌우로 쫙 서 있는 사시사철 푸른 나무다. 매

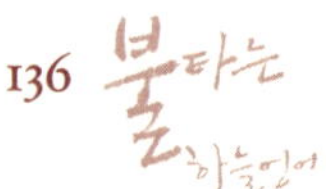

달 새로운 과일, 각종 과일을 생산하는 그런 나무들이라는 것이다. 우리가 영성 훈련을 한다는 것은 비우는 것이 전부가 아니다. 비우는 것은 한 과정일 뿐이다. 우리는 여기서 채운다는 말에 조심스럽게 접근한다. 왜냐하면 그것은 육으로도 채울 수가 있기 때문이다. 육적인 측면에서 하나님 말씀으로 풍성함을 구할 수 있고, 영의 풍성함을 구할 수 있다. 또한 혼의 풍성함도 구할 수 있다.

잠깐 아웃사이더로 가 보자. 점쟁이들이 과거를 알아맞힌다. 박수무당들도 과거를 알아맞히고, 미래를 어느 일부분은 맞힌다고 한다. 굿하는 사람들도 귀신을 쫓아낸다. 하나님의 말씀을 동원하지 않고도 과거를 알고 미래를 예언한다고 주장한다. 또한 어두움을 몰아내며 죽은 사람을 살리기도 하고 눈에 보이지 않는 것도 보는 세상이다. 잡귀의 세상에서도 이것이 가능한데 어떻게 기독교 세계에서 이것이 불가능하겠는가?

우리 기독교는 세상의 잡신들의 능력보다 훨씬 더 높은 영역의 세계다. 모든 것들은 하나님의 말씀을 통해서 얼마든지 가능하다. 육적인 풍성함, 육적인 찬란함, 육적인 왕관들을 얼마든지 만들 수 있다. 그 다음 혼적으로 풍요롭고, 고상하고, 위대하고, 아름답고, 조직적인 것 등 인간이 할 수 있는 예술 세계, 과학의 세계를 다 동원할 수 있다. 그리고 그것들이 구하는 그 열매들을 얼마든지 다 따먹을 수 있다. 그런데 그것이 영혼과 무슨 관계가 있는가?

그분께서 우리에게 요구하시는 것이 무엇인가? 그분이 영이기에 영을 원하신다. "하나님은 영이시니 예배하는 자가 신령과 진정으로 예배할지니라"(요 4:24). 영의 생명과 풍요로움을 이해하기 위해서 우리는 부엌으로 간다. 어제 저녁에 먹었던 그릇들이 밤사이에 다 씻어져 있어야 그 다음날 아침에 깨끗이 마른 그릇들이 밥을 담는 대기 상태에 놓이게 된다. 거룩한 독서는 바로 그 과정을 우리가 어떻게 소화해야 할 것인지 그것을 읽어 가는 자리다.

성경은 하나님께서 우리 인간들과 이 세상을 어떻게 보시는지 하나님의 생각과 방법, 하나님의 섭리, 하나님의 심판을 기록해 놓은 책이다. 하나님의 이 귀한 말씀을 우리가 영의 눈으로 볼 때만 우리에게 그것이 어떻게 가까이 오는지 알 수 있다. 우리가 어떤 작품을 감상할 때 그 작가의 마음으로 접근할 때 제대로 묵상을 할 수 있다. 그러나 거기에 대한 사전 지식이 없을 때에는 그저 '어? 이해하기 참 어렵구나' 그렇게 생각한다. 그러나 작가가 왜 이런 그림을 그렸고, 작곡가가 왜 이러한 멜로디를 구상했는지 그것을 작곡한 배경과 바탕을 알 때 우리는 그 작품에 깊이 감동할 수 있다.

우리가 하나님의 말씀을 가까이 할 때, 하나님께서 나를 어떻게 보고 계시다는 것을 제대로 알 때 하나님의 말씀은 나와 직접적인 관계가 있다. 내가 살고 있는 이 세상에 대해서 하나님께서 어떻게 평가하시려고 하는가. 다시 말하면 계시록이 완성되는 순간까지 그분이 세상을 어떻게 이끌고 가시려고 하는지 하나님의 마음으로 그 책에 가까이 갈 때만이 흐름을 알 수 있다.

단순히 기록된 내용이니까 안이하게 생각하고 그냥 읽어 갈 때는 하나님과 아무 관계가 없다. 우리가 가려워서 등을 긁어 달라고 할 때

 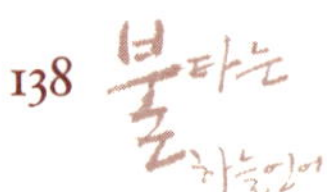

오른쪽, 왼쪽, 위, 아래 가려운 곳이 다르다. 그래서 등을 긁어 줄 때 무턱대고 "여기 좀 긁어 줘. 거기 아냐. 이쪽, 요쪽, 그게 아냐. 여기"라고 방향을 가리킨다. 이와 마찬가지로 성경의 신비, 생명의 말씀이 어떻게 쓰여졌는지 보려면 그분이 보시는 관점으로 그분이 쓰신 그 마음에 가까이 가야 한다는 것이다. 그러기 위한 전제 조건이 하나 있다.

자아(Self-Ego)를 완전히 비우라

내가 지금까지 보고, 사고해 왔던 관점들을 완전히 비워야 된다. 내가 지금까지 성경을 해석해 왔던 선호와 편견을 다 비워야 된다. 내가 지금까지 성경을 마음대로 풀이해 왔던 것에서 우리는 훨훨 털고 일어나야 된다.

왜 그래야 할까? 그 이유를 자주 쓰는 평범한 예화를 통해 설명하려고 한다. 여기 산이 있고, 저기도 산이 있다. 그리고 그 뒤에도 산이 있다. 등산을 한다. 앞산 높이를 100미터라 할 경우, 산에 오를 때 어떤 복장으로 오르는가? 운동화 신고 티셔츠 차림의 간편한 복장으로 오른다.

자, 그러면 3천 미터를 오르려고 한다. 어떤 복장일까? 지금 내가 하는 이야기는 단순히 산을 오르는 것이 아니라, 삶과 죽음을 두고 하는 이야기다. 100미터 산에 오르는 복장으로 3천 미터 정상에 도전하는 것은 죽음을 예고한다. 죽으러 가는 것이다.

우리는 각자 성경의 동산에 올라간다. "나는 편안하게 100미터 동산에 오를 거야. 나는 3천 미터의 동산에 오를 거야. 아니야, 나는 5

천 미터의 동산에 오를 거야. 나는 만 미터의 동산을 오를 거야.” 벌써 출발할 때부터 결판이 나 버린다.

100미터 복장으로 3천 미터를 올라가면 죽음이 대기하고 있다. 우리가 정복하고자 하는 산이 영의 산이라면, 육적인 마인드로 이 정상을 정복하고자 한다면 바로 여기에는 죽음이 대기하고 있다. 내가 미처 이 산에 오를 수 있는 장비를 준비하지 못했기 때문에 죽게 된다. 그 다음에 7천 미터를 간다고 해보자. 3천 미터 장비와 7천 미터 장비가 같을까? 하늘과 땅 차이다. 의복, 기구, 등산 장비, 산소 통, 음식 등이 전부 다르다. 7천 미터 오를 때 3천 미터 장비를 가지고 올라가보라. 여기에 대기하는 것은 죽음뿐이다.

우리가 하나님 말씀에 가까이 갈 때 어떤 마음으로 가까이 가는가? 그것이 하나님의 생명을 얻는가, 얻지 못하는가. 그것은 생과 사의 갈림이요, 선택의 문제다. 또한 많은 사람들은 백미터 높이 산의 정상에서 3천 미터 산으로 그냥 건너뛰어도 된다고 생각한다. 육으로 보던 성경을 영으로도 볼 수 있다고 한다. 가능할까? 자, 여기가 천 미터의 산이 있다. 여기서 5천 미터의 산을 오르고자 한다. 건너뛰기가 될까, 안될까? 불가능하다. 현실에서도 불가능한 것을 영의 세계에서는 마치 되는 것처럼 착각한다. 처음 출발부터 이것은 죽음을 몰고 가는 것이다.

하나님의 사역을 하더라도 마찬가지다. 내가 육적인 사역을 할 때는 하나님과는 아무런 관계가 없다. 또한 내가 혼적인 사역을 할 때도 하나님과는 아무런 관계가 없다. 하나님께서 내게 관심을 가지고 계시

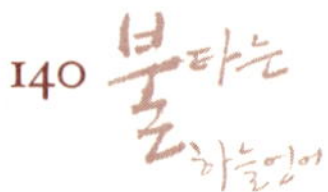

는 것은, 바로 그분의 마음, 거기 펼쳐 놓은 그분의 섭리, 그 안에 있는 생명을 갖고 출발하라는 것이다. 예수님이 제자 베드로와 대화하시던 중 "사탄아 내 뒤로 물러가라"고 말씀하신 것도 같은 맥락일 것이다.

많은 사람들은 백 미터 올라갈 때의 장비를 가지고 5천 미터 산을 오르려고 한다. 그것은 죽음이다. 혼적인 마인드로 영적인 사역에 오른다고? 그것은 죽음이다. 그래서 새로운 장비를 가지고 오르라고 강권한다. 만약 내가 새로운 장비를 가지고 오르지 못할 경우, 그곳엔 오직 죽음뿐이다. 죽음을 두 가지로 나눌 수 있는데, 하나는 눈에 보이는 죽음이고, 하나는 눈에 보이지 않는 죽음이다.

우리가 생각할 것은 눈에 보이는 죽음이 아니라 눈에 보이지 않는 죽음이다. 그런데 사람들은 눈에 보이지 않는 것은 멀리 두고 당장 눈에 보이는 것만 열심히 한다. 그렇게 해도 교회만 잘 되고 부흥하고 다 잘 된다고 눈에 보이는 것을 추구하는 것이다. 그러나 그 결국은 영원한 죽음이요, 영원한 지옥이다. 완전한 파멸이다.

우리가 두려워할 것은 마지막 그분 앞에서 설 때다. "그때에 내가 그들에게 밝히 말하되 내가 너희를 도무지 알지 못하니 불법을 행하는 자들아 내게서 떠나가라 하리라"(마 7:23). 그 심판과 선언에 우리는 참 두렵고 떨린다. 내가 주의 이름으로 뭐도 하고 뭐도 했다고 항변하는데, 그것은 하나님의 이름을 빌려서 한 것일 뿐, 하나님의 영 안에서 한 것이 아니라는 말이다.

하나님의 영이 우리 안에서 그 일을 이루어갈 때, 그것은 하나님과 관계가 있지만, 하나님의 이름을 내가 빌려 와서 내 영으로 할 때는 아무 관계가 없다는 것이다. 그래서 일반 종교에서는 다 비우고 나서 정상에 한번 올라갔다 오면 다 끝났다고 한다. 그러나 기독교 영의 세계에서는 그런 의미가 아니다. 거룩한 말씀을 보는데 육의 정상을 비웠는가? 그 다음에 혼의 정상을 비웠는가? 그 다음에 영의 정상으로 도전을 하는가? 그것을 묻는 것이다.

우리가 추구하는 것은 영의 정상에 도전하는 것이다. 이것을 좀더 쉽게 얘기하자. 콩을 심으면 콩이 나온다. 그런데 믿음의 세계에선 콩을 심으면 팥이 난다고 한다. 왜냐하면 하나님의 기적이 그렇게 해 줄 수 있다는 환상을 가진다. 비극적인 오해다.

하나님께서는 인간들에게 그분이 만들어 놓은 자연의 법칙에 순응하라고 하신다. 그 극적인 예가 하나 있다. 신이 인간이 되겠다고 천상회의를 한 뒤 인간의 세계에 내려왔다. 신이 인간의 세계에 내려올 때는 어찌하여 똥 싸고 오줌 누는 어린애로 내려오겠는가. 성인으로 내려 올 수도 있고, 뭐든지 다 가능한데 말이다. 하지만 하나님은 창조질서와 법칙들을 따르라고 하시며, 비록 자신의 아들일지라도 예수를 그 법칙에 철저히 순응시키셨다.

그런데 우리는 하나님의 사역자고 하나님의 자녀이기 때문에 때로 황당한 생각을 가질 수 있다. 극적인 기적이 내게 나타날 것을 환상으로 꿈꾼다. 하지만 하나님께서 우리에게 주신 자연의 법칙이 있다. 그래서 자연의 법칙이 적용되는 한계 내에서는 그 자연의 법칙에 순응하라는 것이다. 그렇지 않을 때는 하나님의 법칙에 대한 불순종이요 도전이 된다.

 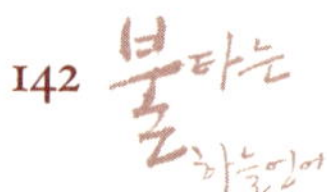

하나님의 법칙을 깨뜨리지 말라고 하나님께서 우리에게 참 좋은 은혜를 주셨다. "네가 해서 안 되는 것을 내게 맡겨라. 내가 하겠다. 너희들 나와 같이 동업하고 싶으냐? 그럼 나와 같이 손 잡고 동업하자. 내가 너의 앞에서 가기 원하느냐? 또 뒤 서기를 원하느냐? 그것도 해주지. 때로는 내가 능력만 나타내고 내 모습이 숨겨지기를 원하느냐? 그것도 내가 양보하마." 이것이 하나님께서 우리를 향하신 초자연적인 법칙에 대한 사랑의 펼침이다.

우리는 하나님이 우리 인간을 향하신 그분의 마음, 이 세상을 향하신 그분의 뜻이 어떻게 펼쳐지는지 영의 세계에서 기록한 책을 보는데, 육의 눈으로 보면 육의 열매를 맺고 육의 생명으로만 자란다.

다시 말한다. 배추씨를 심으면 배추가 난다. 거름을 아무리 많이 줘도 배추 씨가 무가 되지는 못한다. 배추 몸체는 위로 뻗어 가는데, 무처럼 뿌리로 내려가라고 아무리 거름을 많이 주고 희한한 비료를 줘도 배추는 배추지 무가 안 된다는 말이다. 하나님 말씀을 볼 때 내가 배추 씨로서 하나님 말씀을 보면 위로만 올라간다. 그런데 내가 무 씨앗으로 하나님 말씀을 보면 위로는 안 올라가고 아래로만 내려간다. 그렇다. 말씀을 어떤 입장에서 보는가에 따라서 그렇게 차이가 난다. 길이 다르다. 하나는 위로 가고, 하나는 아래로 간다. 어떤 씨앗을 선택했는지에 따라 다른 길로 출발한다.

말씀이 우리에게 작용하는 것은 바로 우리가 어떤 출발선상에 서 있는가에 따라 달라진다. 서울역에 서 있는가, 평양역에 서 있는가, 아니면 대전역에 서 있는가에 따라 그 과정이 다르다. 내가 말씀을 볼 때 하나님의 마음으로 볼 것인가? 아니면 인간의 마음으로 볼 것인가? 출발에 따라 결과가 달라진다. 하나님의 마음으로 볼 때는 끝까지 하나님의 마음이 작용하는 것이고, 인간의 마음 곧 지성, 감성, 의지로 볼 때는 성경을 덮을 때까지 인간의 마음으로 내가 읽는다. 그래서 인간의 마음으로 읽었을 때는 인간의 풍요로움과 자유함과 소원, 그 안에 모든 기도까지 연결된다.

영혼의 독서시간은 생존의 시간이다

성경을 읽는다는 것은 무엇인가? 그것은 성경을 내가 받아들인다는 것이다. 성경을 받아들인다는 것은 그것을 내가 먹고 난 다음에 되새김질한다는 것이다. 되새김질하는 과정 중에 그것은 내게 하늘의 영양으로 들어오게 된다. 말씀이 내게 들어와서 깨어지고 부서지고 흔적이 없어질 때 하나님 말씀 속에 있는 하늘의 새 영양소가 내게로 흘러 들어온다. 그것을 영의 기관들이 각각 자기가 맡은 그 자리에서 흡수할 때 우리 영혼은 성숙하게 된다.

사람들은 내가 육적 목회를 30년 했고, 혼적 목회를 10년 해서 40년 목회를 해왔으니 그 위에 영적 목회의 집을 세우면 될 것 아니냐고 말한다. 그때 나는 "그것은 위험천만한 도박이다. 마치 허공에 기와집 짓는 것이다"라고 말한다.

영산(하나님의 산)에 하나님의 말씀을 만나러 간다. 그 높이가 일만 미터 올라 갈 때는 얼마만큼 기후 변화가 심한가. 벼랑 끝 절벽 암반, 빙판, 빙벽 휘몰아치는 태풍, 회리바람, 눈 사태가 얼마나 도사리

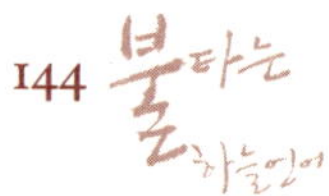

144 불타는 하늘언어

고 있을까? 그래서 영산을 찾아가는 사람들은 애초부터 영적인 난관들은 예상하고 출발해야 한다. 가다 보니 너무 힘들 때는 애초부터 혼적 목회로 가라. 육적 목회로 가라. 그것이 제일 편하다. 말씀의 어느 산을 내가 목표를 두는가? 그것이 문제다.

말씀이 어디서부터 발원되었는가? 예수님은 여인의 배를 통해서 세상에 나오셨다. 하나님의 아들도 인간이 태어나는 과정을 밟았다. 그런데 영성을 한다는 사람, 영의 세계에 들어간다는 사람이 벼락같이 갑자기 태어난 사람처럼 성인으로서, 내가 다 알고, 다 소화했으니 나는 다 행할 수 있다는 허황된 환상들을 많이 갖는다. 얼마나 두렵고 떨리는지 모른다. 그 자리에서 우리는 칼날처럼 일어서야 된다.

영혼의 독서 시간은 생존의 시간이다. 영혼의 독서 시간은 삶이 불꽃 튀는 시간이다. 영혼이 말씀 앞에 설 때 그 하나님의 말씀 하나하나가 생명으로 내게 가까이 온다. 내가 시체일 때 그 생명은 나와 아무런 관계가 없다. 생명이 내 안에 있을 때, 양식은 나와 관계가 있다. 그러나 생명의 양식이 아무리 풍부하더라도 내가 내 속에 생명이 없을 때 그 생명의 양식은 나와 아무 상관이 없다.

예를 들어서 죽은 사람 관 옆에다가 밥상 차려 놔보라. 죽은 사람이 관 속에서 나와서 밥을 먹나? 안 먹나? 영이 죽은 사람한테 혼적인 밥상을 차려 놓으면 그는 잘 먹는다. 혼이 살아 있으니까. 그러나 혼적인 사람한테 영적인 밥상 차려주면 그는 먹지 못한다. 영이 죽어 있기 때문이다.

내가 한번 실수를 한 일이 있다. 어떤 분을 접대하려고 고급 야채를 재료로 요리하는 전문 식당으로 모시고 갔다. 나는 그분이 사회적 신분이 있고 예순이 넘으셨기에 그 식단을 좋아하실 줄 알았다. 그런데 그분의 음식 취향을 몰랐던 게 내 실수였다. 식사가 나왔는데도 이분이 자꾸 두리번두리번하기에 왜 그러실까 의아했다. 나중에 하는 말이 "나는 갈비를 좋아한다"고 하는 것이 아닌가. 아까운 돈 내버리고 접대 제대로 못하고….

하나님의 말씀 식탁에서 흔히 일어나는 일이다. 갈비를 좋아하는 사람은 하나님 말씀 중에 갈비만 찾는다. 하나님 말씀 중에 야채를 좋아하는 사람은 야채만 찾는다. 그가 원하는 것이 무엇인가? 그가 갈비를 찾으면 갈비를 줘야 되고, 야채를 찾으면 야채를 줘야 된다. 하나님 말씀을 가까이 할 때 야채가 좋은지, 갈비가 좋은지 그 결정을 신중히 하고 접시를 들고 가야 할 것이다.

하나님께서는 허약한 자에게 야채보다는 갈비를 뜯으라고 하신다. 하나님은 채식주의자도 아니요, 육식주의자도 아니다. 성경 그 자체에 하나님의 생명이 있다. 성경은 야채를 먹으라고 하거나 갈비를 먹으라고 강요하지 않는다. 자신의 몸을 스스로 진단하고 건강한 생명을 유지할 수 있는 음식을 선택하라고 한다.

그래서 우리는 성경을 대할 때 묵상부터 하는데, 묵상을 어디서부터 시작해야 할까. 첫 관문을 잘 알아야 한다. 그것은 환경을 잠재우는 데서부터 시작된다. 그 다음에 육체를 바로 세우고, 다음으로 혼을 잠재우고, 그 다음에 영을 잠재우는 곳에서 시작한다.

 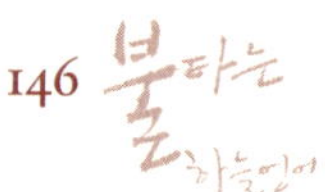

비우는 것이 시작이다

우리가 영성 훈련하는 것은 비우는 데 목적이 있는 게 아니다. 성경 말씀인 영산(하나님의 동산)을 오르는 데 목적이 있다. 이 영산을 오르면 무엇이 있는가? 거기서 온갖 부요와 자유로움과 하늘 희락의 풍요로움이 차고 넘친다. 그런데 이 영산에 오르려면 어떤 어려움이 있을까? 가파른 절벽을 딛고 올라가는 어려움이 있다. 높은 산에 오르기 위해서는 그만큼 우리에게 고통과 아픔의 과정이 따른다. 다른 종교에서는 비우면 끝난다고 하지만 기독교에선 비우는 것이 시작이다. 불필요한 것을 제거하는 것이 첫 관문이다. 밥 풀 때 밥그릇을 깨끗이 하는 것이 시작이다. 깨끗하게 비우는 게 시작이다. 그런데 다른 종교에서는 깨끗이 비웠으니까 다 됐다고 생각한다. 완성이라고 말한다.

그러나 하나님은 누르고 흔들어 넘치도록 우리에게 대접하신다. 성경을 볼 때 우리의 눈으로 성경을 보지 말아야 한다. '뭐 이 정도면 됐지' 하는 곳이 바로 사탄이 가장 안심하는 곳이다.

"주님! 보십시오. 저는 집도 버리고, 젊음도 버리고, 자식도 버리고, 인생도 다 버리고 왔는데, 이 정도면 됐지요" 그렇게 말하는 성직자들, 전도자들, 믿음의 형제들이 참 많다. 내 인생 다 버리고 여기까지 왔는데 다음에 내가 버릴 게 뭐가 있느냐고 묻는다. 그런데 주님은 우리에게 "네가 버려야 할 가장 큰 것이 아직도 남아 있다"고 하신다. "너는 제일 먼저 버려야 할 너 자신(Self Ego)을 못 버렸다. 모든 것을 다 버려도 너를 버리지 않으면 지금까지 버린 것이 아무 소용없다. 내가 네게 받기를 원하는 것은 바로 너 자신이다." 우리가 가지고 있는 부속물을 바치는 것은 그 다음이라고 하신다.

우리는 하나님의 사역을 할 때, 그분이 나를 원하시는지, 아니면 내가 가지고 있는 부속물을 원하시는지 알아야 한다. 하나님이 내게 원하는 것이 무엇일까? 나 자신을 원하시는가? 아니면 내가 가지고 있는 지혜, 지식, 능력, 은사, 열심, 금식, 사역, 봉사를 원하실까? 하나님은 그 모든 것을 가져왔을지라도 나의 영을 가져오지 않는 한 나와 아무런 상관이 없다고 한다. 이것이 곧 거룩한 독서에 들어가는 전제 조건이다.

하나님의 이 지혜와 비밀의 말씀은 성경 속에 숨겨져 있는 광산과 같다. 이 광산은 수백 가지의 종류가 있다. 석탄광맥을 찾는 사람들은 날마다 석탄광맥 줄기만 찾는다. 그리고 주석 광산을 잡았을 때 날마다 주석만 판다. 철광산을 잡았을 때 매일 쇳가루만 판다. 그 다음 은광을 잡았을 때 날마다 은을, 금광을 잡았을 때 날마다 금을 판다.

이처럼 성경에는 수많은 하나님의 비밀의 광맥이 숨겨져 있다. 당신은 어떤 광산을 잡겠는가? 찾는 대로 뚫리게 되어 있다. 나는 사랑하는 믿음의 형제자매들에게 이렇게 권유한다. 육의 광맥은 봐도 덮어 두라. 그것에 집착하지 말라. 그 다음 지성의 사목, 이성의 사목은 어떤가. 그것만 파도 얼마든지 부자가 될 것 아니냐고 한다. 그렇다. 그래서 우리는 이성의 사목을 하는 지식의 광맥을 성경에서 찾아낸다. 그런데 나는 양으로 하지 말고 질로 승부하라고 강권한다. 그 다음에 다른 광산이 있다. 영적인 광맥이다. 가장 값비싼 다이아몬드 광산이 있다. 바로 이것이 최고의 가치를 두는 곳이다.

여기는 영적 지도자들이 영적 다이아몬드 광산을 발견하러 가는 곳이다. 우리가 성경을 읽어 갈 때 다이아몬드 광산을 찾아가는 것을 목표로 둔다면 석탄광산 앞에서 주저할까? 아마 철광산 앞에서는 그냥 뛰어넘어 갈 것이다. 왜냐하면 저곳에 가면 다이아몬드 광산이 있다는 확신이 있기 때문이다. 그 다음에 가다 보니 번쩍번쩍 빛나는 것이 있다. 은광맥, 금광맥 앞에 주저앉을까? 앉을까, 말까? 일어섰다 앉았다, 가다가 돌아오기도 한다. 은광맥, 금광맥은 사탄이 우리에게 제시하는 가장 강력한 올무다. 이것을 뛰어 넘는 이와 여기에 얽매이는 이가 있다.

다시 말하지만 다이아몬드 광맥은 그렇게 쉽사리 나타나지 않는다. 쉽사리 나타나지 않되 쟁기를 깊이 땅에 박는 자에게는 보인다. 쟁기에 걸린다. "주님, 눈에 쉽게 보이는 것을 보는 게 아니라 보이지 않는 그것을 볼 수 있도록, 주님의 눈으로 성경을 보게 하옵소서. 성경을 내 눈으로 보지 않게 하시고, 인간의 어리석은 영으로 보지 않게 하시고, 생명 있는 주님의 영을 내게 접목시키셔서 주님의 영으로 다이아몬드 광맥을 볼 수 있도록 내 눈을 여시고, 내 귀를 여시고, 내 코를 여십시오." 바로 이것이 거룩한 독서를 하는 우리가 드려야 할 기도다.

성경은 그가 파고자 하는 대로 파게 돼 있다. 그가 잡고자 하는 광맥을 잡을 수 있다. 우리가 다이아몬드를 잡았다는 것이 무조건 좋다는 것이 아니다. 다이아몬드를 잡았지만 주님께서 "야, 그건 아니야" 그러면 쉽게 버릴 수 있어야 한다. 그분의 생명이 다이아몬드에 없다면 그것은 석탄과 같고, 금과 같다. 다이아몬드를 이야기하는 것은 가치 척도상 그보다 더 고가라는 것이 아니라, 그만큼 값어치가 있다는 것을 말하는 것이다. 하나님의 생명, 하나님의 영이 그 속에 거할 수 있기 때문이다.

내가 가지고 있는 다이아몬드를 보고 주님께서 "야, 그것도 아니야" 하시면 "주님! 왜 아니에요?"라고 되묻는다. "다이아몬드에는 두 가지가 있단다. 하나는 다이아몬드 속에 불순물이 있는 것이 있고, 또 하나는 아주 순결한 다이아몬드가 있단다. 네가 지금 잡고 있는 다이아몬드는 광산 입구에 있는 다이아몬드라 불순물이 있어. 그것은 그냥 다이아몬드라고 여기고 옆에 놔 둬. 그리고 더 깊이 파고 들어가 보라"고 한다. 영적인 지도자들이 다이아몬드 광산을 발견했을지라도 여기 하나의 큰 함정이 있다. 하나님께서 도우시니까 나는 영적으로 성숙한 사람이라고 생각한다. 큰 착각이다. 현재 불순물이 포함된 다이아몬드 같은데 말이다.

영적 어린아이에서 성장하려면

다이아몬드를 발견했으면 이제부터 그는 이 다이아몬드 광산을 캐 가는 영적인 어린아이다. 영적인 젖꼭지를 빨고 있는 어린아이다. 하나님께로부터 내려온 젖꼭지를 열심히 빨면 조금씩 성장한다. 그 다음은 젖꼭지를 빨다가 죽으로 넘어간다. 영적 성숙의 단계를 말하는 것이다. 영적 지도자는 뻥튀기하듯 해서 하루아침에 갑자기 되는 것이 아니다. 그러나 사탄의 세계에서는 가능하다. 어둠의 세력 사탄은 언제나 성숙하고 성장한 형태로 나타난다.

 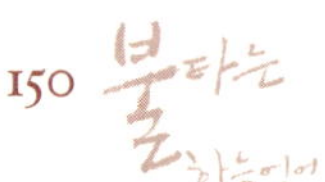

하나님이 우리에게 진실로 원하는 영적 세계는 젖꼭지부터 빨아야 한다. 그런데 영의 세계에 들어 왔다고 해서 자신을 영적으로 성숙한 사람이라고 여길 때 그는 딱 한마디로 사탄의 노리개 감이 된다. 영적 자리에 들어와서 처음에는 젖꼭지를 빨고 바닥을 기어 다니게 한다. 네 발로 기어 다니다가 그 다음에는 일어서게 한다. 그 다음에는 기저귀 찬 것을 바지로 바꿔 입힌다. 그 다음에는 죽을 먹이고 그 다음에 밥을 먹이고 그 다음에는 고기를 먹인다.

영적 수련 과정에 들어 온 사람들은 이 과정이 필요 없다며 상상으로 다 끝내 버린다. 그런데 그 과정은 육의 과정이나 혼의 과정에도 있다. 영의 과정에도 똑같은 과정이 있는데, 나는 육의 과정을 거쳤고 혼의 과정을 거쳤으니까 바로 영적으로 성숙한 과정에 들어가면 되겠다고 생각한다. 그것이 바로 사탄의 올무다. 교만이며 허상이다. 모래 위에 세운 집이다.

영적 성숙의 자리에 들어 갈 때는 철저하게 맨 아래부터 시작해서 올라가야 한다. 중간부터 올라갈 때는 이미 이 아래 부분이 허공이기에 올라가는 순간 다 무너져 버린다. 나는 영의 세계에서 이런 과정을 많이 본다. 많은 사람들이 영성 세미나에 10년 다니고 교육을 몇 년 받았고, 몇 달 영성 사역을 했다고 한다. 그것은 단순한 지식의 과정으로 상상하며 듣고 외우고 익힌 것뿐이다. 그들은 바닥에서 젖꼭지를 빠는 과정을 안 거쳤다. 그들은 바닥에 기어 다니는 과정을 안 거쳤고, 그 다음에 두 손 잡고 걸음을 배우는 과정을 안 거쳤다. 그 과정을 거친 사람들과 안 거친 사람들은 천지 차이다.

상상으로 거친 사람들은 잘 날아 다닌다. 그러나 쉽게 이 자리에 들어갔을 경우에는 한 순간의 흔적도 없이 사라진다. 영적 전쟁이나 영성 풀무대학의 과정에서 그렇다.

한 가지 예를 들자면 식당에 메뉴판이 있다. 열 번 들었다 놨다 해 보라. 음식이 나오는가? 백 번 해도 안 나온다. 웨이터를 불러서 메뉴판에서 이 음식을 달라고 주문하고 돈을 지불하면 된다. 영의 세계도 마찬가지다. 지식으로 메뉴판만 들었다 놨다 한다. 각국의 음식을 나열한 메뉴판 천 개 만 개 받아 봐야 영적 생명과 영성 수련에는 아무 관계가 없다. 그냥 그림뿐이다. 가서 실제로 돈을 주고 그 메뉴판에 있는 음식을 주문할 때 그 음식이 내 것이 되는 것이다.

영의 교실이나, 영의 수련장은 기술과 기능을 알려 주는 게 아니다. 정보와 지식을 전해 주는 게 아니다. 그것이 실제로 내게 적용될 때만 내 배고픔을 채우고 내 몸에 영양을 공급한다.

우리는 영적 독서에 들어갈 때 그것이 허상이 되면 안 된다. 그것은 바로 내가 내 눈으로 보는 것이 아니고, 그것을 내게 펼쳐 주신 어떤 의도를 가지고 쓰신 분의 마음의 눈으로 돌아가야 한다.

"하나님의 눈을 제게 좀 비쳐 주십시오. 이 성경이 하나님의 지혜로 쓴 것이니 하나님의 눈으로 봐야 할 것 아닌가요."

"이놈 봐라, 꾀가 있네. 네가 꼭 그것을 원하느냐? 네 눈으로 봐도 보이지 않냐?"

"천 번 만 번 보면 뭐합니까? 당신의 뜻이 어떻게 오는지 당신의 눈으로 보게 해줘야 하지 않겠습니까?"

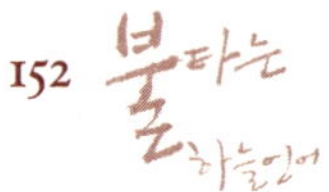

“옳지, 너는 그것이 필요하다고 생각했기에 네가 필요한 것만큼 내가 줄게.”

하나님께서 우리가 필요하다고 해서 열 가지를 다 주시지 않는다. 영의 세계에서 그분은 우리가 소화할 수 있는 것만큼 주신다. 갓난아이에겐 젖을 먹여 주고, 조금 더 큰 어린아이에게는 죽을 준다. 그 다음에는 밥을 주고, 다음에 고기를 주는 것처럼 영의 세계에서 거룩한 독서에 들어 갈 때도 우리가 소화할 수 있는 능력만큼, 우리가 볼 수 있는 그 눈높이만큼 주신다.

영의 세계에서 영산에 오르고자 하는 자여, 그대는 영의 눈을 가지라. 그 영의 눈은 내가 스스로 가지고 있는 육체와 혼이 죽은 영이 아니다. 하늘로부터 내려오는 예수 그리스도의 영이 내 안에 있을 때 어떤 일이 일어나는가? “너희가 내 안에 거하고 내 말이 너희 안에 거하면 무엇이든지 원하는대로 구하라 그리하면 이루리라”(요 15:7). 그리고 영성적 삶의 핵심인 시편 1편 3절 잘 기억하라. “저는 시냇가에 심은 나무가 시절을 좇아 과실을 맺으며 그 잎사귀가 마르지 아니함 같으니 그 행사가 다 형통하리로다.” 그분은 우리를 시냇가에 심기 원하신다. 사시사철 가뭄을 모르고 홍수를 모르게 한다. 잎이 푸르러 많은 열매를 맺게 하신다. 영성은 하나님께서 정말로 우리에게 주시고자 하는 그분의 깊은 마음이다. 영의 자리에, 영산에 오르는 자는 영의 광산에 들어갈 수가 있다. 영적 독서를 하는 그 자리는 하나님과 우리의 영이 하나 되는 자리다. 하나님의 뜻이 그대로 흘러 들어오는 그런 자리다. 그 자리를 우리는 거룩하게 만들어 가야 한다.

"그런즉 누구든지 그리스도 안에 있으면
새로운 피조물이라
이전 것은 지나갔으니 보라 새것이 되었도다"(고후 5:17).

8

사라지는 겉사람 태어나는 속사람

"그런즉 누구든지 그리스도 안에 있으면 새로운 피조물이라 이전 것은 지나갔으니 보라 새것이 되었도다"(고후 5:17).

성경이 마음밭을 쟁기질하도록 펼쳐 놓으라
이성과 감성, 지식, 경험을 내려 놓으라
말씀을 되새김질해 암반 밑의 생수를 마시라

8 _ 사라지는 겉사람, 태어나는 속사람

말씀에 들어가기 전에 우리가 생각해야 할 것이 하나 있다. 주님의 이 말씀이 우리에게 생명으로 살아 있는가, 살아 있지 않은가 다시 한번 확인해 보는 시간이 필요하다. 다시 말하면 되새김질하는 시간이 우리에게 꼭 필요하다는 것이다. 지금까지 되새김질을 어떻게 해왔으며, 앞으로 되새김질을 어떻게 할 것인가. 그것에 대해 다루고자 한다.

내가 되새김질하기를 원했던 부분이 어떤 부분이었던가? 되새김질은 어느 자리까지 갈 수 있는가? 오늘 우리는 에스겔 37장까지 갈 수 있다. 에스겔 37장에는 하나님과 인간의 합작품이 나오는데, 죽음의 골짜기에서 새로운 아침을 맞이해 부활의 여명을 열게 된다. 그 순간까지 우리의 되새김은 계속돼야 한다. 좀 더 쉽게 풀이하면 우리가 음식을 먹는 것은 예비 과정이고, 또 위에서 음식을 소화시키는 것도 예비 과정이다. 그런데 우리는 음식을 입에 넣으면 다 된 것으로 생각한다. 또 음식이 우리 위에서 형체를 깨뜨리면 벌써 음식과 결별한 것처럼 생각한다. 위가 음식을 깨뜨리고 부수고 변화시키는 것은 하나의 예비 과정이다. 우리가 영양소를 취하는 것과 아무 관계가 없다. 사실상 생명 영양을 먹는 것은 영양소를 흡수하는 내장기관이 영양소를 빨아들이는 시간이다.

"겉사람은 후패하나 내 속사람은 나날이 새로워진다"는 것이 오늘 거룩한 독서의 주제다. 이 주제에서 우리는 핵심을 두 가지로 제기해 두고 이야기를 시작하려고 한다. 우리는 흔히 겉사람을 육체라고 생각하고 속사람은 영이라고 생각한다. 그러나 거기서 더 깊이 들어가야 한다. 그러면 겉사람은 무엇인가. 우리의 육체도 포함되지만, 우리의 생각과 마음, 감성과 의지, 결단이다. 다시 말하면 겉사람은 우리의 육체와 혼이 가지고 있는 지, 정, 의까지 깊이 들어가야 한다.

육체는 풀의 꽃과 같이 시들어 버리고 영은 나날이 새로워진다고 한다. 우리는 단순히 육체가 시들어 가는 것만큼 우리의 영이 더 성숙하고 성장한다고 생각하는데, 그렇지 않다. 우리의 육체와 이성이 가지고 있는 그 모든 부분들은 전부 겉사람에게 속한다. 그래서 우리가 가지고 있는 혼적인 부분 지, 정, 의를 다 밖으로 내보내야 한다.

속사람을 흔히 영이라고 말하는데 거룩한 독서에서는 새롭게 태어난 생명을 말한다. 새롭게 태어난 생명은 하나님에게서 받은 살아 있는 영을 가진 사람이다. 이 속사람에게는 생명이 있는 것이 특징이다. 그의 영이 살아 숨을 쉰다. 그러므로 하나님의 말씀을 우리가 읽고 묵상해갈 때 생기가 흐르는 것이다. 히브리 사람들은 하나님의 말

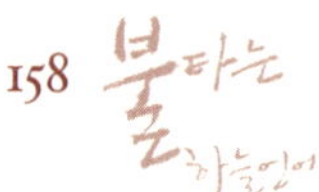

씀을 읽는다고 하지 않고 듣는다고 했다. 그것이 정확한 표현이다.

성경이 마음밭을 쟁기질하도록 펼쳐 놓으라

하나님의 말씀은 무엇인가? 인간이 하나님께 가까이 갈 수 있는 길이다. 그래서 내가 성경을 읽어가는 것이 아니고 하나님으로부터 오는 말씀을 듣는다는 것이 가장 바른 표현이다. 듣는다는 것은 내가 주체가 아니다. 내 영과 혼과 육체 그리고 모든 환경을 정비한 상태에서 그분 앞에 모든 것을 열어놓고 듣기 위해 침묵하는 것이다.

성경은 내가 읽어가는 것이 아니고 성경이 나를 읽어가도록 나를 그 앞에 펼쳐 놓는 것이다. 농부가 소를 앞세우고 쟁기로 밭이랑을 갈아가듯이 하나님께서 성령님을 앞세우셔서 내 마음 밭을 쟁기질하도록 펼쳐 놓는다. 그것이 바로 거룩한 독서의 기본이다. 성경을 가까이 하는 방법은 성경이 나를 읽어가도록 내가 텃밭처럼 누워 있는 것이다. 내가 누워 있을 때 성령께서 내 마음 밭이랑을 갈아 가신다. 이때 하나님의 말씀의 씨앗을 한 알 한 알 뿌려간다. 그것이 바로 성경이 내 마음 가운데 읽혀지는 것이다.

내 겉사람이 낡고 바래고 썩어가고 없어져가는 그만큼 내 안에 영의 세계가, 내 안에 생명의 살아 역사하심이 더 왕성하게 된다. 이것은 필연적인 사실이다. 그렇지 않은 경우 우리가 성경을 가까이 하는 그 어떤 목적도 달성할 수 없다.

성경을 읽어갈 때 우리가 단단히 기억해 둬야 할 것이 있다. 하나님의 말씀이 내 속에 생명으로 오게 하는가? 오지 않게 하는가? 그것을 먼저 우리가 결정한다. 다시 말해 하나님의 말씀은 살았고 운동력이 있어 좌우에 날선 어떤 검보다도 예리하여 혼과 영과 및 관절과 골수를 찔러 쪼개 수술한다. 그분이 새 생명을 줄지라도 그 생명을 받는 내가 그 앞에 마음밭을 열어 놨는가, 열어놓지 않았는가 그것이 관건이 된다.

이 시간 당신의 마음밭을 풀어 놓으시기 바란다. 하나님의 영께서 당신의 열린 마음밭을 쟁기질하신다. 쟁기질하고 나서 흙덩이를 고르고 난 뒤에는 거기 있는 나무 조각, 비닐 조각, 유리 조각, 플라스틱 조각, 잔돌맹이들을 다 제거한다. 그리고 나서 거기에 씨앗을 뿌린다.

성경을 보다가 '이 말씀은 내 마음에 맞지만, 저것은 아니야' 하면서 취사선택할 경우가 있다. 환경에 따라서 그럴 수도 있겠지만 하나님의 말씀은 내가 어디에 머물든지 머무는 그 자리에 나를 위해 기다리고 계신다. 거기에 대한 내 생각이 수건을 쓴 것처럼 그 앞을 가렸는가, 가리지 않았는가 그것이 문제다.

하나님의 생명의 씨앗이 어느 곳에나 숨겨져 있는데, 그곳에 내 겉사람, 다시 말하면 내 육의 생각이나 이성, 감성, 의지가 '이 말씀은 나에게 안 어울려. 이 말씀은 나하고 안 맞아. 나는 이런 말씀을 좋아하지 않아'라고 할 수 있다. 또 나는 이 길을 가고 싶은데 하나님의 말씀은 왜 저 길인가 싶어서 피하거나 저항할 수 있다.

육체는 나이 들어 낡지만, 하나님의 말씀을 가까이 대하니까 날이 갈수록 우리의 영혼이 성숙해간다는 피상적인 생각에서 이제 조금

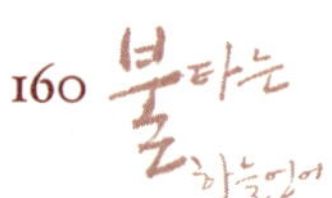

올라서야 되겠다. 불완전한 지, 정, 의가 하나님의 말씀을 깨우치는 데는 지극히 장애요소가 되더라도 말이다. 이것을 제거하지 않는 한 참 말씀은 우리 안에 그 실체를 그대로 다 드러낼 수 없다.

이성과 감성, 지식, 경험을 내려 놓으라

내가 이성으로 성경을 읽는가. 감성으로 성경을 읽는가. 이성이나 감성이 작용하는 것만큼 하나님의 말씀은 거기서 죽어간다. '하나님의 말씀은 이것은 좋은데 저것은 나쁘고, 이것은 내 환경에 맞는데 저것은 안 맞고….' 마치 예언자들이 성경 속에서 말씀을 추려내서 주는 것처럼 그렇게 취사선택할 경우 생명의 말씀이 내게 가까이 올 수가 없다.

내 속에 있는 인간의 이성적인 모든 요소를 제거하는가, 하지 않는가? 이것이 바로 거룩한 독서를 하는 데 전제 조건이 된다. 그래서 처음에는 성경을 읽을 때 내가 읽어간다. 내 이성의 눈과 감성의 눈이 읽어가기 때문에 성경 속에 살아 있는 참 생명을 발견할 수가 없다.

그래서 성경에 가까이 가려는 사람은 인간의 지, 정, 의는 모두 후패해 갈 것이라 생각하고 그것을 제거하라는 것이다. 육체가 낡아가니까 우리 영혼이 성숙한다는 생각에서 떠나라.

거기서 한 걸음 더 나아가서 내 인생, 내 인격이 가지고 있는 인간적인 모든 요소들, 즉 감성·지성·경험·지식 등 그 모든 것들을 하나님의 말씀을 가까이 할 때 다 제거하라는 것이다. 내가 하는 것은 기적 같은 일이다. 이 작업은 여간해서는 안 된다.

가능한 길은 딱 하나다. "저는 못하니 주께서 하십시오. 내 이성의 눈을 가려 주시고, 내 감성의 샘을 주께서 막아 주시고, 내 지성의 판단을 주께서 제거하옵소서." 그렇게 기도하고 성경 앞에 자신을 펼쳐놓으라. 그리고 난 다음 지금까지 내가 성경을 읽어간다고 한 것에서 물러나서 성경 말씀이 나를 읽어가도록 하라는 것이다.

우리는 성경을 읽을 때 일반 서적이나 인생의 지식 또 인생의 지혜를 배우는 그런 책을 가까이하는 것과 달리해야 한다. 하나님의 말씀을 내가 취사선택할 경우 시체가 돼 버린다. 그분의 말씀은 살아 있는 통째로 먹어야지 내가 토막 내서 요리해서는 안 된다는 것이다.

우리는 하나님의 말씀을 분해하고 분석해 조직적으로 짜 맞추고 해부할 수 있지만, 거기에 생명이 들어가게 하지 않는 이상 하나님의 말씀은 살아 있는 말씀이 아니라는 말이다. 하나님의 말씀이 쓰인 의미가 무엇인가? 하나님의 말씀이 지향하는 곳이 어디인가? 영혼을 위한 것이다.

따라서 하나님의 말씀이 영혼을 살릴 수 있는 길은 영혼을 풀어놓는 길 외에는 없다. 영혼의 길을 열어놔야 하고, 영혼의 눈을 열어놔야 하며, 영혼의 마음을 열어놔야 된다. 우리의 육신, 인간의 인격이 가지고 있는 그 눈과 관문들을 다 제거하라는 것이다. 바꾸라는 것이다. 하나님의 말씀은 영혼을 상대로 쓰인 것이기에 영혼의 눈과 귀, 코를 열고 그 앞에 순결하게 서 있으라는 것이다.

하나님의 말씀에 더 깊이 들어가 보자. 하나님의 말씀을 먹고 나서 위에서 소화가 되어 흡수되려면 전제가 있다. 그것은 바로 그 말

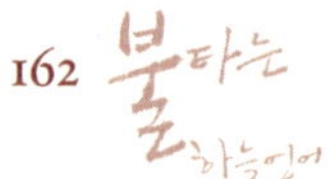

씀의 형체가 완전히 없어지는 것이다. 좀 더 깊이 들어가 보자.

"우리의 돌아보는 것은 보이는 것이 아니요 보이지 않는 것이니 보이는 것은 잠깐이요 보이지 않는 것은 영원함이니라"(고후 4:18).

좀 묘한 이야기지만 성경에 쓰인 활자가 여러분의 눈에 보이면 영혼의 양식은 안 된다. 여러분 앞에 글자가 보이는 것만큼 소화가 안 됐다는 것이다. 토끼풀로 예를 들어 본다. 토끼가 좋아하는 풀을 먹을 때 토끼는 입으로 씹어서 위로 내려 보낸다. 위로 내려 보냈을 때 클로버 잎사귀가 그 모양 그대로 토끼 창자에 내려갔다가 뒤로 나온다면 소화가 됐을까?

토끼가 먹은 클로버 잎사귀가 토끼 배 속에 그대로 있다가 뒤로 나간다면 아무리 풀을 많이 먹었을지라도 토끼와 아무 상관이 없다. 토끼가 먹은 풀은 위에 들어가서 뭉개져 형체가 다 없어져야 한다. 형체뿐만 아니고 그 잎사귀가 가지고 있는 모든 성분이 다 변화를 일으켜 분해가 되어야 한다. 완전히 해체가 되어야 한다.

내가 지금 보고 있는 성경 말씀이 토끼풀이라면 이 말씀이 어떤 때 나와 관계가 있을까. 내 앞에 펼쳐져 있는 이 글자가 형체가 없어져 눈에 안 보일 때부터 성경 말씀은 내게 영양소로 들어오기 시작한다.

성경 말씀을 문자 그대로, 글자 그대로 보고 있는 한, 그것은 바로 토끼가 먹은 클로버 풀잎이 형체 그대로 있는 것과 똑같다. 내가 읽은 말씀을 이성으로 판단하고, 감성으로 '아멘' 하고, 지성으로 결단 내릴 때 이것은 하나님의 말씀이 아니다. 그 선을 넘어가지 않는 한, 하나님의 생명의 말씀이 내게 생명으로 가까이 올 수가 없다. 그래서 성시 묵상이라는 그 자리까지 들어가게 된다.

하나님의 말씀이 얼마나 높고, 넓고, 깊은 내용들을 가지고 있는가는 헤아릴 수도 없다. 그러나 하나님께서 허락하신 그 자리까지 우리의 영혼은 파고들어갈 수 있다. 우리의 인격, 지성이나 감성, 의지로는 도저히 심오한 그 실체에 가까이 갈 수 없다. 변죽만 울리다 말아 버린다. 하나님의 말씀이 인간의 이성이나 지성, 육신을 위해서 쓰인 것이 아니라 영혼을 위해서 쓰여졌기 때문에, 영혼이 열리지 않는 한 우리에게 있는 실체 그대로 오지 못한다.

그래서 하나님의 말씀을 읽을 때는 영의 눈으로 읽고, 영의 후각으로 냄새를 맡으라고 한다. 그러기 위해서 육체와 이성의 모든 것을 덮어 두어야 한다. 영의 눈이 밝아질수록 육체로 보는 성경 글자들이 낡아 보이다가 차츰 글자의 형태가 사라지게 된다. 그 자리까지 갈 때 비로소 성경을 보는 내 영의 눈이 밝아진다. 성경을 대하는 이성, 감성의 눈이 어두워져 갈 때부터 하나님께서 내게 진실로 역사하시는 것을 알게 된다.

우리는 하나님의 말씀을 때로는 암송한다. 암송한다는 것은 다시 말해 되새김질한다는 것이다. 그 안에 있는 깊고 깊은 내용의 우물 속으로 들어가는 것이다. 어떤 과일의 껍데기를 벗기면 속이 드러나듯이 말씀의 껍데기를 자꾸만 벗겨 보자. 하나님의 말씀을 인간의 지성, 이성, 감성으로 가까이 하려고 하지 않기를 바란다. 그것은 단순히 하나님 말씀을 영이 먹도록 물고 오는 것뿐이다. 입 안에 넣은 뒤 말씀을 소화시키는 것은 영혼이다. 우리의 이성이 말씀을 소화시킬

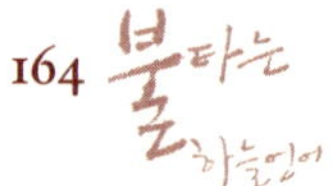

때는 이성의 음식으로 끝나고 만다. 이럴 때 영혼의 양식과는 아무 관계가 없다.

하나님께 더 가까이 가고자 하는 사람들이나, 깊은 묵상의 자리에 들어간 사람들, 하나님과 더불어 깊은 침묵의 자리에 들어가고자 하는 사람들은 인간의 모든 것을 닫아 버린다. 이때부터 하늘의 길이 열리기 시작한다. 그것도 처음에는 인간 스스로 모든 문을 닫아가는데, 어느 정도 가게 되면 하나님께서 그렇게 하시는 것 같다. 우리의 의지가 어느 선까지 끌고 온 것을 이제 성령께 맡기라고 말씀하시는 것 같다.

예를 들면 조그만 나무 배로 노를 저어서 바닷가에서 낚시질해 고기를 잡는 어부가 있다. 이 어부의 생활과 대비되는 한 사건이 일어난다. 어부가 딸을 하나 두었는데 중매가 들어와 시집을 보냈다. 대기업에 근무하는 사위가 처갓집에 여름휴가를 왔다가 장인어른이 손으로 노를 저어 고기 잡는 것을 보고 자동 모터를 선물로 사왔다. 그리고 낚시 배에 자동 모터를 장착해 주어 이제 손으로 노를 안 저어도 되었다. 자동 모터는 스위치만 누르면 프로펠러가 돌아서 배가 자동으로 가게 되어 있어 이제 낚시질을 두 손으로 마음껏 할 수 있게 되었다. 속도도 노 젓는 것보다 빨리 갈 수 있고 늦게 갈 수 있다. 우리가 성경을 보면서 성령께 모든 것을 인계했을 때 자동 모터를 장착한 것과 같다.

그러므로 우리는 성경을 읽을 때 자동 모터를 장착해야 한다. 그것이 바로 성령께서 내게 성경을 읽어가도록 하는 것이다. 성령께서 읽어 주시는 음성을 내가 듣는 것이다. 성경의 저자인 그분은 어디에 생명이 있고, 어디를 강조해야 하는지 잘 아신다. 또한 어디에 골짜기가 있고 언덕이 있는지, 어디에 강과 잔디밭, 사막이 있는지 아주 잘 아시기에 우리를 잘 이끌어 주신다.

그래서 성경을 가까이할 때 우리는 하나님의 동산을 거닌다고 표현한다. 하나님의 동산은 66개가 있다. 동산마다 지형도 다르고, 기후도 다르고, 거기에 나오는 갖가지 피조물들이 다 다르다. 하나님의 언어 전체가 다 다르다. 그것을 인간의 이성과 지성, 감성으로 분간하거나 찾아낼 수 없다. 그런데 하나님의 영은 자신이 쓰신 것이라 그 모든 것을 다 잘 안다. 그래서 그 순간마다 높고 낮음, 길고 짧음을 잘 아시기에 우리를 그대로 이끌어가니 하나도 빠짐없이 인도를 받을 수 있다. 그것이 바로 우리가 지금 이야기하고 있는 거룩한 독서가 가는 방향들이다.

사람이 제일 무서워하는 존재는 사람이다. 사람이 사람을 만나면 만날수록 그만큼 중독된다. 성직자들이 사람을 많이 만난다. 매일 사람에게 중독되는데도 해독할 생각을 안 한다. 담배 피우는 사람은 니코틴을 해독한다고 약도 먹고, 술 취한 사람은 다음날 숙취 푼다고 콩나물 해장국도 먹는데, 목회자들은 인간 중독이 돼도 해독을 안 한다.

사람에게 중독된 성직자가 가진 가장 심한 독성은 독사의 독처럼 어떤 요소가 그 안에 잠재할 수 있다. 죽음의 요소가 그 안에 들어갈 수 있다. 그래서 나는 우리 성직자들에게 될 수만 있으면 훌훌 벗어버리고 밖으로 나가라고 한다. 밖으로 나가서 자연에서 뒹굴라고 말이다. 다시 말해 인간에게 중독된 독소를 중화시키려면 하나님의 세계에 몸을 누이라는 말이다. 자연에 뒹굴 때 하나님이 우리에게 주신 생명이 회복된다.

거기에서 뒹굴고, 냄새 맡고, 그것과 함께 한 덩어리로 움직일 때, 우리 안에 중독된 것이 빠져 나가게 된다. 우리 성직자들은 이런 중독을 해독하는 과정을 가져야 된다. 그 과정은 하나님의 생명의 말씀을 내가 제대로 맞이하기 위한 하나의 방편이다. 인간의 독성을 버리시기 바란다. 인간이 써놓은 찬양은 한계가 있다. 인간이 그려놓은 악보도 한계가 있다. 그런데 자연의 노래는 한계가 없다. 바람 부는 것을 보면 별의별 소리를 다 낸다. 온갖 나뭇잎을 춤추게 한다.

하나님의 말씀을 그분의 말씀이 되게 하는 것은, 하나님의 영이 우리의 영더러 먹고 마시고 숨 쉬게 하라는 것이다. 성경을 대할 때 우리의 눈에서, 이성의 기억이나 판단에서 날아가도록 해야 한다. 그 다음에 이성의 머리에 새겨져 있는 하나님의 말씀이 다 날아가게 하기 바란다. 이것은 하나님의 말씀이 묵상의 자리에서 영 안으로 자리를 옮기라는 말이다. 그 말씀이 자리를 옮길 때부터 내 영 안에서 되새김질이 시작된다.

음식을 먹어서 위에서 소화되고 소화기관을 통해 내려가면서 영양분이 섭취될 때 그 음식이 우리와 관련이 있는 것처럼 하나님의 말씀도 우리의 영이 하나님의 말씀 속에 있는 영양분을 섭취할 때만이 살아 있는 생명이 된다.

하나님의 생명의 떡이 내 영혼의 떡이 되고, 하나님의 말씀 속에 있는 생수의 샘을 파서 내가 마실 수 있는 영혼의 생수가 되고, 하나님의 말씀 속에 있는 살아 있는 영, 살아 있는 생기, 세상에 퍼져 있는 모든 것들을 하나님의 영이 불러 모아서 내게 숨쉬게 해주실 때 바로 하나님의 말씀이 내 영을 살리는 산소가 된다는 말이다.

하나님의 말씀을 말씀답게 받아들여 내게 영양소로, 생수로, 생명을 유지하는 산소로 가까이 오게 하는 방편이 무엇인가? 그것은 이성의 눈을 제거하는 것이다. 이성의 마음, 이성의 지식을 제거하라. 지금까지 나는 인간의 지, 정, 의로 성경을 읽어왔는데 이 시간 이후로 내 영혼이 하나님의 말씀 안에 그냥 자리만 펼쳐놓도록 결단하는 것이다. 나를 향하여 말씀하시고자 하는 하나님의 영이 내게 밭고랑을 갈게 하고 심어 주도록, 수동적인 자세를 취하라는 것이다. 능동적인 자세로 내가 뭐든지 파헤치고 무엇인가 해왔다는 것은 바로 인간의 지, 정, 의가 하나님의 말씀을 깨뜨리고 죽이는 일을 하는 것이다.

말씀을 되새김질해 암반 밑의 생수를 마시라

여기에 사과 씨가 있다. 이 사과 씨를 쪼개어 땅에 심으면 살아날까? 우리는 하나님의 말씀을 오염된 불완전한 지, 정, 의의 칼로 자른다. 지성으로 자르고, 이성으로 자르고, 감성으로 자른다. 말씀을 잘라서 선포하고 전해 준다. 가만히 보면 시체들을 열심히 나누어 준다. 생명의 말씀, 살아 있는 말씀을 줘야 영혼들이 살 텐데 시체들을 주니 그 영혼들이 살 리가 없다. 먹으면 먹을수록 더 썩어갈 것이다.

영적 지도자들은 영의 생명을 줘야 한다. 지도자가 영의 생명을

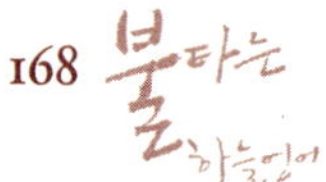

주면 모든 영혼들은 기뻐 뛰며 춤을 춘다. 말씀을 증거하는 자리가 예배의 자리가 되어야 한다. 진심으로 부탁하건대 되새김질하시기 바란다. 되새김질에 대해 하나님의 말씀을 예로 든다면 '주님! 하나님! 예수님!'이란 단어를 하룻밤 사이에 백 번 부를 때의 느낌과 천 번 부를 때의 느낌과 오천 번 부를 때의 느낌이 완전히 다르다.

우물을 팔 때 삽질 한두 번 했을 때 나온 물과 삽질 열 번 했을 때 나온 물과 삽질 백 번 했을 때 나온 물, 천 번 했을 때 나오는 물의 수질과 신선도가 다르다는 것이다. 한두 번, 열 번, 스무 번 했을 때 고인 우물 위의 건수는 미지근하고 먼지가 떠 있다. 누구든지 퍼 올릴 수 있다. 그러나 남들이 쉽게 할 수 없는 천 번, 만 번 삽질을 깊이 했을 때는 깊이 한 것만큼 거기서 솟아나는 그 샘물의 성분과 온도가 다르다. 더 싱싱하고 더 차갑다. 오염이 덜 되었을 것이다. 바로 이것이 우리가 추구하는 거룩한 생명의 말씀 읽기다.

생명의 말씀을 어떻게 읽을 것인가. 생명의 말씀의 입구까지 가서 우물을 파고 난 다음 내가 해야 할 것은 무엇인가. 나는 처음에 노를 저으면서 우물을 팠지만, 그 다음에 더 깊은 우물을 파는 것은 자동 모터가 하게 해야 한다. 내가 천 미터, 만 미터까지 깊이 팔 수 있는가? 어림도 없는 소리다. 그렇게 깊이 팔 수 있는 것은 성령만 가능하다. 하나님의 말씀, 귀한 생명의 진주들을 깊이 파는 것은 성령 그분뿐이다. 성령에게 자신을 완전히 맡길 때 그분은 자동으로 땅을 판다. 그 밑에 암반이 있을지라도 자동기계로 그냥 뚫는다.

그래서 하나님의 말씀을 묵상할 때 내가 하는 것이 아니고, 그분이 내게 하도록 할 때 그때부터 뭔가 달라진다. 내가 생각할 수 없었던 것, 내가 지금까지 꿈꾸지 못했던 것, 내가 체험하지 않았던 어떤 이상한 세계, 신비의 세계로 초청을 받게 된다. 내가 신비의 세계를 추구한다는 말이 아니다. 하나님 그분이 신비하신 분이요, 전지 전능하신 분이요, 초능력자라는 말이다. 하나님의 세계에 우리가 가까이 갈 때 그분의 은총을 감지할 수 없다면, 하나님과 나와 무슨 관계가 있겠는가.

하나님께 가까이 갈 때 그분의 신비함을 우리의 것으로 체험할 수 있다. 그분의 은혜, 그분의 깊은 지혜, 그분의 권세를 나의 것으로 할 수 있다. 그러기 위해서 말씀을 가까이할 때 육으로나 이성, 지성으로 하지 말고 영으로 하라는 것이다.

9

진리 안에서 자유를 누린다는 것은

"그러므로 예수께서 자기를 믿은 유대인들에게 이르시되

너희가 내 말에 거하면 참 내 제자가 되고 진리를 알지니

진리가 너희를 자유케 하리라"(요 8:31-32).

하나님의 마음으로 성경을 들으라
'진리가 자유케 한다'는 말은
오늘 내게 주시는 말씀으로 받으려면
하나님과 나 사이에 봄이 와야

9 _ 진리 안에서 자유를 누린다는 것은

그 동안 거룩한 독서에 대한 기본 핵심은 전부 펼쳐졌다. 이제 여기서 가지가 나오고 움이 돋을 것이다. 하나님의 말씀에 돋는 움은 바로 창조의 역사다. 돋는 움이 바로 기적을 일으키는 한 순간순간의 씨앗이 된다. 잎사귀가 난 다음에는 새순이 돋고 그 새순마다 꽃이 핀다.

여기 수박 한 덩이가 있다고 가정해 보자. 어린아이들은 수박껍데기만 보고 좋다며 가지고 논다. 우리는 하나님의 말씀을 가까이 할 때 마치 수박을 가지고 노는 어린아이처럼 성경을 이쪽으로 굴리고 저쪽으로 굴리며 내가 보고 싶은 대로 성경을 찾아간다. 그러나 그렇게 해서 과연 우리가 성경의 진짜 맛을 볼 수 있을까? 우리가 성경의 진짜 맛을 보려면 그 성경을 깨뜨리려야 한다. 성경을 깨뜨리기 위해서 거룩한 독서 시간이 우리에게 주어졌다.

거룩한 독서는 말씀 하나하나를 기억하거나 외우는 것이 아니다.

창세기부터 계시록까지 어떤 연관을 가지고 있고, 짝이 어떻게 맞고 하는 것은 어린애들이 수박을 가지고 뒹굴고 돌리는 것과 똑같다. 오늘 우리가 거룩한 독서에 임하는 바른 자세는 수박을 깨뜨리는 것이다. 껍데기를 가지고 노는 것이 아니고 깨뜨려서 그 속에 향긋한 속살을 즐기는 것이다.

신학자들이나 주석가 또는 신학 학문에 깊은 조예를 가진 이가 말씀을 분석하고 분류하여 설명한 것을 사람들에게 전해 줄 수 있다. 수박은 신학교에서 실컷 만졌을 것이다. 앞으로 굴리고 뒤로 굴리고 한참 굴리며 만졌을 것이다. 그러나 여기는 수박을 만지는 곳이 아니라 수박을 쪼개는 곳이다. 깨뜨리고 쪼개고 그 안에서 진실로 수박을 사 온 목적을 찾아내야 한다.

하나님의 마음으로 성경을 들으라

거룩한 독서는 하나님의 속에 감춰진 비밀을 하나님의 영의 눈으로 가까이 가는 것이다. 거룩한 독서를 하려면 하나님의 마음으로 성경을 들으러 가야 한다. 왜냐하면 쓰신 그분이 다시 말씀하시기 때문이다. 시를 낭송할 때 시를 지은 시인이 낭송하는 것과 그냥 그 시를 좋아하는 학생이나 문인들이 그 시를 낭송하는 것은 출발점부터 다르다. 그 시를 쓴 사람은 그 시 안에 자신의 생명과 감정이 녹아 있다. 뿐만 아니라 자신의 생각과 지성, 경험, 사랑, 비전 그리고 삶의 가치들이 그 안에 녹아 있다.

그림 그리는 화가를 보라. 일반 학생들이 그림을 그리는 것과 화

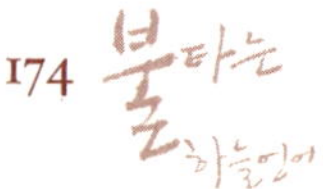

174

가들이 그림을 그리는 것은 다르다. 화가들은 그림을 그릴 때 그 그림 속에 보이지 않는 그림을 담는다. 미술을 제대로 감상하려면 보이는 그림뿐 아니라 그 안에 보이지 않는 작가의 의도, 사상, 사랑, 그 작가의 새로운 창조능력이 어디 있는가 그것을 찾아내야 한다.

우리는 하나님의 말씀을 가까이할 때, 말씀 속에 그분이 어떤 마음으로 어떤 생각으로, 어떤 사랑으로 자신을 녹여 내리는가 그것을 찾아간다. 그래서 성경을 들을 때는 하나님의 마음으로 들으라는 것이다.

내가 성경을 읽어갈 때는 한계가 있다. 다시 말해 내가 중학교를 졸업했으면 중학교 실력과 지혜, 경험으로 성경을 읽어간다. 내가 대학교를 나왔으면 대학교 나온 그 지식, 지혜, 경험으로 성경을 읽어간다. 내가 대학원을 나오고 성경에 대한 전문지식을 가졌다면, 또 하나님을 만나기 위해서, 그분이 어떤 분인가 깨닫기 위해서 산과 들, 바다로 밤낮 그분의 음성을 찾아 돌아다녔던 사람이라면 중학교, 고등학교 학생들이 성경을 읽는 것과는 엄청난 차이가 날 것이다.

우리는 초등학생, 중학생, 대학생으로서 읽을 수도 있고, 대학교 교수로서 성경을 읽을 수 있다. 또한 10대, 20대의 젊은 감각으로 성경을 읽을 수 있고, 30대, 40대, 50대의 성숙한 사람으로서 성경을 읽을 수도 있다. 그럴 때 각자에게 들려오는 성경 속에 숨어 있는 비밀은 그 높이와 깊이 그리고 넓이와 길이가 엄청나게 차이가 날 것이다.

우리가 인간의 지혜, 지식, 경험으로 성경을 대할 때는 각각 다르게 다가온다. 초등학교 학생이 주장하는 게 다르고, 대학생이 주장하는 게 다르고, 신학자들이 성경을 설명하는 것이 다르다. 그럼 성경에 대한 지식과 지혜, 경륜, 경험에 대한 차이를 없애는 방법이 어디에 있을까?

인간이 가지고 있는 지식을 전부 균등하게 한 자리에서 선을 긋는 것이다. 그가 지혜롭든지 미련하든지, 경험이 있든지 없든지, 그가 남자든지 여자든지, 그가 어린아이든지 어른이든지, 그가 무식하든지 유식하든지, 어떤 사람이든 상관없이 하늘의 지혜로, 하나님의 마음으로 그들에게 성경을 가까이하게 하고 듣게 할 때 성경에 대한 내용은 같다. 하늘의 지혜를 가진 어린아이는 그의 늙은 스승보다 훨씬 지혜롭다고 성경은 말한다.

기도하다가 성경을 보니까 낫 놓고 기역자도 모르는 사람이 성경을 읽게 되더라는 희한한 역사도 있다. 50여 년 전에 우리의 할머니들이 실제로 그 기적을 증언해 온다. 인간 세상에서 기역, 니은도 배우지 않은 사람이 어떻게 한글을 알까? 또 희한한 역사도 있다. 한글을 배우지 않은 할머니가 찬송가를 한참 가까이 하다가 "하나님, 저 답답하니 글자 읽고 찬양하게 해주시오"라고 기도한 뒤 어느 날, 그 할머니가 찬송가를 펼치니 글자가 보이더라는 것이다. 실제 일어났던 일이다.

거룩한 독서라는 것을 한마디로 말하면, 그분의 마음으로 말씀을 읽을 때 그분의 뜻을 완전히 이해할 수 있다는 것이다. 우리가 그분의 마음에 90퍼센트 가까이하면 그만큼 이해할 수 있고, 10퍼센트 가까이 가면 그만큼 성경의 진리와 그 속에 숨어 있는 지혜를 알 수 있다.

거룩한 독서는 그 속에 들어 있는 지혜와 지식을 아는 것이 목적이 아니다. 그보다 더 큰 목적이 있다. 그 지혜와 지식을 오늘 내게 '생명으로' 오게 하는 것이다. 그리하여 그것이 내 삶의 현실에 능력으로 역사하게 하는 것이다.

우리가 식당에 가서 메뉴판을 아무리 만지작거려도 그 메뉴판에 있는 음식을 주문하기 전에는 배고픔을 해결할 수 없다. 그와 마찬가지로 우리가 성경 속에 이러한 말씀이 있고, 이러한 구절이 있고 이러한 지혜와 지식이 있고, 비밀이 있고, 능력이 있고, 권세가 있고, 아름다움이 있고, 사랑이 있다 할지라도 그것을 주님의 은총으로 살리기 전에는 나와 아무런 상관이 없다.

우리는 하나님의 말씀을 하루에 다섯 장 본다, 열 장 본다, 하루에 한 시간 본다, 세 시간 본다, 열 시간 본다 한들 그것이 살아서 내게 능력으로 오지 않는 한 그것은 나와 아무런 상관이 없다.

'진리가 자유케 한다'는 말은

어느 신학교에 가도 진리가 자유케 한다고 간판을 달고 있다. "진리를 알지니 진리가 너희를 자유케 하리라." 그 앞의 말씀을 떼어 버리고 진리를 알지니 진리가 너희를 자유케 하리라고 한다. 우리는 우리의 지혜와 이성으로 진리를 알 수 있다. 그러나 우리가 진리를 이해하고 이성으로 진리를 요리하는 것은 한계가 있다. 하나님의 진리가 우리를 자유케 한다고 하는데, 자유라는 게 무엇인가.

자유란 묶인 사람을 풀어주고, 손에 수갑 찬 사람의 수갑을 풀어 주고, 쇠사슬에 묶인 사람을 끊어 주고, 암에 걸린 사람을 그 병동에서 일으켜 세워 준다. 눈먼 사람을 눈뜨게 해주고, 귀머거리의 귀를 뚫어주는 게 자유케 한다는 것이다. 우리는 자유라는 그 말 자체의 심오한 뜻을 헤아려 깊은 우물을 퍼주지 못하고 건수만 떠서 주며 이것이 자유라고 한다. 하나님이 우리에게 주시는 자유는 그런 것이 아니라 깊은 샘물을 마음껏 퍼가라는 것이다. 하나님께서 주신 자유의 근원이다.

"진리를 알지니 진리가 너희를 자유케 하리라." 진리가 우리를 자유케 한다는 전제조건은 무엇인가? "너희가 내 말 안에 거하면 너희는 내 제자가 되고"(요 8:31). 여기서 '내 말'이라는 것은 하나님의 생명 안에 거한다는 말이다. 이 단계를 거치지 않고 "진리가 너희를 자유케 하리라"만 외친다면 그 자유는 곧 허상에 빠지게 된다.

하나님의 생명은 전지전능하며, 무소부재하시다. 없는 것을 있게 하시고, 죽은 자를 살리시고, 낮은 자를 높이신다. 거기에 불가능은 없다. 이 불가능이 없는 자유를 우리에게 주시겠다는 것이다. 바로 이것이 하나님의 언어다.

그 자유는 하나님의 권세와 권능을 말하는 것이다. 내가 만들어낸 자유가 아니다. 그분이 우리에게 주시는 권세와 권능이 바로 '자유'다. 하나님의 언어는 위엄이 있고, 권세가 있고, 자유함이 있다. 이 위엄과 권세와 자유함이 있는 하나님의 말씀을 우리는 그냥 보통 책을 읽듯이 해서 되겠는가? 어림도 없는 일이다.

거룩한 독서는 바로 눈으로 읽어가고, 입으로 읽어가고, 그 다음

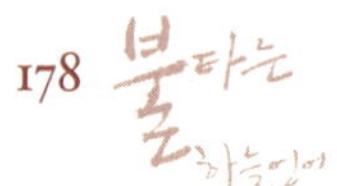

엔 코로 숨을 쉬며 읽어가고, 귀로 들으면서 읽어간다. 그것도 모자라 우리는 온몸으로 하나님의 이 귀한 말씀을 읽어가야 한다. 온몸으로 읽는다는 것은 무엇을 말하는가. 하나님의 말씀이 내게 가까이올 때 그것을 방해하는 환경적인 것을 모두 제압해야 한다. 내가 그 환경을 떠나든지, 그 환경이 내게서 떠나게 하든지 하면 된다. 비록 소음이 가득한 시장 바닥이나 공장 안일지라도 그 속에서 내가 자유함을 누릴 수 있다면 그런 마음밭의 사람이 된다면 그는 환경에서 자유하게 될 것이다.

그 다음 단계는 무엇인가. 그는 몸을 자유케 해야 된다. 내 온몸과 육체를 말씀에 초점을 두고, 내 온몸이 그쪽으로 향하게 될 때 하나님의 말씀에 온몸을 던지게 되는 것이다. 몸만 던지면 되는가. 그 다음에 던질 게 또 있다. 우리의 지성과 이성, 감성 등을 그 안에 던져야 한다. 배운 사람은 배운 대로, 못 배운 사람은 못 배운 대로 모두 그 안에 집어넣어야 된다. 내가 동원할 수 있는 지, 정, 의 모든 것을 그 안에 다 넣어야 한다. 다시 말하면 인간의 이성과 지성을, 인간의 의지와 결단을 그 안에 넣고 몰입해야 한다.

그것만으로 충분한가? 아니다. 가장 귀한 게 있다. 영으로 쓰신 그 말씀에 내 영으로 가까이 가야 한다. 내 영이 말씀에 가까이 갈 때 어떤 일이 일어날까? 내 영은 내 지성을 다스린다. 내 영혼은 내 육체를 다스린다. 내 영·혼·육은 환경을 다스린다. 그럴 때 내가 비록 혼연일체가 되어서 내 마음, 내 뜻, 내 모든 의지를 합해 그분의 말씀에 집중하게 된다.

집중할 때 어떤 현상이 일어날까? 땀구멍마저 열려야 한다. 열린 땀구멍에 조그만 솜털마저 하나님께서 내게 뭐라고 말씀하시는지 안테나를 세워서 그것을 통해 감지되는 모든 움직임에 집중하도록 해야 한다.

우리가 동원할 수 있는 모든 것을 100퍼센트 다 동원할 때 그분이 우리에게 들려주시는 그 말씀을 잘 들을 수 있다. 마치 라디오를 들을 경우 주파수를 정확하게 맞췄을 때 맑은 소리를 들을 수 있는 것처럼 말이다. 이와 마찬가지로 우리의 영 · 혼 · 육의 주파수를 하나님께 정확하게 맞출 때 잡음이 안 들리는 멋진 독서가 된다. 그분이 우리에게 흘려보내는 그 무엇인가 보이지 않는 영적 생기도 잡을 수 있는 독서가 될 것이다.

오늘 내게 주시는 말씀으로 받으려면

우리는 성경을 가까이할 때 마음의 결단을 단단히 해야 한다. 오늘 들려주실 말씀은 그분이 내게 생명으로 주시는 말씀이라고 들어야 한다. 그럴 때 어떤 일이 일어날까? 우리 이성이 "너 미쳤어? 이 성경은 몇 천 년 전에 기록된 과거의 이야기들이야. 과거의 사건들을 여기에 집어넣은 거야. 그게 오늘 너하고 무슨 상관이 있어?"라고 말한다. 우리의 감성도 "내가 미쳤지. 옛날 이야기를 가지고 내가 너무 감정에 빠져 있는 게 아닌가" 그렇게 말한다.

그러나 우리의 영은 이렇게 말한다.

"내가 너를 지혜의 샘으로 데려가 주마. 그래, 내 말 들어 봐. 2천

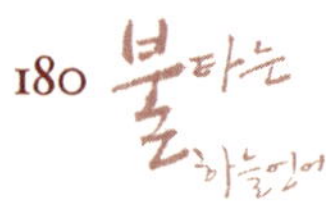

년 전에 예수께서 역사하신 일이 있고, 3천 년, 4천 년 전에 주님께서 역사하신 일이 그냥 우연히 일어났다고 너는 생각하는가?"

2천 년 전에 하나님 자신이 이 땅에 오신 일 등 하나님께서 만드신 역사들이 있는데 그 역사 중에 한 토막을 이야기해 보자. 젊은 나사로가 죽었다. 나사로와 예수님은 참 친한 사이였다. 그런데 나사로가 죽어가니 빨리 와서 고쳐달라고 요청했으나 그 소식을 듣고 주님은 가지 않았다. 나사로를 장례를 치러 돌무덤에 넣었다는 소식에도 주님은 움직이지 않았다.

거기에 주님은 일절 관여하지 않았다. 왜? 주님께서 하신 말씀이 있다. "나는 하나님께서 내게 하라고 한 것만 하고, 하나님께서 내게 보여 주시는 행동만 하지 그 외에는 하지 않는다."

그 진리의 말씀이 번개처럼 들려올 때 우리는 주님이 그곳에 가지 않은 뜻을 알게 된다. 주님이 움직이지 않으신 마음의 의중을 우리는 안다. 제자들이 얼마나 주님을 욕했겠는가? 저 인간 가짜라고… 선을 베풀고, 형제 사랑하라고 했는데, 매일 그 집에서 잠자고 밥 얻어먹고 과일 대접받은 자가 죽어가는 나사로한테 안 간다고 제자들이 뒤에서 돌팔매질하고 수군거렸을 것이다. 하지만 주님은 하나님께서 하라고 한 것만 하셨다.

그리고 나사로가 무덤에 들어가 나흘째 그 시체가 썩어 냄새가 날 때 하나님이 "저 무덤으로 가라. 썩어 있는 시체가 있는 곳으로"라고 말씀하셨다. 그곳에 가서 어떤 일이 일어났는가? 썩은 시체가 새살이 돋아나고 죽은 시체가 걸어 나왔다. 이에 대해 우리의 지혜와 지식은 2천 년 전에 있었던 이야기요, 사건이었다고 말한다.

그러나 하나님께서는 우리에게 이것을 기억하라고 하신다. 때에는 두 가지가 있다. 즉 카이로스(kairos)와 크로노스(chronos)다. 하나님은 그 두 가지 모두를 주관하는 분이다. 그래서 그분 앞에서는 천년이 하루 같고, 하루가 천년 같다. 시공을 초월하신 분이다. 그것만 이해하게 된다면 성경에 기록된 사건들이 2천년 전의 사건이 아니고, 바로 오늘 나를 위한 말씀이라고 믿음으로 확신할 수 있다.

그렇게 확신할 때 성경은 과거의 역사가 아닌, 오늘 나를 위한 말씀으로 끌어당겨 준다. "과거의 그 사건들이 바로 너의 사건들이고 너의 자리라"고 말씀하신다.

하나님의 말씀이 '나를 위한 말씀'이라고 생각할 때 기적이 일어난다. 다시 말하면 옛날의 그 사건들이 오늘 내게 새로운 역사로, 새로운 현장으로, 새로운 생명으로, 새로운 기적으로 가까이 오는 것이다.

나흘 간 썩어 있던 그 시체와 오늘 썩어 있는 내 영혼과 육체, 내 환경과 비교해 보라. 그곳에 오늘 주님께서 어떻게 역사하시는가? "죽은 자여, 일어나라. 누운 자여, 일어나라. 갇힌 자여, 밖으로 나오라." 이 말은 나사로에게 하는 말인가? 아니면 오늘 내게 하는 말인가? 바로 하나님이 내게 하시는 말씀이다.

그분의 말씀이 내게 가까이 올 때 우리는 다시 새롭게 창조하는 그분의 역사에 나를 동참시키신다는 것을 알 수 있다. 우리가 말씀을 가까이하는 그 순간마다 그 글자 속에 있는 생명을 내 것으로 호흡하고, 글자 속에 있는 하늘의 지혜를 내 것으로 하고, 글자 속에 있는 하늘

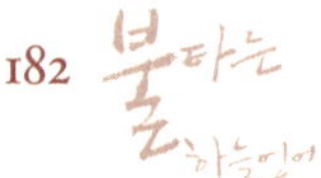

의 능력을 내 것으로 받아들이라는 것이다. 그것을 내 것으로 받아들일 때 나의 자리가 어떻게 바뀔까. 지금까지 무능한 자리에서 능력의 자리로 올라갈 것이다. 미련한 자리에서 하나님의 지혜의 자리로 올라가고, 가난한 자리에서 하나님의 부요한 자리로 올라갈 것이다.

붕대가 감겨 있는 썩어가는 시체를 향해 나오라고 하자 나사로가 걸어 나왔다. 그런 성경의 말씀을 가까이할 때마다 나에게 기적으로 나타나게 된다. '기적으로 나타나느냐? 나타나지 않느냐? '내게 해당이 되느냐? 해당이 되지 않느냐?' 그것은 바로 '내가 하나님의 말씀을 100퍼센트 믿느냐, 믿지 않느냐' 거기에 따라 달라지게 된다.

하나님과 나 사이에 봄이 와야

예를 들어 본다. 길가에 자라는 잡초가 있다. 금년 봄에 피었다가 가을에 죽었으나 내년 봄이 되면 다시 살아난다. 2천 년 전에 나사로에게 다시 생명을 준 그 하나님의 말씀이 길가의 잡초처럼 봄만 오면 하나님과 나 사이에 불신의 얼었던 장벽이 다 사라지고, 새싹이 돋아난다는 것이다.

새싹이 돋아나지 않는 이유가 무엇인가? 하나님과 나 사이에 겨울이 있기 때문이다. 겨울은 만물을 얼어붙게 하여 꽁꽁 묶어둔다. 하나님과 나 사이에 겨울이 있다면 봄날은 내게 오지 않는다. 하나님의 봄날이 내게 올 수 있는 방법은 무엇인가? 내가 그분에게 "주여, 내게 봄날을 허락하옵소서. 하나님의 봄날을 허락하옵소서. 생명의 봄날을 허락하옵소서. 말씀의 봄날을 허락하옵소서. 믿음의 봄날을 허락하옵소서." 내가 그분에게 탐욕과 탐심을 내려놓고 기도할 때, 그분은 응답해 주신다.

내가 이렇게 주께 기도하는 것은 하나님의 말씀에 가까이 가기 위해서, 그분의 진리를 이해하기 위해서, 그분의 말씀 속에 푹 잠기기 위해서, 진리의 떡을 먹고 진리의 생수를 마시고, 진리로부터 내려온 신선한 산소를 마시기 원함이다. 이렇게 간절한 마음으로 그분에게 가까이 갈 때, 선하게 쓰기 원하는 대로 그분의 은총으로 허락하실 것이다.

우리가 성경 말씀에 가까이 가는 것은 옛날의 기록들을 우리가 이해하고 기억하기 위해서 가는 것이 아니다. 옛날 그 속에 있었던 하나님의 생기를 마시러 간다. 하나님의 기적을 내 기적으로 만들기 위해, 그분의 역사를, 나를 위한 역사의 자리로 만들기 위해 가는 것이다. 하나님의 말씀을 단순히 이해하기만 해서는 그 말씀 속에 있는 능력을 활용할 수 없다. 하나님의 말씀 속에 있는 능력과 권세를 활용할 수 있는 방편이 딱 하나 있다.

그것은 바로 기도의 자리로 연결시키는 것이다. 하나님의 말씀을 기도의 자리로 연결시킬 때, 그 속에서 꽃피우게 된다. 하나님의 말씀은 기도 자리에서 열매 맺는다. 그 열매는 곧 성령의 9가지 열매다. 그것이 역사하는 능력은 사람마다 다른데 하나님께서 그 사람에게 가장 선하고 가장 아름답게 역사하신다.

하나님이 우리에게 은혜를 베풀 때 육체의 병이 있는 자에게는 병을 고쳐 주는 것으로, 마음의 염려와 근심이 있는 자에게는 그것을

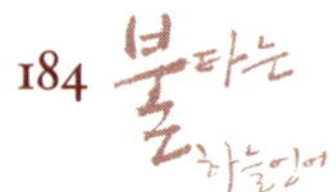

제거하는 능력과 평안으로 가까이 온다. 또한 인생이 파멸하는 자리에 있는 사람에게는 인생을 만지고 치료하시고 새롭게 하셔서 일으키신다.

하나님의 말씀은 과거에 기록된 것이라는 선입견을 가지고 있다. 하나님의 말씀이 비록 과거에 기록된 것이지만, 나를 위해서 그 현장에 그 사람을 세워서 그 사건으로 그 시대에 기록되고 그 시대에 역사된 것이다. 그것을 오늘 내게 연결시키는 일이 바로 '거룩한 독서'를 하는 순간 내게 일어나게 된다.

하나님 말씀을 가까이 하는가? 하나님 말씀을 어떻게 호흡하는가? 사람들은 하나님 말씀을 영으로 먹는다고 말한다. 더 나가 하나님의 말씀을 영으로 난 생수로 마신다고 한다. 하지만 생수로 마시는 것만 가지고 해결이 안 되는 것 같다.

그래서 하나님의 말씀을 생기로, 하늘의 신선한 산소로 들여 마신다. 씹어 먹고, 물로 마시고, 그 다음 코로 호흡하고, 하나님께서 우리에게 주신 모든 기관을 총동원해 하나님으로부터 오는 것을 모두 흡입할 때 어떤 일이 일어날까? 하나님의 메시지는 내게 100퍼센트 효능을 발휘하게 된다. 보이지 않던 것이 보이게 되고, 감을 잡을 수 없던 게 감을 잡을 수 있게 된다. 하나님의 말씀이 우리에게 가까이 오는 바로 그 순간부터 우리는 창조의 자리에 초대를 받게 된다.

"여러 날 후에 여호와께서 내게 이르시되
일어나 유브라데로 가서 내가 네게 명하여
거기 감추게 한 띠를 취하라 하시기로
내가 유브라데로 가서 그 감추었던 곳을 파고 띠를 취하니
띠가 썩어서 쓸데없이 되었더라"(렘 13:6-7).

"너희는 내 몸의 허리띠라"

"여러 날 후에 여호와께서 내게 이르시되
일어나 유브라데로 가서 내가 네게 명하여
거기 감추게 한 띠를 취하라 하시기로
내가 유브라데로 가서 그 감추었던 곳을 파고 띠를 취하니
띠가 썩어서 쓸데없이 되었더라"(렘 13:6-7).

말씀 속에서 어떤 진주를 캘까?
하늘의 영적 기상도를 감지하라
진리의 허리띠, 힘의 근원
하늘의 포도주 vs 인간의 포도주
하나님이 쓰시는 그릇은

10 _ "너희는 내 몸의 허리띠라"

거룩한 독서가 나와 실제적으로 어떤 관계가 있는가. 우리 교회와 어떤 상관이 있는가 생각하다가 예레미야 말씀을 보게 되었다. 이 말씀을 통해서 하나님은 우리와 그분과의 관계가 어떤지 나타내기 원하신다.

미국에서 RENOVARE(Richard. J, Foster 목사님이 창립한 영성 모임) 모임이 있었다. 2005년 9월, 이 모임에서 리처드 포스트 교수, 달라스 윌라드 교수, 세계적인 영성 거장들과 침묵기도에 동참한 몇몇 목사님들과 더불어 조용히 침묵 기도하는 시간을 보름 정도 가졌다. 바닷가 백사장에 앉아서 바다를 보며 기도했고, 숲속 잔디밭에 앉아서 기도했다. 밤에는 별을 보고 기도했다. 기도하는 시간을 가지면서 여러 가지 생각들이 영화 필름처럼 지나갔다. 그중의 하나가 바로 오늘 이 시간 우리가 생각하는 하나님의 말씀이다.

"너희는 허리에 둘러야 할 띠를 두르지, 허리에 둘러서 좋지 못한

띠는 두르지 말라." 그럼 우리가 허리에 둘러야 할 띠는 무엇이고 허리에 둘러서는 안 될 띠가 무엇인가? 여름이 조금 지난 날씨라 낮에는 햇볕이 조금 따갑고 백사장에 앉아 있으면 물에 반사되어서 눈이 부시기도 했다. 바다에 햇볕이 반사되는 그 빛을 가만히 바라보니 파도가 치는 대로 그 빛의 굴절이 달라졌다. 그 속에서 하나님께서 오늘 이 순간 나에게 무엇을 알려주기 원하는지 생각해 봤다. 그러다가 드러난 것이 바로 오늘 이 말씀이다.

성경은 나를 위해서 기록한 복된 소식이다. 성경에는 나를 향해 쏟은 하나님의 사랑의 마음이 담겨 있다. 성경의 주역은 하나님이요, 그 사랑의 대상은 바로 우리 자신이다. 그래서 성경에 기록된 모든 단어 하나, 펼쳐지는 상황 하나가 바로 나를 위해서 그분께서 보여 주신 진실이다.

성경은 내가 단순히 읽어 보고 참조하라고 주신 것이 아니다. 바로 그 상황, 사건, 시간, 장소가 나를 위해서 하나님께서 베풀어 주신 것이다. 그래서 성경의 역사는 과거의 역사가 아니라, 오늘 이 순간 살아 있는 현실의 삶으로 생생하게 펼쳐진다. 그것이 바로 거룩한 독서의 가장 깊은 하늘 호수다.

말씀 속에서 어떤 진주를 캘까?

내가 하나님의 말씀을 하루에 몇 절을 묵상했다, 또 몇 절을 읽었다, 얼마만큼 들었다, 그것이 문제가 아니다. 그것이 나와 어떤 관계가 있는지 정리해야 한다. 성경의 모든 내용은 바로 나를 위한 하나님의 마음의 편지다. 바로 그 내용 하나하나가 그분이 내게 주시는 말씀이다. 또 어떤 상황에서 우리에게 말씀하실 때는 내가 처한 환경과 앞으로 내가 처해질 환경을 미리 예견해 주시는 것이다.

성경을 묵상하다 보면 곳곳에서 나를 위한 예언들을 발견하게 된다. 나를 위한 예언을 발견하는 것은 바다에서 진주를 잡는 것과 같다. 진주조개를 캐 가다가 큰 조개를 만나면 기분 좋을 것이다. 그러나 그 안에 진주가 없을 때는 아무리 육질이 좋은 큰 조개일지라도 그냥 바다에 도로 던진다. 조개가 아주 작을지라도 그 안에 진주를 잉태하고 있는 조개를 선택한다.

바로 하나님께서 우리에게 펼쳐 준 진주가 자라는 바다가 하나님의 말씀이다. 하나님의 말씀 속에서 내가 오늘 어떤 진주를 캘까? 내가 오늘 어떤 진주와 만날 수 있을까? 그분이 내게 베푸신 은총과 내가 열심히 진주를 찾아가는 마음이 하나 될 때 바다 속에서 그분이 내게 주시기로 한 진주를 얻을 수 있다.

오늘 내게 다가오는 예레미야 13장은 살아 있는 생명처럼 역동적이다. 예레미야와 하나님과 나눈 대화가 곧 오늘 나와 하나님과 나눈 대화로 이어진다. 예레미야의 자리에 내가 들어간다. 옛날 그곳에 나를 대신해 예레미야를 세우시고, 또한 나를 위해서 주께서 이 현장을 만들어 주신 것이다. 오늘 말씀의 내용이 무엇인가? 하나님의 말씀은 우리 인간들에게 주어진 상황에서 가장 진실되게 펼쳐진다.

하나님의 말씀이 진실된 모습을 드러내는 순간, 나를 향한 그분의 예언이 시작된다. 오늘 예레미야 13장은 하나님과 우리 교회 사이에,

하나님과 나 자신 사이에 일어날 상황을 우리에게 펼쳐 주고 있다. 하나님께서 내게 이 상황을 펼쳐 주실 때 그 상황에 제시되는 단어들은 초자연적 능력을 갖는다. 기막힌 파워를 갖게 된다. 바로 이것이 나를 위한 말씀이라고 그분이 말씀하실 때 그대로 나에게 적용된다. 하나님의 말씀이 얼마나 나에게 신실하게 적용이 되는가 하는 것은 성경을 읽기보다 들을 때 뚜렷하게 알게 된다.

눈으로 읽어갈 때 우리는 글자를 따라 읽어갈 수 있다. 그러나 우리가 마음으로 들을 때는 하나님의 음성, 하나님의 말씀을 듣게 된다. 하나님의 말씀을 그분의 음성으로 듣거나 그분이 쓰신 글을 통해 내게 주신 것을 마음을 열고 받아들일 때 나를 향하신 그분의 사랑과 내 앞을 밝히는 그 말씀은 내게 빛이요 진리요 생명이 된다.

오늘 거룩한 하나님의 말씀을 내게 어떻게 적용할 것인가? 지상의 영적 기상도를 주시하는 것이지 성경 말씀을 공부하는 자리가 아니다. 이 말씀이 내게 어떻게 가까이 오는가, 이 말씀이 오늘 이 상황에서 내게 어떻게 들려지는가 그것을 찾아내고 주께서 내게 주시는 그대로 받아들이면 된다.

오늘 본문 말씀을 보면 "너는 가서 허리를 묶는 띠를 새로 사라"고 한다. 그리고 그 띠를 네 허리에 동여매라고 하신다. 그 다음엔 유브라데 강으로 가서 그 띠를 바위 밑 모래바닥에 묻어두라고 한다. 그리고 나서 성경에 기록된 대로 추적해 간다. 그리고 나서 한참 만에 "너는 거기 가서 네가 숨겨 놓은 그 띠를 찾아내라"고 한다. 가서 땅을 팠더니 띠가 썩었다. 하나님의 이 단순한 이야기를 통해서 그분이 내게 들려주시는 말씀이 뭔가 생각해 보자.

하늘의 영적 기상도를 감지하라

하나님과 우리 사이는 튼튼한 진리와 사랑으로 띠가 맺어져 있다. 신랑 되시는 예수님과 신부 되시는 교회가 하나님의 띠로 아주 잘 매어져 있다. 잘 매어진 이 띠를 통해 하나님께서 우리에게 다른 한 방향을 보여 주시며 지상의 영적 기상도를 나타내신다. 하나님은 그분과 내가 맺고 있는 그 띠를 내버리고 가서 다른 띠를 사오라고 하신다. 바로 그것은 하나님께서 오늘날 우리 자신을 밝혀 주시는 것이다. "너는 어찌 너와 나 사이에 언약의 띠, 사랑의 띠, 신뢰의 띠, 부모와 자식 간의 그 띠를 내버리고 우상숭배하며 어찌 세상의 길로, 세상의 방법과 지식으로, 세상의 경험과 지혜로 달려가는가."

말씀을 통해서 우리는 그분이 내게 들려주시는 말씀들을 생각하게 된다. 원래 띠는 진리를 상징한다. 하나님과 우리 사이에 있는 끈끈한 띠는 바로 진리다. 또 하나님과 우리 사이를 하나로 묶어 버리는 사랑의 띠가 있다. 이 사랑의 띠를 삼베 띠로 묶어 버린다. 인간들이 짜 놓은 천으로 만든 띠로 교체시켜 버린다.

우리는 하나님의 진리에 대해서 깊은 통찰력을 동원해야 한다. 하나님은 예레미야에게 너는 유브라데 강으로 가라고 하신다. 그리고 그 강가에 네가 사온 띠를 묻으라고 한다. 여기서 우리는 앞으로 벌어질 일들에 대해서 하나님께서 우리에게 암시적으로 나타내시는 하늘의 영적 기상도를 감지해야 한다. 예루살렘에서 유브라데 강까지는 약 550-560킬로미터인데, 먼 거리다.

거기 가서 네가 사온 띠를 묻으라고 하는데 그 뜻이 무엇일까? 앞으로 너희 자녀들, 이스라엘 민족들이 바벨론에 끌려가리라는 것을 하나님께서 보여 주신다. 그리고 하나님의 역사를 이루어간다. 하나님께서 우리에게 어느 곳으로 가라고 할 때 그것이 단순한 지역이라고 생각하기가 쉽다. 그냥 그 강으로 가라고, 강가에 심으라고 단순히 생각할 수 있다. 그러나 깊은 묵상에 들어갈 때는 하늘이 열리는 자리로 들어가게 된다. 그 강은 무엇을 말씀하실까? 왜 거기다 묻으라고 하실까? 그분께서 우리에게 말씀하시는 뜻을 묵상 중에 찾는다.

유브라데 강물은 무엇을 뜻하는가? 이것이 우리의 기도가 진행되는 과정 중에 물어야 할 기도의 제목들이다. 우리는 기도의 자리에 들어갈 때 기도해야 할 제목을 많이 가지고 있다. 그것을 가져와서 쏟아놓고 "하나님 모두 들으셨지요? 하나님 잘 계십시오" 하고 돌아와 버린다. 이것은 기저귀 찬 어린아이들의 기도라고 한다. 그러나 성숙한 크리스천들의 기도는 그것과 벌써 거리가 많이 떨어져 있다.

유브라데 강물은 무엇을 말할까. 세속의 강물을 말하지 않나 싶다. 세속의 진리와 하나님의 진리가 인간이 느낄 수 있는 지, 정, 의, 감성, 지식, 지혜, 판단 등으로 얼룩져 버릴 경우 하나님의 진리는 세상 것과 혼합된다. 세상의 것과 혼합된 하나님의 진리는 어떻게 될까. 생수의 본질 그 자체가 생명을 잃어버리게 된다. 하나님의 진리는 그 안에 생명이 내재하는데 세상 것과 그것이 야합되는 그 순간부터 하나님의 진리가 훼손된다. 이것이 지속되면 오래 되지 않아 죽는다.

예를 들면 기름과 물과 심지가 있다. 기름에 심지를 넣으면 계속 불이 탄다. 물에 심지를 넣으면 꺼진다. 그럼 물에 기름을 붓고 거기에 심지를 넣으면 어떻게 될까. 검은 연기를 내고 지글지글 타다 꺼져 버린다. 융합은 죽음이다. 그래서 우리는 성경에서도 될 수 있으면 "믿지 않은 사람들과 같이 멍에를 매지 말라"고 기록하고 있다. 우리는 그 말이 무슨 뜻인지 잘 기억해야 한다. 어떤 분들은 믿지 않는 사람도 데려와서 믿게 하겠다고 한다. 그러나 그만한 능력이 우리 안에 있는가? 없는가?

처녀가 믿지 않는 경우 남자가 그 처녀와 결혼하면 대부분 믿지 않는 쪽으로 간다. "내일이 주일인데 한 주 빠지면 어때요. 주일날 우리 애들 데리고 오랜만에 놀러 가요. 평생 다닐 교회인데 한 주 빠지면 안 되나요?" 아내가 이렇게 말하면 결국 주일은 가족 소풍 놀이하는 날, 취미 생활하는 날이 된다. 그러면 그의 영이 믿지 않는 아내의 영과 혼합돼 버린다. 때로는 그가 아내를 교회로 데려오겠지만 끌려오는 아내에게 하나님의 영이 있겠는가. 하나님의 영이 없는 그 여인은 교회에 나가도 껍데기만 앉아 있다.

하나님은 그것을 예레미야 13장을 통해서 우리에게 깨우쳐 주기 원하신다. "내가 성경을 100독, 200독했다든지, 혹은 내가 오늘 성경 읽기 표대로 읽었다"고 자부심을 가질 것이 아니다. 성경을 읽는 목적은 그 안에 생명을 찾아내라고 하시는 그분의 마음을 따르는 것이다. 하나님의 진리가 우리에게 가까이올 때 우리가 보고 듣고 냄새 맡는 것보다 중요한 것은 말씀을 나의 생명이 되게 하는 것이다.

길을 가다 식당 앞을 지나치면 식당에서 음식 냄새가 난다. 하루 종일 그곳에 서서 그 냄새를 맡아 보라. 배가 부를까? 아마 허기져서 털썩 주저앉게 될 것이다. 하나님의 말씀을 내가 하루 종일 냄새를 맡더라도 영의 배부름과는 아무 관계가 없다. 그 안에 들어가서 음식을 주문하고 먹지 않는 한 그 간판에 있는 음식은 나와 아무 상관이 없다.

하나님의 말씀을 우리가 받들어 경외한다고 해서 거룩한 독서라고 이름을 붙였다. 하나님의 말씀이 거룩한 독서가 되기 위해서는 말씀이 내게 생명으로 가까이 와서 생명의 활력소를 주고, 내 생명이 더욱더 성숙해서 또 하나의 생명을 다시 창조할 수 있도록 해야 한다. 바로 그것이 하나님의 말씀이 내게 가까이 온 목적이다. 하나님 말씀이 내게 아무리 가까이 왔을지라도 그 말씀을, 나의 생명으로 하지 못했을 때 천 번 만 번 읽고 냄새 맡은들 나와 아무 상관이 없다. 우리가 반드시 해야 할 일이 하나 있다. 진실한 기도다.

"전능하신 하나님, 예레미야를 찾으신 것처럼 오늘 저에게 오시옵소서. 저를 향한 당신의 마음이 들어 있는 말씀을 저와 더불어 주고받게 하시옵소서. 예레미야를 찾아오셨던 하나님, 예레미야를 부르셨던 하나님, 오늘 이 시간 내게 오셔서 예레미야에게 말씀하신 것처럼 저에게도 말씀하시옵소서. 아니, 예레미야를 대신해 그 자리에 저를 앉혀 주십시오. 저에게 하실 말씀이 무엇입니까?"

진리의 허리띠, 힘의 근원

오늘날의 교회는 뭔가 이상하다. 내가 너희와 관계를 맺고 있는 그 허리띠를 풀어 버리고 다른 허리띠를 가지려고 하는데, 어찌된 것인가? 그것을 우리에게 물으신다. 허리띠가 무엇인가? 힘의 근원을 진리로 묶어 버리는 것이다. 하나님은 이스라엘 백성을 자기 몸의 허리띠처럼 묶어 두었다. 주고받는 그 사랑의 관계가 얼마나 끈끈한지 모른다.

하나님은 언제나 외출하실 때는 허리띠를 묶고 그의 자녀들을 허리에 차고 나간다. 자녀들과 하나님의 관계가 바로 끊어질 수 없는 한 몸이라는 것이다. 허리띠는 바로 그 몸체와 하나 되는 관계를 말한다. 하나님께서 예레미야를 통하여 말씀하신 것을 오늘 내게 묻는다. '너는 진실로 내 몸에 붙어 있는 허리띠인가. 너희 교회는 진실로 내 몸에 붙어 있는 허리띠인가.' 그것을 우리에게 물으신다.

하나님과 진실로 같은 자리에 묶인 허리띠가 된다는 것은 무엇을 말하는가? '하나님의 진리가 네 속에 있는가. 하나님의 말씀이 너희 교회에 선포되는가? 하나님의 말씀이 너희 양 무리에게 생명을 주는가? 너희 양 무리에게 생명수가 되고 너희 양 무리들에게 오염되지 않은 산소를 주고 있는가? 그것을 우리에게 물으신다.

그 하나님이 우리에게 말씀하신다.

"너 내 심부름 하나 해볼래?"

"예! 뭡니까?"

"시장에 가서 베로 만든 허리띠 하나 사 와."

"왜요? 사 오면 알아. 그것을 사 와서 너희 허리에 묶어 봐. 그리고 나서 얼마 동안 묶어 둔 다음 풀어서 유브라데 강가에 가서 젖은 모래밭에 그 띠를 묻어."

참으로 하나님이 우리에게 비유로 말씀하시는 것은 인간이 도저히 상상할 수 없는 그런 것들이다.

유브라데 강은 세상의 강을 말한다. 세속적이고 인간적인 생각들이 그 안에 들어가 있는 것들을 말하는 것이다. 다시 말하면 우리 육적인 목회, 이성적인 목회에 하나님의 띠를 묻어 보자. 그때 문제가 나올 것이다. 또 하나 세상의 진리와 지식, 세상의 경험을 가지고 하나님의 자리에 와서 그것을 펼쳐 보라. 어떻게 되겠는가. 바로 그것은 하나님의 진리를 오염시키는 근원이 된다고 말하지 않는가?

"너는 지금 가서 한 달 전에 묻어 둔 삼베 띠 꺼내와 봐."

"예, 꺼내 오지요" 하며 가서 땅을 파헤치고 띠를 꺼내 본다.

"띠가 썩었네요."

우리는 성경을 가까이할 때마다 그 말씀이 내게 나타내고자 하시는 그 뜻이 무엇인가를 깊이 생각해야 한다. 그분께서 우리에게 뭔가 심어 주고자 하는 그 내용이 무엇일까? 띠가 썩었다는 말이 무엇인가. 변질된 기독교의 흐름이 세상의 흐름과 하나 됐을 때 거기는 죽음밖에 없다. 그 죽음의 자리에 하나님이 판단하러 오시겠다는 것이다. 하나님이 우리를 판단하시는 것은 최후의 심판이나 재림시의 심판만이 아니라 그 어떤 때가 있고, 어떤 장소가 있다.

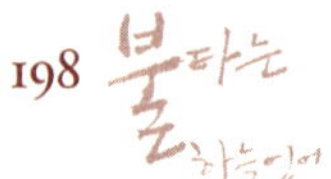

하나님께서 나를 판단하시는 이 자리를 어떻게 맞게 될 것인가. 그분이 내게 착하고 충성된 종이라고 판단하실지, 아니면 미련하고 어리석은 종이라고 하실지 모른다. 이 만남을 아름답게 할 것인지, 추하게 할 것인지 스스로 결정해야 된다. 내 안에 썩은 것이 있을 경우 입을 열 때마다, 눈을 껌벅일 때마다, 숨을 쉴 때마다 내 속에 있는 썩은 냄새, 썩은 빛들이 나오게 될 것이다.

오늘 하나님께서 왜 나를 위하여 예레미야 13장 말씀을 주시는지 생각해 봐야 된다. 사랑하는 자에게 그분의 진리와 사랑, 생명으로 허리띠를 띠라고 한다. "네가 가는 곳곳마다 빛이 날 것이요, 네가 가는 곳곳마다 너는 생명을 나누어 줄 것이다. 네가 머무는 곳마다 향기가 나리라." 하나님께서 우리에게 가까이하실 때 그분의 마음을 읽어가야 된다. 성경 말씀이 나를 향하신 그분의 진한 사랑이며, 그분의 부모 같은 마음이라고 생각할 때 우리는 하늘로부터 내려오는 그 사랑을 높은 산, 깊은 계곡, 가파른 절벽, 맑은 시내, 푸른 초장에서 찾아낼 수 있다.

하늘의 포도주 vs 인간의 포도주

하나님께서는 내게 말씀하신다.

"원 목사, 빈 병 있지? 이 빈 병을 뭘로 채울까?"

"포도주로 채우죠."

여기서 빈 병을 인간의 마음이라고 보고, 포도주를 영적 지식이나 영적 진리라고 할 수 있다. 하나님께서는 우리에게 마음을 주실 때 하늘의 지식으로 채우라고 주셨다. 하늘의 지식으로 채우라고 주신 우리의 빈 병에 과연 하늘의 영적 지식과 영적 양식으로 채워져 있는가 돌아봐야 한다.

이것이 우리가 기도 자리에 들어갈 때 묵상해야 할 제목이다. "하나님, 우리의 자녀를 잘 되게 해주십시오. 하나님, 우리 남편의 사업을 잘되게 해주시고 우리 교회를 부흥시켜 주십시오." 그것은 참된 기도가 아니다. 기도의 자리에 들어가기 전에 하나님이 내게 주신 이 빈 병이 무엇으로 채워져 있는지 자신을 하나님의 거울에 비춰 보시기 바란다. 하나님의 거울, 다시 말하면 나를 향하신 그분의 말씀에 마음이 비춰질 때 우리는 숨겨진 모든 현상들을 보게 된다.

하나님의 말씀은 내 삶의 등불이다. 내 마음의 거울이다. 하나님의 말씀이 내게 가까이올 때 그 말씀이란 빛과 거울에 비치는 내 자신의 벌거벗은 내면세계를 본다. 내 안에 비치는 하나님의 말씀이 어떤 색깔로 오는지, 어떤 빛으로 오는지 어떤 냄새로 오는지, 어떤 영양소로 오는지 가만히 생각해 보자. 그때 우리의 기도가 바뀌고 기도 내용도 바꿀 것이다.

예레미야 13장 말씀을 깊이 묵상하고 침묵의 자리에 침잠하면 이런 자리까지 간다.

"너는 백성들에게 물으라. 이 빈 병에 내가 무엇으로 채워 주려는지 아는가?"

"그거야 포도주로 채워 주시지 않겠습니까."

그들은 이렇게 대답할 것이다. 내가 채워 주는 포도주와 그들이 스스로 채우려는 포도주의 차이를 오늘 묵상하며 찾아내야 한다. 하나님께서 내 마음속에 채워 주시려는 하늘의 포도주와 우리 인간들이 스스로 자신의 마음속에 채우려는 이 땅의 포도주와의 차이를 우리는 발견해야 한다. 그 차이가 무엇일까.

하늘의 포도주는 오래 되면 오래 될수록 더욱더 생명력이 넘치지만, 흙에서 나온 우리 인간이 채우는 포도주는 날이 가면 갈수록 썩어 악취가 나게 된다. 그런데도 이스라엘 백성들은 그들의 병마다 채우는 포도주가 그들의 인생을 풍요롭게 하는 포도주라고 헛된 망상을 하고 있다.

지금 내 속에 채워져 있는 포도주와 하나님께서 내게 주신 그 포도주의 빛깔은 똑같은 붉은빛이다. 그러나 그 속에 있는 포도주의 성분을 보면 전혀 다르다. "주님, 제가 스스로 채운 이 포도주를 지금 이 시간 비워 주옵소서. 제가 인간의 지식과 지혜로, 감성으로 만들어서 채운 인간의 포도주는 주께서 기뻐하시는 포도주가 아닙니다. 주여, 이것을 비우게 하옵소서. 완전히 쏟아 버리게 하옵소서."

바로 이것이 지구촌의 동서양 모든 교회 성도들이 기도해야 할 기도제목이다. 하나님께서 우리에게 찾으시고 요구하시는 것은 인간의 생각과는 전혀 다르다. 그분은 이렇게 말씀하신다.

"나는 육신의 예배를 기뻐하지 않는다. 나는 육신의 기도를, 육신의 찬양을 기뻐하지 않는다. 나는 너희가 드리는 이성의 예배를 기뻐하지 않는다. 나는 너희가 드리는 이성의 찬양, 이성의 기도를 기뻐하지 않는다. 내가 기뻐하는 것은 영으로 예배하는 자리요, 영으로 기도하고 영으로 찬양하는 자리다. 내가 기뻐하는 종은 인간의 지혜와 지식, 경험으로 교회를 이끌어 가는 자가 아니다. 내 사랑하는 양 떼들에게 영의 양식을 주는 자들이 필요하다."

오늘 이스라엘 백성들은 그들의 빈 병에 포도주가 채워졌으니까 그들은 기뻐하고 자만하고 춤춘다. 그곳에 죽음이 있음을 모른다. "내 병의 포도주가 무엇으로 채워졌느냐?" 이 질문에 대한 답을 하기 전에 우리는 기뻐할 수가 없다. 주님이 주신 포도주로 채워졌을 때 우리는 기뻐 춤출 수 있다.

그러나 세속적인 포도주, 즉 인간의 지혜와 경험과 지식과 체험과 은사와 능력으로 만들어진 포도주로 채워졌거나 세상의 학문으로 채워졌을 때, 세상의 영광으로 채워졌을 때, 세상의 물질로 채워졌을 때 바로 그 교회는 썩어가게 된다. 하나님께서 우리에게 하시는 말씀이 있다.

"너희 교회는 내 몸의 허리띠라. 너희 자신들은 바로 내 몸의 허리띠라. 너희의 영혼들이 내 몸의 허리띠라. 너희들이 지금 섬기고 있는 그 교회가 내 몸의 허리띠라. 너희들이 선교하고 있는 그 선교 공동체가 바로 내 몸의 허리띠라. 너희들이 봉사하고 있는 봉사 단체가 바로 내 몸의 허리띠라."

네가 지금 두르고 있는 그 허리띠가 하나님께서 기뻐하는 허리띠인가, 아닌가 물으신다. 이 물음에 대한 답을 해야 한다. 마음속에 채워진 포도주는 당신이 기뻐하는 생명 말씀으로 빚어진 포도주다. 우리가 기도의 자리에서 스스로를 점검할 때 하나님이 얼마나 기뻐하

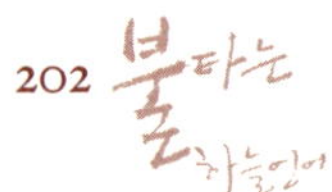

실까? 얼마나 좋아하실까? 그러나 내 속에 채워진 포도주나 우리 교회에 채워진 포도주가 그분이 원하시는 것이 아닌 경우 하나님은 우리에게 다시 한 번 이렇게 말씀하신다. "애야 일어나라. 너는 가서 허리띠를 하나 사 와. 그리고 그것을 네 세속의 강에 담가 봐. 그리고 난 뒤 그것을 다시 파 봐. 그것이 썩어가나 썩어가지 않는가? 그것을 보고 너는 내 말을 기억하라."

우리는 한 주간 동안 기도의 자리에 앉아서 말씀을 묵상한다. 기도의 자리에 앉아서 침묵한다. 내 속에 채워진 이 포도주가 주의 진리의 말씀으로 채워진 향기로운 포도주인가? 생명을 살릴 수 있는 포도주인가? 포도주를 내 잔에 따라서 높이 들고 "주님, 제 잔에 당신의 포도주로 넘치게 하시니 참 기뻐합니다" 그럴 수 있는가.

만약 그렇지 않고 우리가 잔을 들어서 우리 마음 병 속에 있는 썩은 포도주를 따라서 그것을 들고 "하나님, 내 잔이 넘침을 기뻐하나이다" 할 때 어떤 일이 일어날까? 썩은 포도주를 먹는 그에게는 그 다음 순간 죽음이 있을 것이고, 향내 나는 포도주를 들고 "내 잔이 넘치나이다" 기뻐하며 감격의 눈물 흘린 그에게는 진실로 하나님께서 새로운 생명, 새로운 날들을 그에게 다시 주시지 않을까?

하나님이 쓰시는 그릇은

예레미야 13장을 자세히 살펴보면 예레미야가 바로 나 자신임을 알 수 있다. 하나님께서 예레미야를 통하여 말씀하신 곳이 바로 우리의 교회다. 이 말씀을 통해 지구촌 모든 교회를 재점검해 보는 그런 자리가 돼야 하겠다.

하나님께서는 우리에게 이렇게 말씀하셨다.

"너 지식 있는 자여! 교만한 자리서 내려오라. 너 지혜 있는 자여! 교만한 자리에게 내려오라. 너 잘생긴 자여! 오만한 자리에서 내려오라. 너 건장한 청년이여! 오만한 자리에서 내려오라. 인생의 온갖 것을 다 안다는 인생의 유식한 자여! 그 교만한 자리에서 내려오라. 너 인생의 갖가지 풍요로움과 부요함을 가지고 있는 자여! 그 사상누각의 자리에서 내려오라. 기도를 많이 했다고 하는 자여! 그 사탄의 자리에서 내려오라. 찬양을 많이 했다고 하는 자여! 그 자리에서 내려오라. 설교를 많이 했다는 자여! 그 자리에서 내려오라."

바로 우리가 서 있는 그 모든 자리들은 자칫하면 교만한 자리가 될 것이다. 오만한 자리에 앉은 자에게 하나님께서는 교만은 패망의 원인이라고 하셨다. 오만은 멸망의 지름길이다.

하나님께서 우리에게 주신 말씀에 비교해 가면서 하늘의 포도주와 인간의 포도주의 차이를 이제 깨닫는다. 주께서 내게 주신 포도주는 겸손한 포도주, 희생의 포도주, 눈물의 포도주, 나를 주께 드리는 죽음의 포도주다. 내 생명을 주 앞에 드리는 진한 피다. 이렇게 우리가 고백할 때 그 자리에서 우리의 기도가 어떻게 피어날까. 생명으로 피어난다. 그분께서 이렇게 말씀하실 것이다. "네가 생명을 심었은 즉 그 생명이 그 자리에서 움트고 새싹이 돋아나게 하리라! 너는 그 심어 놓은 생명을 돌보지 않을지라도 내가 그 생명이 자라게 하리라!"

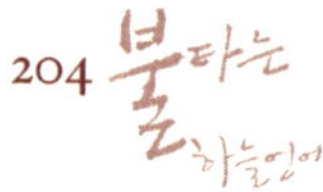

우리가 잘 아는 사실이 하나 있다. 밤에 콩나물 시루에 물을 준 것과 물을 주지 않은 것은 그 다음날 아침에 보면 다르다. 콩나물에 물을 주면 물이 다 쏟아진 것 같아도 지난밤에 물을 먹은 콩나물은 쑥쑥 자라 있다. 지난밤에 물 먹지 못한 콩나물은 그냥 그대로 있다. 신선한 물을 콩나물이 먹을 때 잘 자란다. 그러나 콩나물에 썩은 물을 주면 그 콩나물이 병들고 썩게 된다.

우리는 동양식으로 콩나물 시루에 비유하지만, 주님은 서양식으로 병과 포도주를 이야기한다. 무슨 차이가 있는가. 우리가 잘못하면 눈에 보이는 것만 따라갈 수 있다. 어떤 경우에는 아름다움을 찾아갈 수가 있고, 어떤 경우에는 쉬운 첩경을 찾아갈 수 있을 것이다. 하나님께서 나를 선택했으니, 내게 교회를 허락했으니, 내게 예배를 인도하는 자리를 줬으니, 하나님께서 어련히 알아서 하시겠는가? 그런 망상을 할 수 있다. 하지만 그런 생각을 버리시기 바란다. 그분은 적게 준 자에게는 적게 찾아가고, 많이 준 자에게는 많이 요구하시겠다고 말씀하셨다. 참 진리다.

하나님께서는 우리를 부르셨더라도 그분이 우리를 쓸 그릇으로 만들지, 안 만들지 우리 스스로 결정해야 한다. 그분이 부르셨더라도 내가 깨진 그릇이라면 조금 쓰다가 폐기될 것이다. 또한 그분이 부르셨더라도 성숙하지 못할 때는 '이것은 자라지 않는 병에 걸렸구나' 하고 포기할 것이다. 예수님의 열두 제자의 사역은 다 다른데, 각각 그릇 나름대로 쓰셨다.

오늘 주의 종들이나 신자들도 열두 그룹으로 구별할 수 있다. 그러면 나는 사역자 중에 어느 그룹으로 들어갈까. 내가 원하는 그룹은 어느 자리인가 물어 보고 난 다음에 양심적으로 내게 가까이 다가오는 어떤 그룹을 점 찍을 수 있을 것이다.

"주여, 내가 선한 사역을 할 수 있도록 주께서 그릇을 써주시니 고맙습니다" 하는 기도가 스스로 터져 나올 때 하나님은 이렇게 말씀하실 것이다. "네가 가고자 한 일에 열심히 뛰어가라. 내가 너를 돕겠다. 내가 너를 뒤에서 밀어 줄 테니 앞장서서 가라. 내가 네 앞에 방해하는 모든 장애물들을 천군 천사를 보내서 깨뜨리고 제거하고 너희 길을 예비해 주겠다."

그러나 주께서 우리를 쓰실 때, 원하지 않는 어떤 제자의 그룹에 들어갈 때 주님께서 우리에게 뭐라고 하실까. 예를 든다면 우리가 가룟 유다의 자리에 들어가 있을 때, 돈만 추구하는 자리에 들어가 있을 경우 주님께서 "내가 네 앞에 천사들을 보내서 다 예비하고 내가 널 뒤에서 도와주리라" 하면 어떻게 될까. 유다의 길을 열심히 가라며 그 앞에 천군천사를 보내서 길을 예비해 주겠다는 것은 죽으러 가도록 길을 열어 주겠다는 것이다. 가룟 유다의 길을 가는 데 돕겠다는 말은 10년 동안 살 것을 절반인 5년 간 살게 하겠다는 뜻일지도 모른다.

우리가 거룩한 독서를 할 때마다 그때의 상황이 오늘의 상황으로, 나 자신의 일로 다가온다. 우리의 말 한마디가 그분의 말씀이 되고, 우리의 기도 한 단어가 주님의 기도가 되게 해야 한다. 우리가 손 얹고 기도할 때 성령님의 능력이 그 순간 나타나도록 해야 한다. 바로

그것은 하늘의 생명, 하늘의 포도주를 마음 그릇에 담고 있는 자의
축복이다.

　그분이 하늘의 것을 우리에게 주실 때 그것을 그대로 활용하게 하
신다. 하나님의 사랑을 기뻐하고 즐거워하며 춤을 추라. "너는 내 기
뻐하는 자라. 너는 내가 믿는 자라. 너는 나와 더불어 동역하는 자라.
내가 무엇을 하고자 하면 내게 말하라. 내가 네게 힘과 능력과 지혜
와 물질을 주리라." 이런 멋진 답을, 묵상의 자리에 앉을 때마다 받는
우리가 되어야 할 것이다.

"엘리사가 사자를 저에게 보내어 가로되
너는 가서 요단강에 몸을 일곱 번 씻으라
네 살이 여전하여 깨끗하리라, 나아만이 모든 종자와 함께
하나님의 사람에게로 도로 와서 그 앞에 서서 가로되
내가 이제 이스라엘 외에는 온 천하에 신이 없는 줄을 아나이다
청컨대 당신의 종에게서 예물을 받으소서"(왕하 5:10,14).

11

간절함이 기적을 부른다

"엘리사가 사자를 저에게 보내어 가로되
너는 가서 요단강에 몸을 일곱 번 씻으라
네 살이 여전하여 깨끗하리라, 나아만이 모든 종자와 함께
하나님의 사람에게로 도로 와서 그 앞에 서서 가로되
내가 이제 이스라엘 외에는 온 천하에 신이 없는 줄을 아나이다
청컨대 당신의 종에게서 예물을 받으소서"(왕하 5:10,14).

콩을 맷돌질해 두부를 만들듯이
기도, 하나님이 베푸신 만찬의 자리
영성 풀무대학에 들어가라

11 _ 간절함이 기적을 부른다

성경 66권의 하나님의 산에는 아직도 그 베일이 벗겨지지 않은 무진장한 광산 속에 종류를 헤아릴 수 없는 수백만 가지의 광물질이 묻혀 있다. 이를테면 영성풀무대학이라는 광물질에 대해 말할 때 이 광산에서 하나를 채굴할 수 있고, 다음에는 저 광산에서 또 다른 하나를 캘 수도 있다.

예를 들어, 자연을 주제로 봄부터 겨울까지 인생 자연공부를 한다고 하자. 유치원 아이들, 초등학교 학생들, 중고등학생들이 자연공부하는 것과 자연의 전문가들이 자연공부를 하는 것은 꼭 같은 자연이지만 그 깊이와 높이와 넓이와 길이가 완전히 다르다. 그 차원과 그 세계가 전혀 다르다.

하나님의 광산, 영성의 세계에서 광맥을 캐가는 것은 캐면 캘수록 더 깊어진다. 그 광산의 종류도 다르다. 이렇게 거룩한 독서를 계속하는 동안 새로운 광산, 새로운 광맥을 파 들어가게 된다. 바로 그것이 살아 있는 우리의 양심이 된다. 보통 교육과정은 필수교재 몇 권을 선정하고 그 공부가 끝나면 졸업한다. 그것은 지식을 전해 주는 것이지 살아 있는 생명양식으로 그들이 성숙하고 성장케 해주는 역할은 하지 못한다. 그러나 우리가 추구하는 영성은 계속 살아 움직이며 성숙하고 성장하게 만드는 그런 과정이다.

흔히 말하기를 성경 100독하면 도통하듯 할 것이라고 한다. 그러나 성경을 눈으로만 읽어서는 안 된다는 것을 나중에 알게 된다. 성경은 무진장한 보물이 묻힌 광산이다. 그래서 영성지도자는 보이는 것을 뛰어넘어 보이지 않는 세계를 찾아가야 한다. 우리가 추구하는 것은 지식이 아니다. 하늘양식, 생명이다.

"하나님의 사람 엘리사가 이스라엘 왕이 자기 옷을 찢었다 함을 듣고 왕에게 보내어 가로되 왕이 어찌하여 옷을 찢었나이까 그 사람을 내게로 오게 하소서 저가 이스라엘 중에 선지자가 있는 줄을 알리이다 나아만이 이에 말들과 병거들을 거느리고 이르러 엘리사의 집 문에 서니 엘리사가 사자를 저에게 보내어 가로되 너는 가서 요단 강에 몸을 일곱 번 씻으라 네 살이 여전하여 깨끗하리라 나아만이 노하여 물러가며 가로되 내 생각에는 저가 내게로 나아와 서서 그 하나님 여호와의 이름을 부르고 당처 위에 손을 흔들어 문둥병을 고칠까 하였도다 다메섹 강 아마나와 바르발은 이스라엘 모든 강물보다 낫지 아니하냐 내가 거기서 몸을 씻으면 깨끗하게 되지 아니하랴 하고 몸을 돌이켜 분한 모양으로 떠나니 그 종들이 나아와서 말하여 가로되 내 아버지여 선지자가 당신을 명하여 큰일을 행하라 하였더면 행치 아니하였으리이까 하물며 당신에게 이르기를 씻어 깨끗하게 하라 함이리이까 나아만이 이에 내려가서 하나님의 사람의 말씀대로 요단 강에 일곱 번 몸을 잠그니 그 살이 여전하여 어린아이의 살 같아서 깨끗하게 되었더라"(왕하 5:8-14).

우리는 위의 말씀으로 기도와 묵상을 많이 했을 것이다. 우리는 활자를 보는 것이 아니라 활자 넘어 세계를 보아야 한다. 하나님과 엘리사, 하나님과 우리 사이를 나아만의 이야기를 통해 볼 수 있다. 나아만의 자리에 내가 들어갈 때 하나님께서는 내가 어떻게 했을까 그것을 보신다.

우리는 거룩한 독서를 할 때 하나님의 언어가 그분의 언어가 되도록 하는 그 길을 열어 놔야 한다. 다시 말하면 인간에게 나타난 그 글자에서 하나님의 권세와 하나님의 형상이 그 글자를 깨뜨리고 밖으로 나오게 해야 한다는 말이다. 하나님의 세계는 오묘하다든가, 신비하다든가 하는 말 외에는 달리 표현할 적합한 인간의 언어가 없다. 그 말씀은 우리의 삶에 기적으로 실현된다.

토마스 아퀴나스는 자신의 지식과 지혜와 경험, 철학으로 하나님의 진리에 대한 글을 썼다. 어느 날 그는 하나님과 대화의 시간을 갖고 나서 하나님이 나에게 들려주는 그 말씀과 하나님이 그에게 준 환상을 보고 "내가 지금 쓰고 있는 이 글은 하나님을 묘사하기에는 절대로 불가능하다. 지푸라기만도 못하다. 어찌 하나님의 그 세계를 내가 쓸 수 있나" 하며 연필을 꺾어 버린다.

하나님의 위대하심의 실체를 본 사람은, 그 앞에 서 있을 수 없다. 앉아 있는 자는 무릎을 꿇을 것이고, 무릎을 꿇은 자는 엎드릴 것이다. 엎드린 자는 그 바닥을 눈물로 적시든지, 감사로 채우든지 할 것이다. 지금까지 그분을 알았던 것과 비교할 수 없을 정도로 크고 놀라워서 자신의 무지함과 어리석음으로 인한 회개의 눈물을 흘릴 것이다. 참회의 눈물이 마르고 난 다음에는 "주여, 인간의 미련하고 어리석음을 깨우칠 수 있는 하늘의 지혜와 은총 주심을 감사합니다" 하며 그때부터 쏟아지는 감사의 눈물이 큰 강줄기를 이룰 것이다. 참회의 눈물을 훨씬 더 뛰어넘는 눈물은 감사의 눈물이다. 감사의 눈물이 샘 솟을 때는 항아리를 갖다 놔도 10분만 되어도 차고 넘칠 것 같다.

거룩한 독서가 무엇인가? 우리의 입술에 두고 있는 이 말씀이 하나님의 말씀답게 되도록 만들어 가는 것이다. 하나님의 말씀이 살아 있는 말씀으로 내게 오고, 그 살아 있는 말씀이 나를 통하여 살아 있는 영들에게 그대로 흘러들어가게 하는 것이다. "하나님, 이 말씀을 내 입에 올리셨으니 주께서 주관하시옵소서. 주의 능력과 권세로, 주의 살아 있는 생명으로 내게 오십시오." 이렇게 기도할 때 하나님의 언어는 능력과 생명으로 우리에게 임하신다.

우리는 하나님의 말씀을 지식으로 전할 때는 지성의 안테나를 곤두 세운다. 우리의 이성과 감성이 설교시 안테나를 다 곤두세운다. 그래서 하나님의 말씀이 인간의 언어가 될 때는 지적, 인격적, 감성적, 또는 종교적으로 그들이 성숙하게 된다. 그러나 엄밀히 말한다면 그것은 영의 성숙과는 전혀 관계가 없다.

하나님의 말씀이 영의 말씀이 될 때 영의 안테나를 세운다. 그때 하나님의 말씀이 선포되는 것은 바로 혼의 세계가 잠재워졌을 때 가능한 것이다. 하나님의 말씀을 인간의 지혜, 지식, 경험으로 제시할 때는 사랑하는 양떼들이 혼의 안테나를 세운다. 그러면 사랑하는 양떼들의 혼을 잠재우는 방법은 무엇인가. 영의 말씀이 선포될 때 그 속에 하나님의 영이 역사하게 된다. 하나님의 영이 역사하게 하는 방편은 무엇인가.

콩을 맷돌질해 두부를 만들듯이

이것을 두부를 만드는 일에 비유하면, 콩을 물에 담가서 맷돌질해 두부를 만들듯이 하나님의 말씀도 이같이 맷돌질해 형체가 없어질 때까지 소화하는 과정이 꼭 필요하다. 하나님의 말씀이 글자 그대로 살아 있을 때는 우리와 아무 상관이 없는 콩일 뿐이다. 그러나 그 콩이 맷돌에 으깨져 가루가 됐을 때는 우리와 콩의 영양소는 생명 관계가 된다. 거룩한 독서가 바로 이 과정을 우리에게 제시한다.

그 다음에 말씀을 완전히 깨뜨리고 물이 되게 했을 때 그 말씀을 기도의 자리로 연결시켜야 한다. 말씀이 그대로 살아 있을 때는 혼(지, 정, 의)의 과분수 현상을 가져오지만, 말씀이 우리 심중의 깊은 기도로 연결될 때 그 말씀은 우리를 온전한 사람으로 성숙하게 만든다. 말씀을 먹었거든 머리만 채우지 말고 아래로 내려 보내야 한다. 그래야 팔 다리가 만들어지고 우리 몸의 균형이 잡힌다.

하나님의 말씀은, 다시 말해 진실로 능력 있는 생명의 말씀이다.

생명의 말씀은 기도와 어떤 관계가 있는가? 기도의 자리는 우리가 푸념하는 자리가 아니라, 멋있는 만찬자리다. 만찬 테이블을 배설해 놓은 곳에 어린아이가 오면 무엇이든 처음 보는 신기한 물건만 있으면 손으로 움켜잡으려 한다. 뭔가 이상한 게 보이면 손으로 집어 먹으려고 한다. 기도의 자리에서 어린아이 같은 행동을 많이 볼 수 있다. 그럴 때 그 아이들을 질책하지 않는다. 왜냐하면 그는 어린아이니까 그렇게밖에 할 수 없기 때문이다. 어쩌면 우리의 기도 자리가 전부 그런 자리일 수 있다.

이때 우리는 아이를 질책할 게 아니고 성장하도록 계속 영양소를 공급해 주어야 한다. 영양소를 공급해 줌으로 그가 조금 성장하게 되면, '만찬 테이블 식탁에서는 손으로 두드리고, 휘젓고, 손가락으로 쑤시고 다닐 게 아니구나. 가만히 앉아서 같이 먹는 것이구나' 그렇게 알게 될 것이다.

이 만찬 테이블에는 하늘의 영양소로 가득 채워져 있다. 영성 지도자들이나 영성 멘토들, 성숙한 크리스천이 하는 기도의 자리는 어떤가. 하늘의 효소로 채워진 하나님의 음식들이 있다. 거기서 우리 영이 먹고자 하는 그 음식은 영이 지극히 필요로 하는 것이다.

1940년대, 내가 어린 시절 시골에서는 오늘날 같은 기저귀가 없었다. 아래 바지도 못 입힌 채 때로는 발가벗겨 밖으로 내놓는다. 그러면 허기진 애들이나 어떤 영양소가 부족한 아이들은 무의식적으로 흙을 주워 먹는다. 그 어린아이에게는 철분인지, 어느 효소인지 모자라는 것이다. 어린아이가 흙을 먹으면 영양소가 되는지 모르지만, 흙을 먹

으라는 강한 의지가 생겨서 어린아이는 자기도 모르게 먹는다. 먹는
이유는 바로 몸의 부족한 어떤 요소를 흙을 통해서 얻으려는 것이다.

그러나 오늘의 영의 세계에서 보면 우리의 영도 부족한 영양소를
마치 흙을 통해서 공급받으려고 하는 것과 유사한 것 같다. 기도의 자
리에서 우리의 영이 어떤 음식을 찾을 때마다, 그것이 우리에게 지극
히 부족한 어떤 요소임을 감지해야 한다. 그래서 내가 기도하다 보면
원래 의도하던 방향과 다른 쪽으로 기도하고 있음을 깨우쳐 알 때가
많다. 그때는 '아, 이 부분이 내게 결핍되었구나' 하고 알게 된다.

기도, 하나님이 베푸신 만찬의 자리

그래서 우리는 그 부분에 대해 연줄을 풀어 놓는다. 연이 아무리
공중에 펄럭이더라도 연줄을 풀어놓지 않는 한 높이 오르지 못하듯
이 우리의 기도도 하늘을 향해 올라가다 멈출 때가 있다. 이때 즉시
기도줄을 풀어 기도 만찬 자리에 이르도록 해야 한다. 하나님이 만찬
을 베푸신 기도에서는 우리의 영이 원하는 영양소를, 그 음식을 찾아
갈 수 있다. 바로 이것이 큰 만남이다.

내게 가장 필요한 것을 기도의 자리에서 취해야 한다. 그렇지 못하
면 기도의 자리에 앉아 있으면서도 영양실조에 걸린다. 왜냐하면 내
영이 필요한 것을 취하지 못하고 내 영이 필요치 않은 것을 먹기 때문
이다. 예를 든다면 뚱뚱한 사람이 자꾸 돼지 삼겹살 비계를 먹으면 그
에게 죽음을 가져온다. 그가 아무리 육식을 좋아할지라도 몸의 건강
을 위해서는 돼지고기를 줄이고 야채를 먹어야 한다는 것과 같다.

거룩한 독서를 통해 우리가 묵상할 하나님의 말씀을 맷돌질해야 한다. 그리고 맷돌질한 하나님의 말씀을 기도의 자리에 옮겨야 하는데, 그 이유는 말씀이 내게 생명이 되어야 하기 때문이다. 예언 중의 예언은 성경 말씀이다. 사람들이 제아무리 뭐라고 하더라도 성경 이상의 예언은 없다. 바로 성경 말씀 하나하나가 몇천 년 전에 나를 위하여 기록된 하나님의 신비한 예언들이다. 그 예언의 광산을 내가 어떻게 포착해 제대로 뚫고 들어가는가에 따라 결과가 달라진다. 기도의 자리가 바로 거룩한 독서가 생명이 되는 그런 자리다.

기도가 생명이 되기 위해서 우리는 하나님의 말씀을 살아 있는 말씀으로 보고 먹어야 한다. 살아 있는 말씀으로 보는 그 방편이 무엇인가? 하나님의 도우심 없이는 우리의 영이 하나님의 그 말씀을 제대로 이해할 수가 없다. 기도의 제목을 가지고 기도의 자리에 들어가 기도해 보라. 그때 여러분의 기도가 어디로 가는가. 하나님이 계신 그곳으로 자꾸 빨려들어 갈 것이다.

연이 바람을 탈 때 연줄을 풀어놓으면 하늘로 올라가는 것과 똑같다. 우리의 기도가 가는 곳은 어디인가. 바로 하나님의 보좌다. 우리는 그것을 어떻게 하나님의 언어로 인간 세상에 표현할 수 있을까? 하나님의 침묵이라는 공간을 우리가 표현할 수 있는 말이 있다면 높은 하늘, 끝없는 하늘공간이다. 우리의 기도가 끊어진 연줄처럼 끝없이 하늘 공간으로 올라가다가 하나님의 침묵 옷자락 맨 끝에 도착할 것이다. 바로 그곳이 하나님과 우리가 만나는 곳이 될 것이다.

우리는 인간의 지고한 선과 아름다움과 소원을 가지고 하나님께

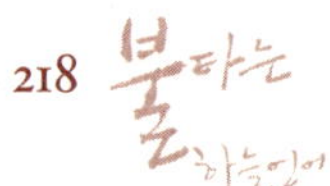

기도로 나아간다. 하나님께서 인간에게 가까이 올 수 있는 그분의 선하심과 아름다움으로 우리에게 베풀어 주시는 것을 은혜의 강이라고 하는데, 우리의 기도가 이 은혜의 강에 잠기게 된다. 수증기가 올라가서 하늘에 구름이 생기고 구름이 많아지면 비가 되어 땅으로 떨어지듯이 우리의 기도가 하늘로 올라가면 하나님의 은총의 비가 내리는 것을 보게 될 것이다. 그 은총의 비가 때로는 이슬비로, 때로는 안개로, 때로는 폭우로 올 수 있다.

그러나 그것이 어떤 형태로 오든, 그 형태로 오는 것은 하나님의 지극히 선하신 의지다. 성령님의 은총 사역이라고 말할 수 있다. 침묵에서 나온 언어와 침묵에서 나온 파워는 우리에게 초능력을 가져온다. 다시 말하면 하나님의 말씀은 초능력이다. 하나님의 말씀을 능력 있는 말씀이 되게 하는 것이 바로 영성 지도자들이 추구해야 할 방향이고, 그것을 풀어놔야 할 사명이다. 하나님께서 우리에게 주신 은혜를 먹고 마시고 호흡하면서 영적으로 행동의 자리에 들어갈 때 우리의 몸은 과분수가 되지 않고 균형 잡힌 체격으로 팔 다리가 제 기능을 할 수 있다.

우리는 우리에게 제시된 말씀을 통해서 영적인 흐름을 찾아간다. 세상 사람들이 사물을 보는 것과 이해하는 것, 영의 사람들이 사물을 보는 것이 다르다. 왜 그가 왔는가? 협박하러 왔는가? 아니면 전쟁을 일으키기 위해서, 어떤 조건을 제시하러왔는가? 만물의 흘러가는 과정을 지상의 영적 기상도로 읽어갈 수 있는 지혜들이 필요하다.

우리의 영성수련 과목 중에 영적 기상도라는 것이 있다. 영적 기상도는 하늘의 영적 기상도와 지상의 영적 기상도가 있다. 우리는 하늘의 흐름이 이 땅에 어떻게 그림자를 드리우는가 보면 된다. 엘리사가 나아만에게 요단강에 가서 일곱 번 몸을 담그라고 말한다. 엘리사의 전갈을 받은 나아만 장군은 노발대발한다. 우리도 역시 나아만처럼 말할 수 있다. 이왕 씻을 바에는 다메섹에 가면 아마나와 바르발이 요단강보다 훨씬 더 맑고 깨끗하다고 말이다. 나아만은 왜 이런 말을 했을까? 하나님께서 우리에게 제시하는 것이 우리가 보기에는 더 못해 보일지라도 세상에 있는 더 좋은 것과는 그 능력과 근원에서 비교할 수 없을 정도로 차이가 크다.

영성 풀무대학에 들어가라

우리는 하나님의 사역자들이다. 우리가 잘 생겼기 때문에 주님이 사역자로 뽑았을까? 세상 사람들보다 학식이 더 많기 때문에 영적 사역자로 선택받은 걸까? 생각해 보라. 하나님이 선택하는 자는 그가 학식이 있든 없든, 그가 건강하든 건강하지 않든, 그가 남자든 여자든, 그가 부자든 가난한 사람이든 관계가 없다. 하나님이 우리를 선택하신 것은 그분의 뜻이 있었기 때문에 선택하신 것이다. 세상에 우리보다 더 잘 생기고 훌륭하고 더 부한 사람을 하나님은 왜 선택하지 않으실까. 그것은 이방인의 것이다. 하나님이 우리를 선택하신 것은 그분이 품으신 사랑하는 생명이기 때문이다.

그러니까 내가 선택받은 것은 잘 나서 그런 것이 아니다. 그러므로 선택받은 그 순간부터 자신을 닦고 다듬는 하나님의 영성 풀무대

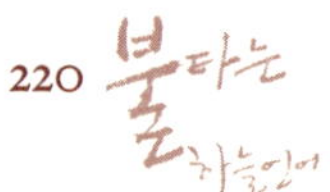

학의 자리에 들어가야 한다. 나아만이 또 하나의 영성사역에 대해서 이야기한다. 그는 엘리사가 와서 상처도 만져 주고, 약고 발라줄 줄 알았는데, 얼굴도 안 보이고 요단강에 가서 씻으라고 한다. 이는 믿음의 세계에서 하나님의 능력과 권세는 우리 인간의 눈에 보이는 것, 느낄 수 있는 것, 냄새 맡을 수 있는 것을 초월한다는 것을 가르쳐 주시기 위함이다.

우리가 생각하는 순서와 방법으로 하면 교회가 부흥할 줄 알았는데, 성경은 전혀 그런 방법으로 하라고 말하지 않는다. 우리의 생각은 하나님과 관계없는 이방인의 생각이다. 하나님의 말씀을 선포할지라도 그분의 생명과 관계없을 때는 권세와 능력이 없다는 것이다. 왜냐하면 하나님과 관계가 끊어져 있기 때문이다. 이럴 때 우리는 차라리 이방인 나아만의 방법을 동원해야 병이 나을텐데 그냥 앉아서 말만하니 어떻게 기적이 이루어질 수 있겠는가 하고 생각한다.

하나님과 우리의 관계는 생명의 관계 그 이상이다. 눈으로 보암직하고, 믿음직하고, 또 낫게 해주고, 치료해 주고, 그것을 건져줄 만한 어떤 방편들과 수순들이 진행돼야만 하나님의 능력이 그 안에 나타나는 것으로 착각할 수가 있다. 그러나 하나님의 능력은 그곳에 있지 않다고 열왕기하 5장은 우리에게 말한다. 하나님의 능력은 그분의 생명이 임하는 곳이면, 그것이 3류 강물이든, 4류 강물이든 상관없다.

하나님의 말씀을 선포할 때 얼굴이 잘 생기고 학문과 지식이 많은 사람이 대형교회에서 선포하면 능력이 있고, 얼굴이 못 나고 키가 작은 사람이 지하교회에서 선포하면 능력이 없는가. 인간의 눈에 보이는 그러한 여러 가지 유혹의 덫에 걸리지 말라는 것이다. 엘리사는 나아만이 병이 낫기 원하는 마음이 있으면 전한 대로 요단 강물에 가서 씻고, 낫기 싫거든 고집대로 하라고 한다. 그러자 나아만 주위에 많은 참모들이 이보다 더한 일을 시켜도 할 텐데 이것을 못하느냐고 간곡히 권유한다.

우리는 영성세미나, 영성 교육을 한다. 이럴 때마다 내가 느끼는 비애가 있다. "왜 여기는 대형집회를 못하는가? 왜 여기는 수많은 사람들이 몰려들지 않는가? 무능하고 모자라고 뭔가 잘못됐기 때문에 그러지 않는가?" 하는 말을 자주 듣는다. 그것이 사실인지도 모른다. 그러나 그분이 알아서 하실 것이기에 하늘에 맡긴다.

그분이 보시기에 우리에게 봄에 새싹이 나는 시간인데, 열매 안 맺는다고 안달하지 말아야 한다는 말이다. 봄에는 씨앗이 움트는 시기다. 여름에는 그 씨앗이 자라 줄기가 나고 잎사귀가 나고 꽃피는 시절이요, 가을에는 열매 맺는 시절이다. 전도서 3장은 이 모든 것에 다 하나님의 때가 있다고 한다. 그것을 우리가 묵상할 때마다 "주여! 당신에게 가장 아름답고 가장 귀하게 역사하십시오"라고 그분을 향해 기도한다. 그리고 나서는 내가 다메섹 강 아마나와 바르발 강에 가서 더 좋은 데서 몸을 담그면 차라리 낫겠다고 생각한다. 그곳은 요단 강보다 훨씬 더 보기 좋고, 아름답고, 능력 있고, 바람직해 보이고, 있음직해 보인다는 말이다.

만약 나아만이 자기 나라에 있는 강으로 갔을 때 어떻게 됐을까? 그 병이 나았을까? 그는 강에 100번 들어갔다 나왔다 할지라도, 그가 쓰는 비누가 세상에 희귀한 약초로 만들어 놓은 신비한 능력 있는 비누일지라도 문둥병은 낫지 않았을 것이다. 그의 문둥병이 나을 수 있는 조건은 딱 하나 있다. 주의 선지자가 명한 그 자리에 가서 몸을 담그는 것이다. 왜냐하면 그것은 하나님을 체험하신 그분의 명령이기 때문이다. 하나님이 우리에게 베푸신 그것을 어떻게 인정하는가, 어떻게 받아들이는가 하는 것이 우리가 치료를 받는 관건이다. 나아만은 결국 요단 강에 몸을 담근다.

우리는 기도하며 말씀을 묵상한다. 그런데 수많은 횟수를 거듭하다가 중도에 포기한다. '왜 하필이면 일곱 번이야. 세상 사람들이 좋아하는 세 번으로 끝내 버리면 되지' 하며 세 번 해보고 안 되니까 포기할 수도 있다. 그러나 나아만은 비록 장군이요 장관의 자리에 있지만 문둥병을 치료해야겠다는 그의 열망이 너무나 간절했다. 우리에게 그처럼 낫기 원하는 간절함이 있다. 엘리사 선지자가 말한 것처럼 요단 강에 일곱 번 들어갔다 나올 것이다.

오늘 우리가 거룩한 독서를 하는 것은 나아만이 문둥병을 치료하는 것처럼 돼야 한다. 내가 보기에 나아만은 몸 전체에 문둥병이 있는 것이 아니라 어느 한 부분에 문둥병이 들어 있다고 본다. 우리의 영, 우리의 마음, 우리의 육체 어느 한 곳에 문둥병 현상이 나타나거나 뿌리가 있다면 오늘 이 시간 그 뿌리를 제거해야 한다. 바로 거룩한 독서가 우리에게 생명으로 올 수 있는 것은 그러한 것들에서 벗어나고 제거되고 그리고 새롭게 깨끗한 피부로 태어나는 것과 같다.

"저희가 다 그를 증거하고 그 입으로 나오는바
　　은혜로운 말을 기이히 여겨 가로되
이 사람이 요셉의 아들이 아니냐
예수께서 저희에게 이르시되
　　너희가 반드시 의원아 너를 고치리라 하는 속담을 인증하여
내게 말하기를 우리의 들은바 가버나움에서 행한 일을
　　네 고향 여기서도 행하라 하리라"(눅 4:22-23).

12

하나님은
우리 삶의 연출자

"저희가 다 그를 증거하고 그 입으로 나오는바
은혜로운 말을 기이히 여겨 가로되 이 사람이 요셉의 아들이 아니냐
예수께서 저희에게 이르시되
너희가 반드시 의원아 너를 고치리라 하는 속담을 인증하여
내게 말하기를 우리의 들은바 가버나움에서 행한 일을
네 고향 여기서도 행하라 하리라"(눅 4:22-23).

성탄절의 참 메시지는
예수님이라면 어떻게 하실까?

12 _ 하나님은 우리 삶의 연출자

하나님께서는 우리가 한해를 마무리할 때는 멋지게 추수하기 원하신다. 타작마당이 펼쳐졌다. 거기에는 분명히 알곡과 쭉정이가 있다. 알곡은 알곡대로 쭉정이는 쭉정이대로 지혜롭게 구별해야 할 것이다. 알곡은 자루에 넣고 쭉정이는 따로 모아 불태울 준비를 한다. 우리 안에 가지고 있는 알곡은 무엇이고 쭉정이는 무엇인가. 그것을 다시 한번 되새김질해 봐야 한다. 나는 타작마당을 어떻게 정리해 왔는가. 오늘 본문을 통해 전개되는 그 과정을 가만히 묵상해 본다.

예수님께서 어떻게 갈릴리에 가게 되셨는가. 예수님께서는 40일간 잡숫지도 않고 무언가를 하셨다. 그분은 광야의 돌산에서 침묵하셨다. 그리고 하나님께서 침묵 속에서 어떻게 함께 하셨는지 아셨다. 그리고 난 다음 성령에 이끌려서 시험을 받으러 가신다. 시험을 이기고 난 다음 그분은 또다시 성령의 인도하심을 받는다. 성령의 이끌림을 받는 순간은 우리에게 단막극으로 나타나지만, 그분께서 드라마를 진행하시는 솜씨는 참 멋지다. 그분께서 연출하시는 드라마는 장면이 바뀔 때마다 우리의 상상을 훨씬 뛰어넘는다.

오늘도 하나님의 말씀이 우리에게 오기 위해 많은 사람들이 애쓰지만, 한편 많은 사람들이 또 방해를 한다. 그 방해는 상상을 초월한다. 왜냐하면 사탄의 전술 전략이 곳곳에 있기 때문이다. 예수님께서 성령에 이끌려서 사역하지 않았다면 아마 많은 고통을 당하셨을 것이다. 그러나 성령께서 처음부터 끝까지 그분과 함께하셨고 틈이 날 때마다 아버지 품안에 안겼기에 하늘의 위로와 격려, 따스한 사랑 속에서 그분은 때로 안식할 수 있었다.

우리가 하나님의 사역을 하는데 어느 것이 우선순위인가? 드라마에 비유하면 배우들에게 제일 먼저 주어진 것이 각본, 즉 대사다. 그 다음이 의상이고, 그 다음이 동작이다. 배우는 어떤 대사를 외워서 어떤 의상을 입고 어떻게 분장하고 어떻게 행동하라고 요구받는다.

하나님의 각본이 오늘 우리에게 그대로 적용된다. 하나님의 각본대로 따라가는 배우가 있는가 하면, 하나님의 각본은 내 체격과 성격에 안 맞고, 환경과 조화가 안 되니 바꾸자고 하는 배우도 있다. 그럴 때마다 하나님께서는 바꾸라고 하신다. 그 순간 다른 대역을 준비시킨다. 흘러가는 역사를 보면 그분의 콧김에 바다가 뒤집히고 그분의 숨결에 태산이 티끌처럼 날아가는가 하면 그보다 더 큰일들도 일어난다.

예수님은 성령에 이끌려 갈릴리로 사역하러 가신다. 그분이 회당

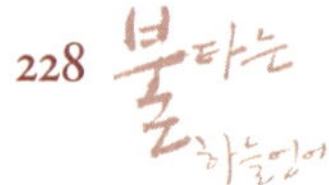

에 가서 성경을 읽으려고 하니까 그 회당에 있는 사람이 구약 중에 이사야서를 줬다. 회당에 있는 분이 하필이면 왜 이사야서를 줬을까. 이사야서가 예수님의 손에 들어오게 된 것은 하나님의 각본이다. 하나님께서는 예수님께 말씀을 찾으라고 했다. 그것이 오늘 거룩한 독서의 주제다.

그분이 찾은 말씀은 그동안 계속해서 묵상해 오던 하나님의 말씀이다. 그분이 갑자기 그 구절을 발견한 것이 아니라 하나님의 말씀 중에 그날 그곳에 가장 필요한 말씀이 무엇인지, 공생애를 시작하면서 선포해야 할 말씀의 핵심이 무엇인지 하나님과 더불어 나누셨던 것이다. 그 나눔 속에서 주님께서는 오늘 본문 말씀을 찾아내셨다.

본문의 핵심은 무엇인가? 마음이 가난한 자들에게 복된 소식이요, 생활이 가난한 자에게 복된 소식이요, 소외된 자들에게 복된 소식이요, 어두움에 있는 자들에게 복된 소식이다. 그늘에 있는 자들을 양지로 옮겨놓고, 병상에 있는 자들을 수술대 위에 올려놓으며, 갇힌 자들에게 자유를 주시려는 하나님의 마음이다.

그 뜻이 언제 이루어졌는가? 바로 아기 예수 오신 날에 선포되었다. 아기 예수가 오신 날에 우리가 선포해야 할 말씀은 무엇인가? 하나님께서 우리에게 주신 하늘의 권능은 무엇인가? 성탄절에 하늘의 권세와 능력을 풀어놓지 못한다면 하나님이 이 땅에 오심은 우리하고 무슨 상관이 있을까? 그분이 하늘의 권세와 능력을 이 세상에 펼치지 못한다면 그분의 오심은 헛것이 될 것이다.

하나님의 말씀이 우리에게 진실로 성탄의 옷을 입고 오신 그 핵심이 무엇인가? 살아 있는 그분의 말씀, 능력 있는 그분의 말씀이 드러나는 데 방해하지는 않았는지 그것을 스스로 점검해 보자는 것이다.

주님께서는 자신이 선포해야 할 말씀을 오래 전부터 묵상하고 계셨다. 어느 날 사역의 첫 과정에 이 말씀을 선포하겠다고 마음먹고 계셨을 것이다. 그래서 그분은 그렇게 선포하신 것이다. 그분이 우리 눈에 보이게 오신 것도 성탄의 한 부분이 되겠지만, 우리가 더 깊이 찾아가야 할 성탄은 그분의 오심 속에, 그분의 나타나심 속에 있는 그분의 살과 피다. 그래야 그 살을 먹고, 그 피를 마실 수 있을 것이다.

믹서기에 당근을 넣으면 당근즙이 나오고, 사과를 넣으면 사과즙이 나온다. 하나님의 말씀이 우리 안에 들어오면 무엇이 나와야 하는가? 기계는 넣은 그대로 거짓 없이 그대로 내 놓는데 우리는 어떤가?

거룩한 독서에서 '거룩'이라는 단어는 우리 인간이 표현하는 형용사가 아니다. '거룩'은 그분의 실체다. 그분의 생명 자체이고 호흡 자체이고 지혜 자체다. 우리는 성경 말씀을 매번 믹서기에 집어넣는다. 우리의 눈과 코, 귀, 입으로 매번 넣는다. 그리고 난 다음 나온 것이 무엇인가 가만히 생각해 본다.

불량품이 나오는 원인은 크게 두 가지로 볼 수 있다. 하나는 원료가 불량일 때이고, 또 하나는 기계가 불량품일 때다. 원료가 제아무리 좋아도 그 제품은 찌그러지고 뒤틀리고 잘못 나온다. 우리는 하나님의 말씀을 수없이 먹고 마시고 묵상하고 선포하고 기도했다. 하나님의 말씀을 먹고 마시는 것으로 끝나면 말씀은 우리 안에 갇혀서 죽게 된다.

우리가 거룩한 독서를 하는 이유는 한 가지다. 하나님의 말씀이 내 안에서 소화되어 기도로 승화되게 하는 것, 하나님의 말씀이 내 안에서 기도로 이어지게 하는 것이다. 우리의 기도가 파워가 있는 이유는 하나님이 들으시고 자신의 말씀이기에 거기에 하늘의 권세와 능력을 실어 주시기 때문이다. 그래서 기도가 초능력의 힘을 가졌다는 것이다.

우리는 왜 성경 말씀을 몇십 번씩 보고 묵상하는가? 하나님의 말씀 속에 있는 기도의 주제를 우리는 다시 하나님의 말씀으로 살린다. 우리가 기도할 때 하나님의 말씀에 생명을 넣지 못한다면 시간만 때우는 것이다. 예수님께서는 회당에서 하나님의 말씀을 먹고 마셨다. 하나님의 말씀을 호흡했다. 그리고 난 뒤 "이것이 오늘 너희들에게 이루어졌느니라"고 말씀하셨다. 이 선언이 없었다면 우리가 읽어 내린 하나님의 말씀을 우리가 가짜처럼 끌고 가는 것이다.

예수님께서 "이것이 오늘 너희에게 이루어졌다"고 하신 선언 한마디에 가는 곳곳마다 어떤 일이 일어났는가. 하늘 역사가 그대로 기적과 이사와 표적으로 일어났다. 우리에게 "이것이 너희에게 이루어졌느니라"는 확신이나 선언이 없다면 올 한해도 메아리 없이 그냥 흘러 보내는 것이다.

하나님의 말씀이 거룩하다는 것은 바로 하나님께서 그 안에 생명을 넣었기 때문이다. 생명이 들어가 있는 이 말씀이 과연 거룩한 생명이 있는 그 자체로 우리에게 역사하시는가? 나는 그 역사의 중심에 있는가. 아니면 외곽으로 물러나 있는가? 우리는 뭔가 자책하고 회개하자는 게 아니라 또 하나의 새로운 세계에 도약하자는 것이다. 우리는 그날을 다시 피드백(feed Back)시켜야 한다. 말씀이 살아나게 해야 한다. 그 말씀을 우리의 사랑하는 양떼들이 먹게 해야 한다.

사랑하는 동역자 여러분들이 실제 증인들이 돼야 한다. 신실한 크리스천들이 간증자가 되어야 한다. "주님 말씀대로 그렇게 됐다"라는 증언이 나와야 할 것이다. "말씀에 배고픈 자가 있는가? 기도에 배고픈 자가 있는가? 찬양에 배고픈 자가 있는가? 예수 사랑에 배고픈 자가 있는가? 오라. 나와 더불어 함께 먹고 마시자"라고 할 수 있어야 한다. 멋진 천국 잔치가 이 땅에 배설되도록 해야 한다.

'저 사람은 우리 교인이 아니니까, 저 사람은 내가 사랑하지 않으니까, 저 사람은 아직 덜 됐으니까' 하는 이유로 그들이 앉아야 할 자리를 못 만들어 준 것은 아닌가? 때로는 바빠서, 능력이 없어 못할 수도 있고, 준비가 안 되어서 못할 수도 있다. 또 누군가 그 자리를 안 만들어 줘서 못할 수도 있다. 핑계는 얼마든지 댈 수 있다.

우리가 영성 훈련한다는 이유가 무엇인가? 그분 앞에 진술하자는 것이다. 최소한 그분 앞에 정직하자는 것이다. 그분 앞에 순순히 나 자신을 드러내자는 것이다. 나도 믹서기처럼 당근을 먹으면 당근주스를 만들어내고, 오이를 먹으면 오이주스를 만들어내고, 사과를 먹으면 사과주스를 만들어 내야 한다.

예수님께서는 나사렛 동네 회당에서 하나님께서 하기 원하시는

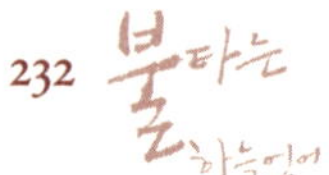

것을 그대로 하셨다. 그분은 이사야서를 가져오게 하셔서 하나님께서 주신 말씀을 읽어갔다. 바로 지금 우리가 그 자리에 서 있는 것이다. 2000년 전에 예수님이 계셨던 갈릴리 회당, 아니 한국 교회당에 우리가 서 있다.

올해 우리들이 읽은 성탄의 메시지는 어떤 것인가? 그것이 오늘 우리에게 이루어진다고 선언했는가? 이루어진 그 현장을 여러분의 눈으로 똑똑히 확인했는가? 반응이 즉시 오는 경우도 있고, 하루 뒤에 오는 경우도 있겠으나, 한 달 뒤에 오는 경우도 있고, 10년 뒤에 오는 경우도 있다. 그러나 성령의 역사하심은 알 수 있다. 여러분에게 성령이 어떻게 역사했는가?

성령의 역사가 있든 없든 이것은 내가 지은 교회요, 내가 돈을 들인 교회요, 내가 전세 낸 교회요, 내가 월세 주는 교회니 예수님이 오시든지 말든지 내 교회 내 마음대로 할 거라고 생각하지는 않는가? 내 마음대로 하는 그곳에 하나님의 생명이 거하실 자리가 있을까? 그가 아무리 거룩한 하나님의 말씀을 그 손에 들었을지라도 그곳에 생명이 주어질까? 내가 생각하고 행하는 일이 그분께서 원하시는 것인지 아닌지 생각해 봐야 한다.

성탄은 하늘엔 큰 영광이요, 땅에는 기쁨이다. 영혼들이 기뻐 뛰는 것을 확인했는가? 엘리사벳은 뱃속에 있는 요한이 아직 태어나기 전에 마리아를 만났을 때 마리아의 몸 안에 있는 생명을 보고 앞으로 태어날 아기가 기뻐서 춤을 췄다고 했다. 생명이 생명을 확인한다. 생명이 생명을 만난 것이다. 멋진 만남이다. 영혼의 만남이다.

하나님의 말씀이 생명으로 올 때, 하나님의 생명은 또 하나의 생명을 낳게 만든다. 어두움이 있는가? 하나님의 생명은 그곳에 빛으로 오신다. 고통과 아픔이 있는가? 그곳에 하나님의 생명은 위로와 평안으로 오신다. 피 흘림과 찢어진 상처가 있는가? 그곳에 하나님은 치유자로 오신다. 만지고 치유하신다.

성탄절의 참 메시지는 무엇인가? 구원과 치유와 해방과 자유 같은 것들이 아닌가? 우리가 서 있는 하나님의 성소에서 그것이 그냥 흘러 녹아 내려야 한다. 그래서 사랑하는 양 무리들이 흘러내리는 것을 먹고 마시고 즐거워 노래하고 춤추게 해야 한다.

하나님의 말씀이 선포될 때마다, 우리가 해야 할 일은 무엇인가? "이 말씀이 오늘 네게 이루어졌느니라!" 그러자면 내 모든 것을 내려 놓아야 하는데 쉽지 않다. 그러나 내가 선 자리에 그분이 서시고, 내가 말할 자리에 그분이 말씀하시고, 내가 손 얹을 자리에는 그분이 손 얹으실 때 어떤 일이 일어나는가 보라. 바로 표적과 기사가 일어난다.

"이 말씀이 오늘 네게 응하였느니라!"는 내용은 무슨 뜻일까? 병든 자에게는 치유의 소식이요, 흑암에 있는 자에게 광명의 소식이다. 우리는 매년 찾아오는 성탄절에 구제하고 소외된 이웃에게 몇 푼의 돈을 나누어 주고, 쌀과 밀가루, 과일과 옷 등을 갖다 주고 위로해 주는 일을 한다. 하지만 성탄의 참뜻은 그보다 훨씬 높고 깊다. 사회봉사 같은 것들은 성탄의 'Main Factor'가 아니라 곁가지에 불과하다.

예수님이라면 어떻게 하실까?

성탄의 참뜻은 그 영혼이 하나님의 은총을 받는 것이다. 하나님의 은총을 받도록 얼마나 그분 앞에 가까이 갔는가? 하나님의 은총이 우리 교회, 사랑하는 양 무리들에게 임하게 해달라고 얼마나 애간장이 녹아내리듯이 그분을 우러러 봤는가? 기도하는 자세나 마음가짐을 말하는 게 아니다. 하나님께서는 우리가 무엇을 하기 때문이 아니라, 얼마나 간절히 영으로 외치는가 소원하는가 보시고 반응하신다.

우리가 무릎을 꿇는다고 해서 더 잘 봐주고, 의자에 앉아서 기도한다고 점수를 덜 주고, 누워서 한다고 점수를 안 준다는 것이 아니다. 그가 마음속에 얼마만큼 하나님을 알고 진실하게 영혼을 사랑하는지, 하나님께서 주신 그 사랑이 녹아내리는지 거기에 달려 있다. 우리는 영성 훈련한다는 자체를 조금 더 진지하게 생각해야 한다.

예수님처럼 해야 할 것이다. 내가 선 자리가 예수님이 설 자리가 아닌가? 내가 선포하는 것이 예수님이 선포하실 것이 맞는가? 내가 말하는 것이 예수님이 말씀하셔야 할 것이 맞는가? 영은 감성이 아주 빠르다. 울트라 하이 센스다.

외치고 부르짖는 기도만 잘하는 기도요, 소리 없는 기도는 무능한 기도인가? 그렇지 않다. 우리가 그분을 향한 순결한 열정이 얼마만큼 그분에게 가까이 가는가 그것이 중요하다. 지식은 기록했다가 잊어버렸을 때 다시 외우면 되지만, 하나님의 영의 역사하심은 바로 그 순간에 씨앗으로 들어간다.

어떤 나무나 풀, 채소류 같은 것은 한두 달 키우면 먹을 수 있고,

또 오이, 토마토 같은 것은 두세 달이면 따먹을 수 있다. 사과나 복숭아, 배는 몇 년이 걸린다. 하나님이 역사하시는 기간은 각각 다르다. 때로는 오이처럼, 때로는 토마토처럼, 때로는 감나무나 배나무처럼, 때로는 복숭아나무처럼…. 그 기간은 하나님의 뜻에 달려 있다. 하나님의 때 카이로스(kairos)의 오묘함이요, 신묘막측함이다.

하나님의 말씀은 선포되는 순간 바로 생명 씨앗이 들어간다. 그것이 일반 강의와 영성 강의의 차이다. 영성 강의는 하나님의 영이 살아서 역사하는가, 역사하지 않는가 그것이 관건이다. 하나님의 영이 살아 역사하실 때 바로 그 자리에서 화살처럼 꽂혀 하나님의 영의 씨앗, 생명의 씨앗, 기적을 창조하는 그 씨앗이 그대로 꽃피게 된다.

"이 글이 너희에게 이루어졌느니라. 이 글이 너희에게 응하였느니라." 얼마나 큰 하나님의 은총인지 모른다. 얼마나 큰 하나님의 은혜인지 모른다. 얼마나 큰 하나님의 긍휼인지 모른다. 이것이 여러분의 교회에서 생명으로 퍼질 때 폭탄처럼 역사가 일어날 것이다. 성탄의 하늘노래와 메아리가 남아 있는 동안 여러분에게 그 일이 역사하기 바란다. 예수님의 말씀대로 "하나님의 권능을 풀어 놓아 마음껏 역사하게 하라"는 말이다. 거룩한 독서는 생명을 살리고 생명이 생명으로 계속 연결되어야 한다. 거룩한 독서는 기적으로 그 위에 인을 받아야 한다.

13

하늘의 만찬
테이블에 초대받다

"심령이 가난한 자는 복이 있나니 저희가 위로를 받을 것임이요

애통하는 자는 복이 있나니 저희가 위로를 받을 것임이요

의에 주리고 목마른 자는 복이 있나니 저희가 배부를 것임이요,

마음이 청결한 자는 복이 있나니 저희가 하나님을 볼 것임이요"(마 5:3-4, 6, 8).

13 _ 하늘의 만찬 테이블에 초대받다

거룩한 독서는 성경의 지식을 받아들이는 자리가 아니다. 성경의 생명이 우리 안에 그대로 스며들도록 하는 것이 목적이다. 거룩한 독서를 할 때 그 안에 하나님이 역사하시는 것은 우리의 상상을 초월한다. 왜? 그분은 하나님이시니까 이 땅의 것과 다른 하늘의 가장 좋은 것으로 우리에게 먹이고 마시게 하고 호흡하게 하신다. 그리고 새롭게 하신다.

예수께서 무리를 보시고 산에 올라가 앉으시니 제자들이 나아온지라

입을 열어 가르쳐 가라사대

심령이 가난한 자는 복이 있나니 천국이 저희 것임이요

애통하는 자는 복이 있나니 저희가 위로를 받을 것임이요

온유한 자는 복이 있나니 저희가 땅을 기업으로 받을 것임이요

의에 주리고 목마른 자는 복이 있나니 저희가 배부를 것임이요

긍휼히 여기는 자는 복이 있나니 저희가 긍휼히 여김을 받을 것임이요

마음이 청결한 자는 복이 있나니 저희가 하나님을 볼 것임이요

화평케 하는 자는 복이 있나니 저희가 하나님의 아들이라 일컬음을 받을

것임이요

의를 위하여 핍박을 받은 자는 복이 있나니 천국이 저희 것임이라

(마 5:1-10) .

위의 말씀은 기독교에 몸을 담고 있는 사람뿐만 아니라 다른 종교에 있는 사람들도 잘 이해한다. 그런데 그들이 이해하는 것과 우리 기독교인들이 이해하는 것은 많은 차이가 있다. 다른 종교를 가진 사람은 "산상수훈은 참 좋은 말이다. 우리보다 뭔가 뛰어난 사람의 말이요, 진리를 깨우치고 이 세상의 평화와 평안을 가져오는 말이다"라고 생각한다. 그들은 지적인 반응을 할 뿐이다. 기독교에서 이 말씀을 생각하는 것과는 하늘과 땅 차이이다.

평신도 크리스천들은 "내가 묵상할 때, 찬양할 때, 기도할 때, 사역할 때, 심신을 단련하는 데 참 좋은 말씀이다"라고 생각하며 일반 종교가들의 생각에서 한 단계 올라간다.

그러나 우리 크리스천들은 지적인 감응에서 끝나는 것이 아니고, 거기서 한 단계 더 올라간다. 이것은 내 이성과 감성, 지성을 조금 더 한 차원 높은 자리에 올려주는 성인들의 이야기가 아니고, 하나님께서 내게 능력으로 오시는 말씀이라고 우리가 받아들이는 것이다. 능력으로 오시는 말씀일 때 그분의 능력은 그대로 우리에게 스며든다.

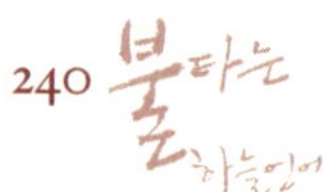

240

마치 우리가 깨끗한 행주를 파란 물감이 들어 있는 그릇에 담근다고 하자. 그 순간 그 깨끗한 행주는 그릇에 담겨 있는 파란 물을 다 수용하게 된다. 마른 행주나 물에 젖은 행주로 그릇을 닦을 때는 뭔가 덜 닦인 상태였으나 거기에 파란 물, 다시 말하면 때를 제거할 수 있는 어떤 약품이 들어가 있을 경우, 그 파란물이 들어 있는 행주는 그릇의 온갖 잡티와 세균들을 다 제거시킨다. 하나님의 말씀이 바로 이와 같다.

여러분들이나 나는 깨끗한 행주 상태다. 이 행주의 상태를 하나님의 능력의 말씀에 담글 때 우리 속에 하나님의 능력과 권세가 들어간다. 가는 곳곳마다 역사하심이 일어나게 된다. 우리는 이 말씀을 먹고 마시는 순간에 하늘 권세가 임하심을 체험하게 된다.

거룩한 독서(Lectio Divina)는 성경 말씀을 묵상하고 하나님의 말씀이 되게 하는 것이 주목적이다. 그런데 다른 어떤 종교에서는 여기에 하나 더 보탠다. 성인들의 전기나 그들이 쓴 글들을 거룩한 독서에 포함시키는 경우도 있다. 하나님의 말씀이 우리에게 선포될 때 우리는 성경을 거룩한 독서의 원본으로 설정한다.

거룩한 독서 시간에 하나님의 말씀이 우리에게 어떻게 적용되는가 보자. 우리는 그동안 거룩한 독서의 내용이 무엇이고, 거룩한 독서가 어떻게 흘러가는지 살펴보았다. 다음은 이 거룩한 독서가 우리 현실의 삶에 어떻게 적용이 되는가 찾아보기 원한다. 그것을 바로 현실에 적용시키려면 현실에 대한 어떤 모델 케이스가 있어야 되지 않겠는가. 처음 미술을 배울 때 어떤 대상이나 물체를 앞에 두고 그것을 보고 스케치하라고 가이드라인을 정해 준다.

거룩한 독서의 가이드라인은 예수님

예수께서는 성경을 어떻게 가까이했고, 어떻게 이해했고, 그분의 사역에 성경 말씀을 어떻게 적용시켰는지 그것을 찾아보려고 한다. 성경은 여러분들이 잘 알다시피 그분에 대한 모든 기록이다. 구약은 오실 분에 대한 기록이고, 신약은 오신 분에 대한 기록이다. 성경 자체는 바로 하나님의 마음이다. 그분은 장소와 시기와 환경을 조화해서 가장 선하신 방법으로, 가장 아름다운 지혜로서, 다시 말하면 하늘의 영적 기상도를 피조세계에 나타내신다.

성경은 66개의 동산이다. 각각의 동산이 다 다르다. 하나님께서는 우리에게 66개의 동산을 주시고 그 동산에서 마음껏 거닐어 보라고 한다. 그 동산에 핀 꽃들을 마음껏 냄새 맡고 만져 보고, 그 속에 있는 꽃가루들을 씹어 보고 그 안에 있는 꿀을 파서 마시라고 한다. 참으로 좋으신 아버지다.

그 다음 그 동산에 있는 과일들을 먹고 싶은 대로 먹으라고 한다. 우리는 봄이면 봄철에 나는 과일을 먹고, 여름이면 여름 과일을 먹는 것같이 성경의 66권의 동산에서 모든 과일들을 우리가 원하는 대로 먹게 된다.

하나님께서는 우리에게 가까이 오셔서 마음껏 과일을 먹었는가 묻는다. 그러고 나서 동산을 거닐며 그분의 세계의 비밀들을 가르쳐 주시기 원한다. 우리는 배를 채우고 난 다음 동산을 거닌다. 그분께서 우리의 손을 잡고 더불어 거닐자고 하신다. 그분이 인도하는 대로 성경의 동산을 함께 거닌 자들은 성령의 조명하심을 따라 성경을 가까이 한다. 성경은 그분이 빛을 어떻게 비춰 주시는가에 따라서 밝은 빛이면 밝은 대로, 어두운 빛이면 어두운 대로, 빛이 없으면 없는 대로 성령의 빛을 발한다.

우리는 착각하기 쉽다. 성령의 빛 외에 다른 빛은 없고, 세상은 캄캄한 것으로 생각하는데 그것이 큰 오해다. 세상에도 빛이 있다. 하늘빛과는 다른 빛이다. 빛의 종류가 다르다. 우리는 성경을 가까이할 때 세상의 빛으로 성경을 가까이 할 수가 있다. 세상의 빛이란 하나님의 조명을 받지 않은 또 하나의 다른 무리들이 성경을 그들의 빛으로 보는 것을 말한다. 세상의 지식으로, 세상의 학문으로, 성인들의 글로, 인용할 만한 고전으로 성경을 볼 수 있다. 우리가 영의 눈으로 보는가, 아니면 인간의 이성의 눈으로 보는가에 따라서 성경은 완전히 달라진다.

예를 들어서 무색 안경을 낄 때는 사물을 그대로 볼 수 있지만, 안경에 색이 들어갈 때는 다르게 보인다. 즉 브라운 색이 들어갈 때 우리의 안경은 브라운 색을 투시해서 사물을 본다. 만물의 바탕에 브라운 색이 깔린다. 여름철에 선글라스는 주로 블루(Blue)나 그린 칼러(Green Color)를 쓴다. 파란 안경을 썼을 때 그 바탕에 깔리는 색깔은 파란색이다. 그것으로 사물을 볼 때는 사물의 실체에 파란색이 투시된다. 마찬가지로 성경을 볼 때도 그렇게 다를 수 있다. 일반 종교가들이 보는 성경과 평신도들이 보는 성경, 영적인 사람들이 보는 성경의 차이는 엄청나게 다르다. 그 출발 자체가 다르다.

우리의 표본 모델은 예수님이다. 예수님은 말씀대로 태어나신 분이다. 그분은 하나님의 말씀이 이루어지도록 베들레헴 그곳에서 태어나셨다. 예수님은 사역을 하시면서 내가 만약 이 일을 하지 않으면 성경에 기록된 것이 어떻게 이루어지겠느냐고 하셨다. 그분은 성경에 기록된 것을 하나하나 그대로 이루어 가신 분이다. 그리고 맨 마지막에는 '다 이루었다' 하시고 운명하셨다. 그분은 말씀대로 태어났고, 말씀대로 자랐다. 열두 살 때 성전에서 율법학자들과 성경 문답을 주고받았다.

우리는 예수님을 두 가지 측면에서 접근해 보려고 한다. 그분은 우리와 똑같은 인간으로 성숙해 왔다. 인간의 과정을 거쳤다. 또한 하나님께서 자라기 원하는 말씀 속에서 그분은 자라나셨다. 우리들이 보는 성경과 하나님께서 조명하신 그분의 신비한 지혜대로 성경을 보신 예수님과는 성경에 대한 이해와 영감의 직관력이 크게 차이가 난다. 예수님이 성경을 이해하신 것과 우리가 성경을 이해하는 것과는 비교될 수 없다. 예수님 당시의 유대인들이 보는 성경과는 근본적으로 달랐다. 예수님은 말씀 속에서 자랐다. 그리고 세례를 받으면서 말씀으로 인침을 받으셨다. "이는 내 사랑하는 아들이요 내 기뻐하는 자라." 예수님은 그분께서 전하라는 것만 말씀하셨다. 그분께서 행하라고 한 것만 행하셨다. 하나님과 더불어 계속되는 기도와 교제의 시간이 있었다.

사역할 때는 삶의 현장에서 땀 흘리셨고, 하나님과 교제가 필요할 때 그는 혼자 들로, 한적한 곳으로 가서 하나님과 더불어 밤이 새도

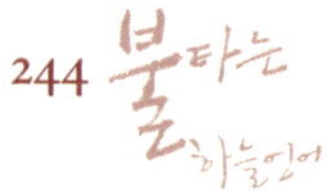
244

록 그분과 더불어 사귀셨다. 불꽃처럼 타오르는 기도가 있다. 그러나 또 하나 거룩한 독서에는 촛불처럼 녹아내리는 기도가 있다. 성경의 글자 속에 숨겨져 있는 그 생명과 진리들, 깨우침들, 신비한 그 무엇이 우리가 성경을 가까이 하는 순간, 다시 말하면 말씀을 묵상하고 되새김질하는 순간마다 그것이 우리에게 녹아내린다. 그것을 실제로 행하는 자와 행하지 않은 자, 경험해 본 자와 경험해 보지 못한 자의 차이는 엄청나다.

우리는 성경 말씀을 먹어야 한다. 성경에 있는 진액을 마셔야 한다. 그 다음 또 성경의 생기를 흡입해야 한다. 산소를 흡입해야 우리의 영이 살 수 있다. 거룩한 독서는 먹고 마시고 숨쉬게 하는 자리에 나를 초대하는 것이다. 그것을 실제로 먹고 마시고 호흡하는 자만이 성장할 수 있다. 음식을 먹지 못하는 어린아이는 성장하지 못한다. 예수님은 키가 자람과 더불어 그분의 지혜와 명철도 성장했다(눅 2:52).

그래서 우리가 쉰 살(50세)에 영적세계에 들어왔을 때 쉰 살부터 영적생활이 시작된다고 착각한다. 하지만 나이와 상관없이 영적생활도 갓 태어난 한 살짜리가 된다. 나이가 스물이든 마흔이든 예순이든 영의 생명으로 태어나는 그 순간이 바로 영아라는 것이다. 영아의 자리에서 젖을 빠는 것처럼 하나님의 말씀을 먹고 마신다. 바로 거룩한 독서가 하나님의 말씀을 먹고 마시고 호흡하기에는 성장의 가장 핵심 되는 요소다. 우리는 성경을 살아 있는 말씀이라고 입으로 시인하고 난 다음 구원을 받는 것은 어디까지 가야 하는가? 먹어야 된다.

그래서 성장해야 하고 마땅히 성숙의 자리로 가야 한다.

하나님의 말씀을 먹는다는 것은 바로 그 말씀 속에 있는 생명의 요소들을 우리의 것으로 받아들이는 것을 말한다. 그 속에 있는 깊은 진리, 성경 말씀 속에 감춰져 있는 보화들을 찾아내야 한다. 그것을 찾아내는 시간이 언제인가? 바로 거룩한 독서를 하는 시간이다.

거룩한 독서를 현실에 적용하려면

성경 말씀을 나와 우리 교회, 세상에 어떻게 적용할 수 있을까? 그것이 적용되도록 최선의 노력을 해야 된다. 거룩한 독서가 우리에게 가르치는 것이 하나 있다. 우리는 고요함 속에서 말씀을 묵상한다. 처음에는 말씀을 덩어리로 묵상한다. 그 다음에 말씀 속에 있는 부분들을 잘게 쪼갠 다음 형체도 없이 갈아 버린다. 소가 처음 풀을 먹을 때는 싱싱한 풀을 대충 뜯어 먹는다. 그런 다음에 외양간에 가서 안에 들어갔던 것을 조금씩 끄집어내어 풀의 형체가 완전히 녹아내려 없어질 때까지 되새김질한다. 그 풀의 형체가 있는 한 소가 뜯어먹은 풀은 그 소와 아무런 관계가 없다.

하나님의 말씀이 문자 그대로, 구절 그대로, 장 그대로 있을 때는 나와 아무 상관이 없다. 상관 있게 하는 방법이 무엇인가? 소가 되새김질해서 낮에 뜯어먹은 풀을 다시 꺼내서 이빨로 맷돌질을 하듯이 풀의 형체가 다 녹아지게 해야 한다. 말씀이 우리에게 적용되는 과정도 마찬가지다 "여호와는 나의 목자시니 내가 부족함이 없으리로다. 나로 하여금 푸른 풀밭에 누이시고 잔잔한 물가로 나를 인도하시네"

(시 23편).

우리는 이 절을 외울 것인가? 아니면 이 절을 완전히 형체가 없게 할 것인가. 거기까지 생각해야 한다. 이 말씀이 내게 영양소 즉, 생명이 될 수 있게 하기 위해서는 형체가 없어져야 한다.

"복 있는 사람은 악인의 꾀를 쫓지 않고 죄인의 길에 서지 않으며 오만한 자의 자리에 앉지 아니하고 여호와의 율법을 주야로 묵상하는 자로다."

이 말씀이 좋으니까 외우는 것이 아니고 그 자체가 우리에게 형체도 없이 사라지게 해야 한다. 그래서 묵상 시간에는 소가 먹은 풀을 되새김질하듯이 하나님의 말씀을 맷돌질한다. 그러다가 우리가 묵상한 하나님의 말씀이 형체도 없이 사라질 때 기도로 넘어가야 한다. 묵상한 말씀이 기도로 넘어가지 않을 경우에, 우리가 묵상한 것은 우리와 아무 관계가 없다. 좋은 말씀이다. 외워 보고 이해해도 아무 소용이 없다. 이 말씀이 우리의 생명이 되기 위해서는 그것이 기도의 자리로 넘어가야 한다.

그리고 우리의 감성과 지성이 마음속에 있는 하나님의 가장 깊은 곳으로 넘어가야 한다. 거기서 우리는 하나님의 조명 아래서 말씀의 영양소를 얻을 수 있다. 하나님의 말씀이 깊은 곳으로 넘어가서 기도가 되어 그곳에 안착할 때 어떤 일이 일어날까? 하나님의 무한한 능력과 권능의 세계에 접하게 될 것이다.

우리는 기도의 자리에 들어가면 대개 이러이러한 것을 해달라고 요청하는 기도를 한다. 우리가 할 수 있는 것은 기도의 자리에 가지고 오지 않는다. 할 수 없는 것을 가지고 기도하러 온다. 인간의 힘으로는 도저히 안 되니 어쩔 수 없이 하나님 앞에 나와서 해달라고 진지한 마음으로 기도 자리를 펼친다. 그 자리에 무엇이 들어가야 하는가? 하나님의 말씀이 그곳에 자리를 잡아야 한다. 그분이 원하는 뜻이 우리의 기도 속에 포함되어 진주알처럼 목걸이가 되어 있을 때 그분은 기뻐서 "내가 너를 통해서 내 뜻을 이루겠다"고 말씀하신다.

그러나 하나님이 기뻐하시는 뜻이 아닌데 떼를 쓴다면 어떻게 될까? 마치 어린애가 아버지, 어머니가 먹는 갈비를 보고 "엄마, 나 저거 먹을 거야" 하며 자꾸 달라고 하면 잡았다 놓도록 할지 모르지만, 지혜 있는 어머니는 아기가 고기 잡는 것도 못하게 할 것이다. 그러나 마음이 너그러운 엄마는 "그래, 먹지는 못하지만 만져 봐라" 하고 애기 손으로 구운 갈비를 잡게 할 것이다. 그 다음엔 손을 닦아 줘야 되고 씻어 줘야 된다. 대개는 고기를 안 먹여 준다. 아직 갈비를 먹을 나이가 아니기 때문이다.

생명의 말씀이 녹아내린 기도가 아닌 경우 하나님께서는 보류하실 수 있다. 그 기도가 나쁘고 좋다는 게 아니라 "아직 내 뜻이 이루어지기에는 뭔가 부족하니 조금 더 되새김질하고 조금 더 알고 난 다음에 오라"고 하실 것이다.

그 다음에 그분과 더불어 함께하는 침묵의 깊은 강에 젖어들게 된다. 침묵의 강은 여러 성분이 들어 있다. 우리가 병원에 가면 검진받고 치료받아야 할 분야는 각 전공과목별로(안과, 내과, 피부과 등) 다르다. 이와 마찬가지로 하나님의 침묵의 바다에도 그대로 적용된다.

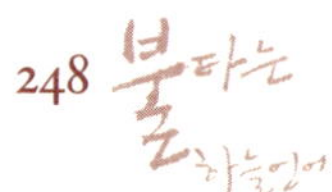

말씀을 가까이했을 때 우리는 침묵 속에서 하나님의 말씀이 구원의 의지를 나타냄을 알게 된다. 그 다음 하나님 마음속에 또 하나의 사랑을 보게 된다. "묶여져 있는 저들을 내가 풀어 주리라. 갇혀 있는 저들을 해방해 주리라. 병든 저들을 치유하리라. 가난한 저들에게 나의 부유함을 주리라."

하나님이 풀어놓고자 하는 의지와 능력이 그 안에 있다. 그 다음 하나님의 침묵 속에 깊이 들어갈 때는 선지자적인 선포를 할 수 있는 예언자들을 창조해낼 수 있다. 하나님의 침묵에 깊이 들어간 자만이 그분의 능력과 권세를 가질 수 있기에, 그는 하나님의 의지를 보게 된다. 하나님의 의지를 본 자는 하나님의 역사하심을 선포할 수 있다. 하나님의 역사하심을 선포할 수 있는 사람은 바로 예언자적 사역자다. 하나님의 말씀을 제대로 선포할 수 있는 자, 하나님의 생명의 빵을 제대로 먹일 수 있는 자, 하나님의 생수를 제대로 공급할 수 있는 자들은 누구인가? 바로 그분의 깊은 은혜의 강물에 담긴 자들이다. 그래서 우리는 그곳에서만이 창조적인 예언자를 탄생시킬 수 있다.

거룩한 독서가 바로 우리 현실에 적용될 때, 예언적인 사역을 할 수 있는 재창조자가 태어난다. 이러한 역사가 우리에게 다가오기에 우리는 말씀 묵상을 아주 귀하게 여긴다. 거룩한 독서를 통해 말씀이 소화되어 에너지 원천으로 자리를 옮길 때 하나님의 사람이 거기서 태어남을 보게 된다.

하나님의 사람이 태어나는 곳은 바로 하나님의 말씀이 녹아내린 자리다. 그곳은 그 기도가 응답되는 곳이다. 바로 그곳에서만이 하나님의 사람들, 다시 말하면 사역자들, 하나님의 동역자들이 태어날 수 있다. 그 외의 길로 태어나는 것은 아마 이렇게 태어나는 것과는 많은 차이가 있을 것이다. 핵심 내용은 우리의 모델이 예수 그리스도라는 것이다. 예수님이 이 땅에 오셨다. 그리고 사역하다가 죽어서 부활했다는 것을 이야기하자는 것이 아니다. 전능자인 예수 그리스도가 이 땅에 어떻게 오셨는가? 신이 어떻게 인간으로 왔는가? 거기서부터 시작한다.

우리의 사역자들, 사랑하는 믿음의 형제 자매요 주님의 종인 여러분, 예수님의 영성을 이 시간 호흡하시기 바란다. 예수님의 영성이 무엇인가? 전능자 신의 자리에서, 낮고 천한 인간의 자리에 막연히 오신 것이 아니다. 신의 모든 것을 완전히 포기하고 자기의 생명을 주시려고 이 땅에 오신 것이다.

그렇게 태어나심으로 이 땅에 오신 예수, 하늘의 신이 인간으로 이 땅에 오신 그것, 즉 하늘 아버지와 그 아들 예수의 자기 희생, 참 사랑의 마음을 알지 못한다면 우리의 사역은 처음부터 잘못된 것이다. 모든 것을 포기한 그 순간부터 하나님의 역사는 시작된다. 왜 예수님은 그렇게 오셨을까? 아버지는 그 아들에게 말씀하신다.

"사랑하는 자여, 너는 이제 인간으로 간다. 이제 하늘의 모든 것은 포기한다. 태초에 이 피조의 세계, 창조의 사역을 같이 하지 않았는가! 그 피조의 세계로 네가 들어가는 것이다. 모든 것을 너는 포기하는 것이다."

"예! 아버지의 뜻이 이루어지게 하소서!" 아들의 대답이다.

우리는 사역의 원점으로 돌아가야 한다. 모든 것을 다 포기하고, 인간으로 태어나신 거기서부터 우리는 하나님의 종으로 다시 태어나야 한다.

내가 하나님의 종으로 부름받은 이야기

나의 이야기를 하려고 한다. 나는 목사가 되기를 참 싫어했던 사람이다. 하나님께 얼마나 가까이 가기를 싫어했는가 하면 십여 년 간 도망 다녔다. 내 이름이 헌금할 때 드릴 '헌'(憲)자, 길 '영'(永)자다. 우리 부모님이 나를 낳으시고 '너는 영원히 하나님께 바쳤다'고 이름을 지어놓으셨다. 유아세례 때 그렇게 하신 것 같다.

그런데 우리 나라 50-60년대 당시 목사 가정이 얼마나 찢어지게 가난했는지 신발 하나 가지고 두 형제가 바꿔 신었다. 옷을 물려 입은 것은 말할 것도 없고, 도시락 반찬을 보면 그때 상황을 알고도 남는다. 그때 짓궂은 아이들은 남의 도시락을 뒤져 좋은 반찬을 뺏아 가기도 했는데, 목사 자녀 도시락은 쳐다 보지도 않아 가장 안전지대였다.

또 매주 교실 청소, 화장실 청소는 단골이었다. 월사금 안 가져왔다고 노력 봉사해야 했다. 이런 현실의 삶을 직접 보고 체험하였기에 그들을 돕고 싶은 마음이 생겼다. 그래서 나는 큰 사업가가 되어 장

로로서 교회와 목사님들께 물질로 봉사하겠다고 결심했다. 세계적인 기업가가 되겠다고 대학교와 대학원에서 6년 간 경영학을 공부하고 비즈니스 세계에 뛰어들었다.

그런데 하나님께서 일년에 한 사람씩 내 바로 앞에서 하늘나라로 데려 가셨다. 급사한 그들은 환자가 아니었다. 살아 있는, 아주 건강한 사람들이었다. 한눈에 하나님께서 개입해서 일어난 일이라고 입증할 만한 사건들이었다. 일년에 한 사람씩 내 눈 앞에서 즉사시킨 것이다. 아주 건강한 사람인데, 예배드리고 기도하는 자리에서 즉사시키기도 하셨다.

어느 날 사무실에 아침 9시에 출근했는데, 9시 30분에 그 자리서 또 한 사람을 불러가셨다. 하나님의 관여하심이 틀림없다는 것을 한 눈에 알 수 있었다. 또 다른 사건은 삼면이 유리 창문이고 출입구가 있는 경비실에 화재가 났다. 경비가 바로 문 열고 나오면 되는데 잠 겨져 있는 케비넷을 열고 그 안에 들어가 타 죽었던 사건도 생겼다.

사업을 십수 년 간 하면서 기업체도 여러 사업체로 확장되었다. 이 사업 기간을 통하여 하나님은 나에게 사랑을 쏟으셨다. 그 사랑 속에서도 하나의 생명은 계속 자라고 있었음을 나중에 깨닫게 된다. '너는 내 것이다. 너의 부모가 너를 내게 드렸다. 너는 내 것이다.' 하 나님께서 내게 직접 개입하실 가장 좋은 때를 기다리신 것 같다. 그 하나님의 때에, 하나님의 방법으로 내게 관여하셨다.

이렇게 일년에 한 사람씩 즉사한 것이 처음에는 우연이라고 생각 했다. 그 다음엔 하나님께 항의하였다. 그 당시 우리 가정의 믿음이 4

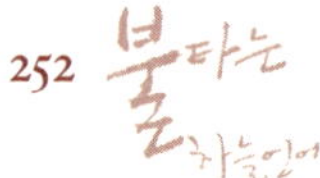

대째로 주위에 은사 능력자들이 포진해 있었다. 장례를 치르고 난 다음 예배를 드릴 때 은사자들이 이구동성으로 하는 말이 "너 대신에 데려 갔다"고 했다. 얼마나 기막힌 소리인가? 처음에는 농담으로 알고 웃으며 가볍게 받아 넘겼다. 그 다음에 또 죽고 난 뒤 "너 대신에 데려 갔다"고 했다. "농담 그만 하십시오" 그랬다. 그런데 세 번째 죽음도 "너 대신에 데려 갔다"고 하자 마음이 불편해졌다. 그래서 하나님께 정면으로 도전했다. "하나님, 그 사람이나 저나 똑 같은 생명인데 왜 그 사람을 데려갑니까? 저를 데려가지요" 하나님께 반항하며 대들었다.

그리고 세월이 지나면서 '아, 이제 사람 그만 죽여야 되겠다'고 결단하고 하나님께 항복하게 되었다. 이 이야기는 한 사람의 종을 세우기 위한 하나님의 역사하심을 말하고자 한 것이다. 그리고 난 다음에 목사 안수를 받았다. 목사 안수를 받을 때 아버지는 소천하셨고 어머니 혼자 계셨는데 어머니하고 관계가 틀어졌다. 우리 형제가 6형제인데 목사 안수를 받으면서 아내와 옆집에 같이 살던 교인 한 사람 외에는 아무에게도 이야기를 안 한 것이다.

내가 목사 안수 받은 곳은 노회장님의 교회였다. 출석 교인이 천명이 넘는 교회였다. 노회장 목사님께서 목사 안수 예배를 위해 교인 오백여 명을 동원하시겠다고 했다. 그리고 난 다음 그 교회에서 오백명 식사를 무료로 제공하시겠다고 했다. "예, 고맙습니다" 그렇게 대답하고 나서 그 다음날 그분을 찾아갔다. "목사님, 아무도 동원하지 마십시오. 조용히 목사 안수를 받고 싶습니다. 안수하시려고 오신 목사님은 열 몇 명이었다. 이 안수 예식에는 원래 다섯 명이 안수를 받기로 했는데 그들에게 피치 못할 사건들이 생겨서 결국은 혼자만 받게 되었다. 강단에 오른 사람은 많은데 바닥에 보니까 딱 셋뿐이었다. 거기 오신 분들이 얼마나 오해하시는지 쓸쓸한 분위기였다.

예식을 위해 교인들을 동원해 주겠다는 목사님께 이렇게 설득했다.

"목사님, 그러지 마십시오. 성직은 하나님과 성직을 위임받은 본인과의 멋진 만남이어야 합니다. 한판 승부입니다. 하나님과 나 사이 죽음과 삶의 만남이니 다른 사람의 축복은 하나도 필요 없습니다. 하나님과 나와의 만남이니 인간의 축복보다 그분과 한 시간 따로 만나고 싶습니다. 인간의 말을 듣는 것보다 하나님의 말씀을 듣고 싶습니다."

목사 안수 예배 때 사진을 지금도 보관하고 있는데, 안수 받고 난 다음 목사님들이 다 쓸쓸해했다. 우리집사람도 쓸쓸해했지만 내 마음을 아는지라 이해해 주었다. 목사 안수를 받고 나서 그 다음날 선물을 준비하고 모친을 뵈려고 갔다. "이 못난 놈, 목사 안수 받는 데 엄마를 초청 안 해?" 어머니가 마음이 많이 아프셨던 것 같다. 그 후 어머니 돌아가실 때까지 얼마나 섭섭해했을까 싶다. 삶과 죽음을 앞에 두고 그분과 한판 승부로 하나님께 내 모든 것, 생명을 드리고 나서야 성직의 가벼운 가운을 입을 수 있었다.

목사 안수 예배시 혼자 바닥에 꿇어 엎드려서 기도할 때 나는 "주님, 당신이 이 땅에 오신 그 모습을 못난 종이지만 재연케 하옵소서" 이런 기도를 드렸다. 그리고 나서 내 목회가 좀 달라졌다. 목회를 하려면 제대로 하겠다는 각오를 했다. "우물쭈물 하지 마. 타협하지 마.

하려면 제대로 하고, 말라면 말아. 서면 서고, 앉으면 앉지 엉거주춤 하지 않겠다"는 말이다. 처음에는 설교도 독기가 들어갔다. 하려면 제대로 하고 시시하게 하지 말라고 하면서 주일 안 지키면 교회 나오지도 말라고 했다. 기도 안 하면 얼씬도 못하게 했고, 성경 안 보면서 성경 들고 다니지 말라고 독하게 말했다. 그리고 나서 가만히 생각하니까 '아, 내 속에 있어야 할 하나님의 사랑이 메말랐구나' 날이 가면 갈수록 느끼게 됐다. 오늘 하나님과 우리의 영적인 만남을 얘기하는 것이다.

가장 낮은 자리로 가라

예수님께서 제일 처음 하나님과 대화를 나눈 것이 있다. "가라. 가장 낮은 자로 가라. 가장 천한 자로 가라." 성직자들을 향해 성경에 기록된 내용이 있다. "가장 천한 자리로 들어가라."

성육신의 내용에는 무엇이 들어 있는가? 처음부터 끝까지 희생과 고난, 죽음 등 모든 것이 다 들어 있다. 신이 인간이 된다. 거기에는 예수님의 태어나는 과정이 들어가 있다. 예수님의 성장 과정과 사역 과정이 들어 있다. 예수님의 십자가의 과정이 들어 있다. 예수님의 무덤 다음에 부활의 과정이 있고, 그 다음에 예수님의 승천 과정이 있다.

예를 들면 한국의 부활절은 한국의 많은 교회들이 부활주일 행사가 끝나면 모든 것이 다 끝났다고 막을 내린다. 나는 예수님의 마지막 사역 현장에 대해 생각하고 성경을 묵상하면서 예수님의 사역은 부활로 끝난 게 아니라고 주장하게 되었다. 요한복음 맨 끝장에 가면 예수님께서 돌아가시기 전에 갈릴리 바다에서 만나자고 한 곳이 나온다. 십자가에서 다 이루었다고 하신 그분이 어떻게 갈릴리 백사장에서 만나자고 했을까? 다 이룬 분이 무엇이 모자란 게 있기에 그런 말씀을 하셨을까?

교회 행사를 가만 보면 부활절이 가장 아름다운 꽃과 열매로 끝나고 만다. '이게 아니다' 싶어서 나는 부활 후 40일 간 승천까지 특별 기도 시간으로 정해 버렸다. 그 기간에 그분께서 우리에게 주실 과일이 있어 그 과일을 받아야 되겠기에 부활 후 40일 승천 기도시간에 부활하신 예수님을 만나기로 하였던 것이다. 주께서 꽃 피우신 부활과 생명 열매를 주셨다. 그 뒤 바로 승천하시지 않고 이 땅에 머무셨다. 왜 그랬을까? 여기에는 분명한 이유와 목적이 있다. 그것이 무엇일까? 그것을 우리는 선물이라고 생각한다.

그때 그 선물의 구체적인 내용이 무엇일까? 예수님께서 갈릴리 바닷가에 무엇을 폈는가? 하늘의 만찬 테이블을 펼쳤다. 그곳에는 하늘의 숯불이 이글이글 타고 있고, 하늘의 석쇠가 있었다. 하늘의 고기들이 그곳에 있었고, 하늘의 떡들이 그곳에 있었다. 예수님께서 하신 말씀이 "얘들아, 너희가 잡은 고기도 이곳에 가져와라" 하면서 하늘의 숯불을 펴셨다. 예수님이 숯 사러 구멍가게에 가셨겠는가? 석쇠 사러 철물점에 가셨겠는가? 떡하고 고기 사러 떡집 가고 생선가게에 가셨겠는가?

아니다. 예수님께서 갈릴리 바다 백사장에 펼친 만찬은 하늘에서

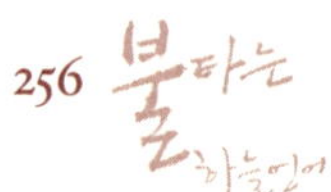

가져온 불이요, 하늘의 석쇠요, 하늘의 떡이요, 하늘의 생선이란 말이다. 그 자리에 주님께서 말씀하신다. 하늘의 불 위에 우리가 잡은 생선을 가져오라고 하신다. 얼마나 기적 같은 일인가?

우리의 사역도 바로 이와 같다. 예수님께서 펼치신 그 공생에 사역에 너희들이 잡은 고기를 가져오라고 하신다. 이것이 바로 하나님의 뜻이고 예수님의 마음이다. 거룩한 독서를 하면서 우리는 무엇을 느끼는가? 그분이 우리와 더불어 같이 동역하자고 하신다. 우리를 신의 자리에 올려놓으려는 그분의 애틋한 마음을 보게 된다. 예수께서 승천 직전 제자들에게 하늘의 권세와 능력의 자리에 동참시키시려는 마음을⋯ 거룩한 독서는 바로 신의 자리에 들어가는 길목이요, 방편이다.

그래서 제자들이 잡은 고기를 가져왔다. 하늘의 숯불 위에 인간이 잡은 고기가 누릇누릇 익어간다. 여러분 상상이 되는가? 상상하는 순간에 우리는 서 있지 못하고 그냥 그대로 백사장에 꿇어 엎드리게 된다. 당신이 승천하기 전에 우리에게 주시고자 하신 것이 바로 이것인가? 우리들을 신의 자리에, 신의 권세에, 신의 불에, 하늘의 파티에 초청하고자 하심인가?

얼마나 멋진 부활 후의 보화인가? 부활 후의 과일을 우리가 그냥 세상 마귀한테 줘 버린다. 갈릴리의 기적을 다른 사람한테 줘 버린다. 하늘에서 내려온 선물을 다른 사람한테 줘 버린다. 바로 그것을 깨우치게 하심이 거룩한 독서다. 이와 같은 것들은 하나님께서 우리에게 조명하신 그 빛으로 읽지 못할 때, 그 하늘의 빛 속에 진리를 조명 받지 못할 때, 우리를 위해 예비하신 보화들을 놓치고 만다.

우리는 하나님의 동산 곳곳마다 숨겨진 다이아몬드 광산을 본다. 어떤 때는 노천 광산도 본다. 그것은 수풀로, 또는 흙으로 조금 덮여 있다. 그걸 한번만 쓸어 놓으면 노천 다이아몬드를 얼마든지 가질 수 있다. 그런데 우리가 보고도 놓치는 것이 얼마나 어리석고 미련한지, 다이아몬드가 어떤 것인지 알았다면 눈에 불을 켜고 그것만 찾으러 다닐 것이다.

자연산 다이아몬드, 하나님의 보석광산

이제 거룩한 독서가 무엇인지 조금은 이해할 것이다. 그것이 바로 자연산 다이아몬드를 우리에게 제공해 주는 하나님의 보석 광산이다. 예수님께서 성육신하시겠다는 하늘의 신비 속에 그분의 모든 것이 다 포함되어 있다. 그분이 어떻게 성경을 이해하셨는지 기억하는가? 그분의 성경에 대한 해박한 지식은 마귀도 사탄도 무릎을 꿇었다. 마귀 사탄도 하나님은 유일하신 분이요, 전지 전능자이심을 알고 있다. 마귀도 사탄도 성경 구절을 잘 알고 있다. 마귀와 사탄의 싸움에서 우리 주님은 이기셨다. 마귀가 말씀으로 오지만 마귀가 제시하는 말씀에는 생명이 없다. 하나님의 생기가 없다. 그곳에 하나님의 생기를 가진 예수께서 말씀으로 되받아쳐 마귀가 못 이기고 도망갔다.

그리고 난 다음에 바리새인들, 사두개인들, 유대인들은 예수님을 순간마다 곤경에 빠뜨리기 위해서 갖가지 꾀를 다 썼다. 간음한 여인 데리고 왔을 때 우리가 인간적인 지혜로 생각하면 꼼짝없이 올무에

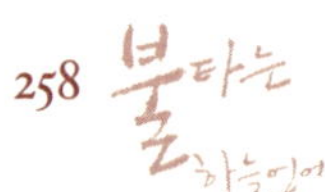

걸리게 된다. 예수님께서 이렇게 하라고 해도 잡히고, 저렇게 하라 해도 책잡히게 되어 있다. 그때 예수님께서 하늘의 지혜로 그들에게 대응하고 굴복시켰다.

그가 대답한 것은 인간의 지혜가 아니다. 성경 말씀을 묵상하면서 그 성경 말씀 속에 있는 하나님의 지혜로 대답했다. 그들이 전혀 꿈도 못 꾸는 말이다. 죄 없는 자가 먼저 돌을 들어서 그 여인을 치라고 했다. 인간치고 죄 없는 자가 어디 있겠는가? 하나님의 말씀을 묵상한 자만이 그 말씀 속에서 진리를 찾은 자만이, 그 말씀 속에서 하늘의 권세를 가진 자만이, 하늘의 명철을 가진 자만이 그런 하늘의 언어를 쓸 수 있다. 바로 침묵 속에서 하나님의 언어를 찾아내라는 것이다. 거기에는 어떤 것도 도전을 못한다. 죄 없는 자가 돌로 치라고 하니까 모두 다 도망가 버렸다.

하나님의 말씀이 우리에게 단순히 좋은 것으로만 오는 것이 아니다. 단순히 우리에게 설교를 위해서, 사역을 위해서, 강의를 위해서 오는 것으로만 오해해서는 안 된다. 하나님의 말씀이 이 시간 우리에게 어떻게 임하시는 줄 아는가? 능력과 권능으로 여러분의 심령으로 스며들어간다. 바로 그것이 우리 카리스호크마(CharisHokmah, 은혜와 진리) 강의가 진행될 때마다 일어나는 역사다. 지식만을 전하는 것이 아니고 지식 위에 생명과 생기를 불어 넣기 때문이다.

목동이 안개가 낀 계곡으로 소를 몰고 풀을 먹이러 지나가면 그 옷이 안개에 젖는다. 바로 그것이 우리 카리스호크마 강의다. 앉아 있기만 하면 하나님의 안개가 여러분을 휩싸고 지나가 버린다. 그렇게 될 때 여러분의 삼베옷은 젖게 된다. 그것은 안개가 그 안에 물기를 품었다는 것이다. 그냥 거기에 잠기기만 하면 우리의 영혼은 하나님의 생수로 갈증이 단번에 해결된다.

우리는 거룩한 독서를 해야 한다. 아니, 이미 거룩한 독서는 진행되고 있다. 그것을 여러분이 받아들이느냐, 못 받아들이느냐 그 차이다. 여러분은 거룩한 독서에 열중하고 있다. 진실로 여러분은 거룩한 독서를 온몸, 온 마음, 온 영으로 지금 하고 있는 것이다. 그 거룩한 독서 속에 하늘의 지혜와, 명철, 보석들이 번쩍인다. 그 거룩한 곳에 하나님의 능력과 권세가 숨어 있다. 그 거룩한 뜻 속에 하나님께서 여러분을 향하신 그분의 사랑이 있다.

예수님의 마음은 하나님의 언어, 하나님의 사랑을 녹아내리게 하자는 것이다. 그것이 녹아내릴 때 어떤 일이 일어나는가? 묶여져 있던 모든 것, 엉켜져 있던 모든 것, 어둠에 갇혀 있던 모든 것들이 사랑이 가는 순간에 전부 녹아내린다.

단단한 쇠 덩어리도 불이 타는 순간에 녹는다. 그리고 물처럼 흐르게 한다. 바로 이것이 예수님께서 거룩한 독서를 통해서 하나님의 능력과 권세로 우리에게 임하시는 내용이다. 부활 후 40일 그 기간 동안에 그분께서 우리에게 주신 하늘의 만찬 테이블을 상상해 보라.

14

하나님의 때를 분별하라

"천하에 범사가 기한이 있고 모든 목적이 이룰 때가 있나니

날 때가 있고 죽을 때가 있으며 심을 때가 있고

심은 것을 뽑을 때가 있으며 사랑할 때가 있고 미워할 때가 있으며

전쟁할 때가 있고 평화할 때가 있느니라"(전 3:1-2, 8).

양 무리를 앉은뱅이로 만들지는 않는가?
거룩한 독서는 야곱의 우물이다
하나님의 수술을 방해하는 것들
하나님의 때를 분별하라

14 _ 하나님의 때를 분별하라

오늘의 말씀인 전도서 3장 1-2, 8절은 우리가 자주 대하는 구절이다. 우리는 자주 본 것이라든지, 아는 것은 그냥 건너갈 때가 있다. 다시 말하면 우리의 건강을 지켜 주는 것은 고급 호텔의 뷔페보다 아침저녁으로 대하는 김치, 된장찌개가 오른 밥상이다. 고급 호텔의 뷔페는 신선한 충격은 줄 수 있지만, 자주 이용하면 우리의 건강을 해치기가 쉽다. 우리의 건강을 지키는 것은 아침저녁으로 우리가 먹는 밥과 김치, 된장국, 산이나 들에서 나는 푸성귀다. 그것이 우리의 건강을 지켜 주는 핵심 영양소다.

지금 우리는 하나님의 말씀을 주야로 손에 쥐고 있다. 보기도 하고, 만지기도 하고, 먹기도 하고, 마시기도 하면서도 우리는 그 속에 무엇이 어떻게 역사하고 있는지 모를 때가 많이 있다. 그것을 오늘 깨우치기 위한 자리다. 하나님의 말씀을 대할 때 이 말씀이 하나님께서 오래 전부터 나를 위해 계획하셨던 말씀이라는 것을 깨달을 때 우리의 생각과 마음자세는 완전히 달라진다. 성경 말씀은 그분의 역사이면서 또한 나의 역사다. 성경에 기록된 그 모든 말씀들이 바로 나를 위해서 그분이 오래 전부터 준비하신 내용들이다.

오늘은 그 역사 속에서 나와 하나님의 말씀과 어떤 관계가 있는지 그것을 찾아가려고 한다. 하나님의 말씀이 바로 나를 위한 그분의 마음임을 알 때부터 성경의 내용들이 살아서 움직이게 된다. 우리가 원하는 것은 성경 속에 있는 그 내용들이 살아서 생명으로 내게 오게 하는 것이다. 그것이 살아서 생명으로 오기 전에는 나와 아무런 상관이 없다. 우리는 성경 말씀을 눈으로 보면서 마음으로 읽어간다. 그러면서 그것이 우리의 뇌리에 박힌다. 뇌리에 박힌 것을 들고 그분이 계신 우리 마음속 가장 깊은 심층부로 들어가면 그 자리에서 하나님의 말씀은 깨지고 찢어지고 쪼개지고 형체가 없어진다. 하나님이 내게 보여 주시기 위한 이 성경에 기록되어 있는 모든 글자들을 내가 대하는 그 순간 그 말씀이 전부 헤쳐져 흔적을 볼 수 없어야 한다.

왜냐하면 그것을 내가 먹고 소화해야 하니까 말이다. 여러분의 테이블 위에 맛있는 갈비가 구워져 있다. 테이블 위의 접시에 갈비가 그대로 남아 있는 한 그 갈비는 여러분하고 관계가 없다. 테이블에 여러 가지 반찬이 죽 널려 있다. 그 음식이 그대로 남아 있는 한 그것은 나와 아무런 상관이 없다. 상관 있게 하는 방법은 그것을 집어먹는 것이다. 그 갈비를 집어먹을 때 접시는 비워지고 흔적이 없어진다. 그리고 갈비가 우리의 몸에 들어가서 갈비 그대로 배설되면 나와 아무 상관이 없다. 몸에 들어가서 쪼개지고 찢어지고 해체되어 형체

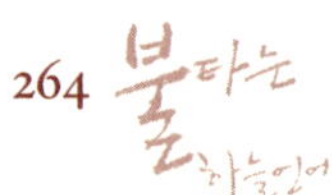

264

가 다 없어져야 한다.

하나님의 말씀도 마찬가지다. 나를 위한 말씀이지만 내가 먹지 않을 경우 그 말씀은 나와 상관이 없다. 나를 위해서 예전에 기록된 그 신비한 역사와 숨어 있는 내용을 우리는 마음으로 받아들인 뒤 묵상하게 된다. 다시 말하면 되새김질한다. 되새김질한다는 것은 하나님의 말씀이 내 삶의 현장으로 살아서 들어오게 하는 것이다. 하나님의 말씀이 내 삶의 현장에 접목되지 않을 경우 그 말씀은 나와 아무런 상관이 없다.

양 무리를 앉은뱅이로 만들지 않는가?

앉은뱅이가 예수님을 만났다. 그 만남을 우리는 복된 만남이라고 한다. 앉은뱅이가 일어나지 못하는 현실에서 예수님을 만남으로 현장에서 기적이 일어난다. 그리고 일어선 그 앉은뱅이는 걸어 보고, 뛰어 보고, 앞으로 가고, 뒤로 가고, 몸을 뒤틀어 보고, 다리를 들었다 놨다 하고, 슬슬 가다가, 뛰어가다가 또 멈춘다. 그리고 난 다음 현실에서 나는 더 이상 깡통을 들고 남이 던져 준 동전 한 닢 구걸하는 앉은뱅이가 아니라는 것을 실감한다. 그 뒤 자신의 삶을 스스로 해결할 수 있는 노동의 자리에 들어가게 된다. 바로 그것이 거룩한 독서를 하는 이유다.

사람들은 거룩한 독서를 대개 묵상하는 것으로 생각한다. 물론 독서는 눈으로 보고, 생각하고 마음으로 그것을 쪼개는 자리이지만 그것으로만 끝난다면 하나님과 우리의 관계가 아무것도 성립될 수 없다. 우리의 삶에 그분이 관여하지 못한다면, 우리의 삶에 그분이 앉은뱅이를 일으켜 세우는 능력과 권세로서 임하지 않는다면 그분과 우리 사이에 무슨 관계가 있겠는가? 아무 상관도 없다.

바람이 임의로 불되 땀 흘리는 우리를 시원하게 해준다. 이처럼 하나님의 말씀도 우리를 시원하게 해주는 어떤 효소의 작용이 없다면 하나님의 말씀과 우리가 어떤 관계가 있겠는가? 아무 관계도 없다. 우리는 하나님의 말씀을 펼칠 때마다 과거에 이런 교훈과 기록이 있었다는 둥 사람들을 초등학교 교실에 앉혀 놓고 날마다 같은 말을 가르치고 같은 페이지를 펼친다. 그리고 같은 내용을 이야기한다. 그것이 우리의 사랑하는 양 무리를 앉은뱅이로 만들어가는 것이다. 일 년, 이 년, 십 년, 이십 년, 삼십 년 같은 말씀을 들은 그들은 앉은뱅이가 된다. 왜? 걷게 하지 못했으니까. 일어 설 이유가 없다. 앉아서 귀를 세우고 듣기만 하면 되니까. 상상도 할 수 없는 결과를 만들고서는 전혀 알지 못한다. 안타까운 일이다.

우리가 하는 목회가, 신학공부, 성경공부가 사랑하는 양 무리들을 앉은뱅이로 만들지 않았는가 생각해 보자. 우리는 성경을 들고 가는 곳마다 "앉으시오, 내 말 들으시오" 하며 과거 역사와 그 속에 있는 교훈들을 이야기해 주고, 내용들을 밝혀 주면서 그들을 혹시 앉은뱅이 자리에 앉혀 놓지 않았는가 생각해 보자.

거룩한 독서는 야곱의 우물이다

거룩한 독서는 그 샘의 바닥이 마르지 않게 한다. 끝없이 흘러나

오는 샘물이 있기 때문이다. 야곱의 우물은 언제든지 길어낼 수 있다는 뜻이다. 길어낸 우물물을 먹어야 한다. 우리가 먹고 갈증을 해결하지 못한다면 하나님의 말씀은 야곱의 우물이 아니다. 그분의 말씀이 선포되는 곳마다, 다시 말하면 생수가 가는 곳마다 말랐던 영혼들이 꽃피고, 갈한 영혼들이 해결을 받으며 우리에게 생명양식으로 공급돼야 한다. 오늘 우리가 귀에 담아두었던 것을 좌판에 펴놓고 다시 먹으면 신선한 맛은 없다.

하나님의 말씀은 살아 있다. 음식을 비닐에 넣어서 국물이 안 새게 하기 위해 꽁꽁 묶어 가방에 넣어 가면 어떻게 될까? 묶는 순간부터 음식은 상하기 시작한다. 왜냐하면 산소가 안 들어가니까. 그런데 사람들은 하나님의 말씀도 듣고 나서 자꾸 비닐에 싼다. 비닐에 싼 그 순간부터 음식은 조금씩 썩기 시작한다. 우리가 하는 세미나는 썩은 음식을 먹는 게 아니다. 순간순간 하늘로부터 오는 살아 있는 음식을 그냥 그 자리에서 먹고 마시고 숨 쉬는 것이다. 하나님이 그것을 원하시는데 우리는 신선한 것은 안 먹고 썩혀서 먹으려고 한다.

우리는 말씀을 받아들였을 때, 머리에서 마음속 가장 깊은 영혼이 있는 그곳으로 가게 된다. 우리가 어떤 곳으로 가야 되겠다는 의지를 가지면 자동차를 움직이려고 할 때 휘발유가 필요하듯이 읽은 말씀에 대한 지혜와 지식, 감성을 가지고 그곳에 내려갈 때, 그곳에서 기도로 출발하게 된다. 우리가 하나님의 말씀을 기도로 출발시키지 못하는 한 하나님의 말씀은 우리와 상관이 없다.

하나님의 말씀이 기도로 승화(죽같이 녹아내림)된다는 것은, 우리가 먹은 갈비가 위와 장을 거쳐 가면서 여러 종류의 기관들이 그 안에 있는 영양분을 모두 흡수한다는 것이다. 흡수할 위와 장이 없다면, 우리가 먹은 음식은 우리와 아무 상관이 없다. 상관이 있게 하기 위해서 위와 장이 아주 원활하게 일해야 한다. 그것이 고장났을 경우 우리는 병원으로 뛰어간다. 어느 한 곳이 고장 났으면 전문의를 만나서 치료해야 한다. 하늘 아래 땅 위에 가장 능력 있는 전문의는 성령님이다. "성령 하나님, 나를 만지소서. 나를 고치소서. 나를 치료하소서. 그리고 난 다음에 나를 새롭게 하소서."

말씀이 선포되는 순간 성령 하나님께서는 이 순간 각자에게 가장 초능력적인 전문의가 될 것이다. 우리는 하나님을 어떤 의사로 볼 수 있을까? '여호와 라파(Jehovah-rapha)'다.

그분은 어떤 치료자인가? 안과인가, 피부과인가, 내과인가, 외과인가, 정신과인가? 전부 다 해당된다. 그분은 불가능한 것이 없다. 농구로 말하면 '올 코트 프레싱'이다. 우리의 육체 위에서부터 아래까지 우리의 모든 환경을 치료하시는 전문의다. 왜냐하면 그분이 우리의 육체를 만드셨으니 그분은 우리의 어느 곳이 어떻게 치료돼야 할지, 어디가 부족하며 어디가 넘치는지, 막힌 곳이 어디며 구멍 난 곳이 어디인지 제일 잘 아실 것이다.

그래서 '아, 기도라는 것이 바로 이런 것이구나' 깨닫게 된다. 그래서 이렇게 기도한다. "하나님, 이 순간부터 역사하십시오. 당신은 전능자요, 치료자입니다. 당신은 능력자이고 권세자입니다."

거기에 또 하나 우리의 부족하고 모자란 것이 있다. 당신이 와서 수술하기에 우리가 몸을 깨끗이 씻지 않은 부분도 있고 털을 밀지 않은 부분도 있을 것이다. 그러나 하나님은 사랑이시므로 그 모든 것을 덮으실 수 있다. 그가 씻지 않았을지라도, 털을 밀지 않았을지라도 그 모든 것을 덮으실 수 있다. 사랑으로 하실 수 있다는 말이다. 우리가 똑똑하고 잘 나서가 아니고, 말씀 자체가 능력과 권세가 있기 때문에 역사하신다. 항아리 뚜껑만 열어 놓으면 소나기를 다 받을 수 있듯이 하나님의 말씀을 내게 풀어놓기만 하면 은혜를 받을 수 있다.

성경에 '베들레헴'이란 장소가 나온다. 베들레헴이란 장소는 하나님이 이 땅에 오시기로 예언된 곳으로 오래 전에 하나님께서 그 장소를 정해 주셨다. 그분은 자기의 이름을 거룩하게 하시는 분이요, 자기 이름이 조금이라도 흠이 없도록 애 쓰시는 분이다. 그분은 "내 이름을 위하여 너희의 죄를 용서하겠다"고 했다. 너희가 잘못하고 있지만 내 이름 때문에 너희가 잘못한 것을 사하여 준다고 말이다.

거룩한 독서를 할 때마다 그분이 내게 하시는 말씀이 무엇인가 생각하게 된다. 하나님은 엘리야를 40주야로 당신의 산에 오르게 하고 난 다음에 그에게 말씀하신다. '너는 가서 엘리사에게 네 뒤를 이어가는 선지자가 되게 하라."

그때 엘리사는 소를 끌며 쟁기질을 하고 있었다. 선지자를 선택하려면 글방이나 선지학교에 보내서 공부한 사람 중에서 뽑아야 할 텐데 하나님은 그런 사람 다 내버려두고 삶의 현장에서 밭갈이하는 사람을 선택해서 위대한 선지자로 만드신다.

그뿐만이 아니다. 바울은 어떤가? 살인마 사울은 그리스도인들을 죽이러 가는 현장에서 하나님을 만난다. 그리고 살인자를 생명으로 구원하는 구원자가 되라고 뒤집어 버린다. 우리는 하나님이 하시는 멋진 일들을 상상할 수 없다. 여러분은 이 자리에서 하나님의 말씀이 내게 어떻게 역사하시는지 그것을 기대하면서 들어야 한다. 하나님께서 오늘 내게 어떻게 역사하시는지 그 방법을 모른다. 그러나 하나님의 방법대로 하신다. 나는 단순히 환자로서 수술대 위에 누워 있으면 된다. 혹시나 수술 도중에 뭔가 문제가 생길까 봐 마취를 시키는데, 하나는 아픔을 제거시키기 위해, 그 이유 중 또 하나는 수술에 방해하는 요인을 제거하기 위해서다.

하나님의 수술을 방해하는 것들

하나님께서 우리에게 수술하러 오실 때 "하나님 이것만은 안 됩니다"라고 고집한다. 내가 부여잡고 그분 앞에 내 놓지 않는 것들이 있다. 각자가 다르다. 부자나 비즈니스맨은 기업체를 못 내놓는다. "하나님, 마누라 자식 다 줘도 우리 기업체는 못 줘요." 그것이 비즈니스맨의 본성이다. 예쁜 처녀는 몸의 아름다움은 손도 대지 말라고 하고, 씩씩한 청년들은 내 건강만은, 내 육체의 힘만은 손대지 말라고 한다. 또 지식이 있는 사람은 다른 것은 다 주되 지식에는 손대지 말라고 한다. 또 그중에 고집 센 분들이 있어서 이것만은 양보하면 죽는다고 하는 것들이 있다.

죄 지은 사람이 양을 한 마리를 사와서 "내 죄를 이 양에게 전가시키고 이 양을 잡아서 내 죄를 사해 주십시오" 하고 양을 제사장에게

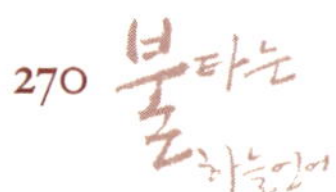

건네줬다. 이제 양은 꼼짝없이 죽게 되었다. 그런데 양이 제사장에게 하는 말을 한번 들어 보자.

"제사장님, 이 시간 나를 죽여 봐야 고기 얼마 안 돼요. 그러니 나하고 흥정합시다. 날 죽이지 말고 제단 위에만 올려놔 주시오. 그리고 내 머리 위에 안수해서 죄 사한 다음 사람들이 돌아가거든 몰래 뒷문으로 나를 빼내 주면 내가 도망가겠소. 그렇게 해주는 대가로 다음과 같은 약속을 하겠습니다. 일 년 동안 내 몸에서 나는 털 다 깎아서 매년 당신에게 주고, 매년 새끼를 낳아서 당신한테 한 마리씩 갖다 주겠습니다. 나 하나 안 잡으면 10년이면 양이 열 마리 생기지 않습니까? 그러니 날 잡지 마시오."

양의 지혜가 쓸 만하지 않은가? 이와 마찬가지로 우리들의 지혜도 쓸 만하다. "내가 교회 운영하는 것, 기도하는 것, 설교하는 것, 교회 부흥을 시키고 성공하고 발전시키는 것에 당신은 손대지 마시오. 대신 내가 요청할 때만 와서 날 도와주시오. 그렇게 해서 이 교회가 부흥되면 당신 이름이 높아지는 것 아닌가요? 그러니 교회는 내가 운영하게 해주시오."

이렇게 말하는 것과 양이 제사장에게 하는 말과 조금도 다름이 없다. 우리 속에 누구나 다른 것은 다 버려도 이거 하나는 못 버린다는 게 있다. 그것이 바로 하나님께서 수술을 못하게 방해하는 일들이다. 하나님께서 오늘 이 시간에 여러분을 마취시켜 줬으면 좋겠다. 수술이 방해가 안 되도록, 성령께서 오시는 데 방해되는 것을 다 잠재우고, 그분의 뜻대로 이 시간 수술해 주기를 참으로 기도드린다.

모든 목회는 하나님이 주관자요, 나는 심부름꾼에 불과하다. 내가 찬양하는 것도 당신이 내 속에서 하는 것이요, 내가 기도하는 것, 설교하는 것도 심부름하는 것에 지나지 않는다. 그 속에 당신의 뜻이 온전히 전해지도록, 파이프 안에 하나도 녹이 슬지 않도록 그것만 씻어 달라고 기도하자. 그럴 때 그분이 자신의 일을 위해 씻어 주지 않겠는가.

바로 이 시간에 그분이 씻어 주시기 원한다. "하나님과 우리 사이에 하늘로부터 오는 기름을 붓는 과정에 저항하고 반항하는 찌꺼기가 있다면, 불신하는 찌꺼기가 있다면, 의심하는 찌꺼기가 있다면 이 시간 하나님 다 제거해 주시고 치료해 주십시오"라고 간구할 때 하늘에서 내려오는 신비한 능력과 권세로 수술하게 된다. 우리가 수술을 받으면 그 다음 목회 현장에서 우리가 해야 할 일들이 성령의 조명과 인도하심으로 환하게 밝혀진다.

하나님의 때를 분별하라

전도서 3장 11절을 보자. 하나님은 이 우주를 가장 아름답게 창조하셨다. 그분의 순서대로, 그분의 방법대로, 그분의 뜻대로 이 우주를 창조하셨다. 하나님께서 우리에게 이렇게 말씀하셨다. "얘야, 세상 모든 것을 내가 때를 따라서 창조한 것처럼, 순서를 따라서 창조한 것처럼 세상의 모든 것에도 다 때가 있단다."

아이들이 배고프다고 할 때 엄마는 어디로 가는가? 부엌으로 간다. 쌀 씻어서 끓여서 아기에게 밥 주려고 한다. 그러나 아기는 엄마가 부엌에 가면 그 순간에 밥을 갖다 주는 줄 안다. 그것이 아기의 단순한 생각이다.

"아가야, 엄마는 쌀 씻어서 솥에 넣어서 끓여서 밥을 한단다. 그리고 밥이 되는 순간에 반찬을 만드는데 시간이 한 시간 정도 걸려. 참을 수 있지?"

그러자 아이는 "난 못 참아" 하면서 부엌 바닥에 앉아서 운다. 밥 하는 도중 부엌바닥에 앉아서 우는 그 아기를 어떻게 할까.

우리의 목회 현장을 보면 하나님은 기가 찰 것이다. 쌀을 솥에 안 쳐서 불 켜놓고 밥하고 있는데, 바로 그 순간에 밥이 안 나온다고 앙탈 부리는 어린애하고, 목회 현장에서 사역하는 우리하고 뭐가 다를 게 있는가?

섣달 그믐날 장가 간 칠삭둥이에게 그 다음날 해가 바뀌었다고 친구가 찾아와서 "야, 장가 간 지 2년이 됐는데 애도 못 낳느냐"고 농담했다. 그러자 이 팔푼이가 장모한테 찾아가서 "장모님, 딸이 좀 잘못된 것 같습니다. 2년이 됐는데 딸이 애를 못 낳으니 뭐가 잘못된 것 같네요"라고 말했다. 장모는 이 말을 듣고 기가 막혀 '내가 사위를 잘못 골랐구나' 하고 가슴을 친다.

하나님께서 기도에 응답하기 전 하늘 문을 열기 위한 준비 과정을 주신다. 그 준비 과정이 무엇인가? 만약 당신에게 지금 일만 명의 성도가 주어져 있다면 기도할 시간이 있겠는가, 없겠는가? 결혼주례하고, 장례식 예배드리고, 개업 집, 환갑잔치, 애기 돌 등을 챙기다 보면 기도할 시간이 쉽게 나지 않을 것이다. 그때 그가 축척해 놓은 기도와 찬양, 하나님과의 묵상관계 같은 것들을 그릇마다 꽉 채워놓지 않았을 경우 곧 바닥이 나 버릴 것이다.

항아리에 쌀이 가득 있을 때는 아무리 쌀을 퍼도 소리가 안 나지만 항아리에 쌀이 조금 남아 있을 때는 조금만 긁어도 박박 소리가 난다. 지금까지 쌓아 놨던 모든 것이 다 바닥이 났다는 것이다. 이럴 경우 만 명의 성도가 있는 교회의 목사는 바닥 난 것에 어떻게 대처할까?

방법은 딱 하나 있다. 비서에게 설교 준비하라고 한다. 부목사에게 설교 준비하라고 한다. "너는 어떤 자료 뽑아오고, 너는 설교 제목 정하고, 너는 어떤 책을 보라"고 한다. 그래서 설교가 부목사나 비서를 통해서 오게 된다. 이 설교에는 그분의 기도가 녹아 있지 않다. 기도 없는 설교가 어떻게 될까? 딱딱한 장작을 식탁에 올려놓고 먹으라고 한다. 음식을 밥상에 올려놔야 할 텐데 밥은 놔두고 뻣뻣하게 굳어 있는 지식의 장작개비들, 남들이 써먹은 예화의 장작개비들, 남들이 설교한 썩은 시체들, 마른 시체들을 다 갖다 놓고 만찬 테이블 차렸다고 와서 먹으라고 한다.

그 양 무리들이 장작개비를 먹을 수 있을까? 못 먹는다. 하나님은 사람이 자기 때를 마음대로 조정할 수 있다고 생각한 그것을 수술하기 원한다. 나는 내가 네게 준 그때를 이해하는 지혜를 가졌으면 좋겠다고 말한다. 하나님께서 우리에게 베풀어 주신 봄, 여름, 가을, 겨울, 낮과 밤, 맑은 날과 비 오는 날, 그 모든 것을 가릴 줄 아는 지혜자가 됐으면 좋겠다고 말한다. 전도서 3장을 통해서 우리에게 말씀

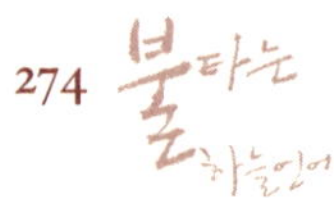

하신다.

세상 모든 일에 하나님은 관여하고 계신다. 그와 마찬가지로 하나님은 세상보다 특히 당신의 사랑하는 종들에게 더 관심을 가지고 계신다. "애야, 이렇게 했으면 좋겠다. 이 길이다" 하고 펼쳐 놓는다. 그럴 때 우리는 이렇게 말한다. "하나님, 저 그 길 안 가요. 저는 제 뜻대로 제 계획대로 생각한 게 있어요. 그 길을 갈 거예요." 우리가 조용히 묵상기도의 자리에 앉을 때 주님께서는 우리에게 찾아오신다.

하나님의 말씀을 먹고 되새김질할 때, 그분은 우리에게 가까이 와서 또다시 말씀하신다. "너, 나와 더불어 어느 조용한 곳에서 한순간을 즐기지 않겠느냐"고 말이다. 바로 그 말씀은 하나님께서 우리를 침묵의 자리로 부르심이다. 그분의 무한한 은혜의 세계 안에 우리의 마른 장작개비를 푹 잠기기를 원하신다.

장작이 하나님의 은혜의 강에 잠길 때, 그 장작 안에 하나님의 은혜의 물이 들어간다. 그때 그 장작개비가 아론의 지팡이가 되는 것을 기억하라. 하나님께서 12지파에게 지팡이 하나씩 가지고 와서 하나님의 거룩한 성소에 갖다 놓으라고 명하셨다. 12지파 중 한 지팡이만 징표가 나타나리라고 하셨던 것이다.

우리의 빼빼 마른 장작개비들이 하나님의 은혜의 강에 푹 잠길 때, 어떤 역사가 일어나는가? 고목나무에 꽃이 피는 역사가 일어난다. 사랑하는 하나님의 자녀인 여러분, 고목나무에 꽃이 피는 것을 기대할 것인가, 안 할 것인가? 만약 하나님이 고목나무에 꽃만 피게 한다면 나는 무엇이든지 다 하겠다는 그런 심정이 아닐까? 내가 지금까지 내 뜻대로, 내 생각대로, 내 계획대로, 내 의지대로 하고자 하는 그 모든 것이 주님의 성소에서 다 사라지는 순간에만 고목나무에 하나님의 기운이 돋아나고 꽃피고 열매 맺힌다.

여기에 그릇이 있다. 빈 그릇, 깨끗한 그릇이다. 그것을 비닐봉지로 묶어 버렸을 때 멀리서 비닐은 잘 안 보인다. 거기에 누군가가 물을 붓는다고 해보자. 아무리 물을 부어도 그릇 안에 들어가지 못하고 밖으로 물이 흐른다. 그 이유가 무엇인가?

"주님 이 시간 우리의 사랑하는 자녀들이 알게 모르게 가지고 있는 보이지 않는 모든 비닐들, 즉 고집, 보이지 않는 자아를 이 시간 다 깨뜨려주십시오. 다 찢어 주시고 다 제거해주십시오. 그래서 주님께서 하늘의 비를 쏟아 부어 주실 때 그들의 그릇에 다 채워지게 하옵소서." 바로 우리가 '아멘' 하는 그 순간에 하나님의 역사가 일어난다. 하나님께서는 이 세상에 자신의 뜻과 계획이 다 있다고 말씀하셨다. 성직자들에게나 하나님의 신실한 자녀들에게는 말할 것도 없다. 그분이 교회를 향하여 뭐라고 하실까? "내 뜻이 이곳에 있다. 너는 너의 뜻과 생각, 스케줄을 점검하기 전에 먼저 내 뜻을 살펴보지 않겠느냐"고 우리에게 말씀하신다.

우리는 주님께 자신의 모든 것을 다 바쳤다고 하면서도 "하나님, 저는 뭐든지 하나님이 하라는 것은 다 할게요. 딱 하나만 제 마음대로 하게 남겨 두세요. 내 뜻대로 내 계획대로 우리 교회를, 우리 가정을, 우리 사업을 이끌어 가도록 해주세요"라고 한다. 제사는 생명을 드리는 것인데, 생명을 드리지 않고 누운 척하고 뒷문으로 나가 버리는 양과 같다. 헛 제사, 모양만 드린 것이다. 이것은 참 제사가 아니다. 하나님과의 관계를 더 악화시키는 결과만 가져온다.

하나님은 우리가 알지 못하는 일을 하시고 우리가 알지 못하는 길을 펼쳐 주신다. 그것을 인정하는 사람들은 그때가 되면 참 즐거워하는데, 그것을 인정 안 하는 사람들은 그때 가서 비로소 부딪쳐서 알게 될 때 '아뿔싸, 나는 망했네' 하며 너무 늦었다고 한탄한다. 그분의 때를 기다리는 즐거움을 아는가? 하나님은 그분의 때에 그분의 방법으로 우리에게 나타나신다.

예수님이 할례 받으러 성소에 오시는 것을 보고 84년 간 성소를 지킨 과부가 "하나님, 이제 저를 풀어 주셔서 가게 하십시오"라고 말한다. 주님이 오실 때를 대기하라고 한 그대로 그녀는 기다렸다. 84년 간 주님 오시기를 성소에서 기다리는 그 과부의 마음을 우리는 짐작하겠는가? 우리는 십 년 간 기다리라면 '하나님이 무능하신가 보다. 하나님 나하고 관계없는가 보다' 그렇게 생각한다. 그런데 이 과부는 84년 간 기다리다가 아기 예수 얼굴을 보고 나서 멋진 말을 한다. 하나님이 우리를 향할 때는 분명히 있다. 그때를 우리가 알면 우리의 기쁨은 말할 수 없이 클 것이다.

내가 나 자신을 아는 것보다 하나님 그분이 나 자신을 더 잘 아신다. 내가 우리 교회 앞날을 아는 것보다 그분은 우리 교회 앞날을 더 잘 아신다. 내가 내 자녀들을 아는 것보다 하나님은 더 잘 아신다. 내가 내 기업체의 앞날을 아는 것보다 하나님은 더 잘 아신다. 내가 우리 교회 앞날을 설계하는 것보다 그분은 더 치밀하게, 더 현실적으로, 더 지혜롭게 설계하고 계신다. 인정하는가? 그럼 이제부터 우리의 생을 그분께 온전히 신뢰하고 맡겨야 하지 않겠는가? 그분께서 가장 아름답게 꽃피고 열매 맺게 하실 것이다. 그래서 우리가 추구하는 게 하나 있다. 하늘의 기상도가 우리에게 어떻게 펼쳐지는가. 지상의 기상도가 어떻게 펼쳐지는가. 거기에 관심을 가지라는 말이다.